国家"十二五"重点图书

世界主要政党规章制度文献

丛书主编：俞可平
执行主编：陈家刚

马来西亚

主编：郭伟伟

中央编译局文库编辑委员会

主　　任：贾高建
副 主 任：魏海生　柴方国　季正聚　崔友平
委　　员（按姓氏笔画排序）：
　　　　　冯　雷　牟建君　杨雪冬　沈红文　张凤宝
　　　　　陈家刚　胡长栓　郗卫东　葛海彦

总　序

近代的政党，是基于一定的阶级或阶层之上，为了夺取和巩固国家的政治权力，从而维护特定利益的政治组织。与其他政治组织相比，政党最明显的特征，就是它有着明确的政治目标，即夺取政权和维护政权。除了执掌国家政权这一基本职能外，政党也是现代社会中最重要的利益表达和利益综合机构，是连接政府与民众的政治桥梁。政党还是国家政治生活的最重要组织者，是公民参与国家政治生活的重要平台，它履行着政治动员、公共参与和政治教育等重要的政治职能。因此，从权力的角度看，在所有政治组织中，政党是最重要的政治组织，它对近代国家的政治生活有着极为重要的影响。实际上，近代政治就是政党政治。国家权力主要由政党掌握，并且通过政党运行。

由于政党在国家公共政治生活中起着如此关键性的决定作用，规范政党组织本身及其成员的行为和活动，就变得极其重要。从国家的角度看，宪法及相应的专门法律，通常要对政党参与国家政权的方式、途径、范围等作出原则性规定，从而形成了不同的政党制度，如多党制、两党制、一党制、一党主导或一党独大制、多党合作制等。从政党自身的角度看，每个政党都必须有一整套政治纲领和规章制度，明确宣示政党的性质、使命、目标、任务和政策倡议，详细规定党员的资格、条件、义务、责任、权利，以及党的组织形式、选举制度、领导机制、决策程序和纪律约束等。广义上说，政党制度既包括政党的外部制度，也包括政党的内部制度，它们一起构成国家政治制度的重要组成部分。

如果说主权国家是国际政治舞台的主角，那么政党便是国内政治舞台的主角。除了少数小国之外，世界上绝大多数国家的政权实际上都掌握在执政党手中。一个个政党的产生、发展、壮大、掌权、下台、消亡，以及各个政党之间的竞争、合作、争斗、兼并、分化、组合，构成了现实政治生活一幅五彩斑斓的图景。要真正了解当代世界，就要了解世界各国的政治图景，那就不能不了解主演这些政治图景的各个政党。世界的丰富多彩，不仅体现在文化传统、生活方式和乡土风情上，也体现在社会结构、发展模式和政治体制上。进而言之，要真正了解一个国家，就要了解这个国家的政治体制；而要了解一个国家的政治体制，就不能不了解这个国家的政党制度。

中国共产党是按照马列主义原则建立起来的一个革命政党，在夺取国家政权后，特别是在改革开放后，它逐渐从一个革命党转变为执政党。党的根本宗旨没有改变，但党的群众基础、指导思想、组织结构、领导机制和执政方式等，都发生了重大的变化。坚持人民主体地位，发展人民民主已经成为中共执政的基本政治目标；民主、自由、平等、公正、法治、和谐，已经成为中共追求的核心政治价值；民主执政、依法执政和科学执政，已经成为中共的基本执政方式；建设中国特色的社会主义法治国家，推进国家治理现代化，已经成为中共全面深化改革的总目标。所有这些都表明，中国共产党自身正处于现代化的转型之中，实现治理的现代化，不仅是党执政治国的目标，也是党自身建设的目标。政党治理的现代化，是世界各国主要政党共同面临的时代课题。一些政党在推进治理现代化方面，取得了成功的经验，得以继续在本国的政坛叱咤风云；而另一些政党则付出了惨重的代价，直至失去了政权。学习和借鉴国外政党的成功经验，汲取它们的失败教训，对于中国共产党实现治理现代化，有着重要的现实意义。

1998年，我曾经主编过当时国内唯一的《当代各国政治体制》丛书，总共有16册之多，内容包括了世界各主要国家。那套丛书比较客观地介绍了各国主要政治体制，为读者全面了解当代世界的各种政治制度提供了翔

总　序

实的资料，从而广受好评。此后，我一直想编纂一套介绍世界各主要政党制度的丛书，可惜终未如愿。巧的是，前几年中央为了加强党内法规建设，需要了解和借鉴国外政党的经验做法，有关部门便委托我局编译国外主要政党的规章制度。我认为，这些党内规章制度，虽不能在整体上等同于政党制度，但却在很大程度上体现了党的组织制度、领导制度、决策制度和纪检制度，因而，编译这些国外政党的法规制度，不仅对于我们加强党内法规建设有其借鉴意义，而且将这些材料正式汇编出版，也可以在一定程度上起到帮助读者了解世界各国政党制度，从而更全面地了解世界各国政治制度的作用。

《世界主要政党规章制度文献》丛书，总共有20卷，收录了当今世界绝大多数重要政党的代表性规章制度。在收集、编选和翻译这套丛书的过程中，我们得到了社会各界的大力支持。例如，一些从事世界政党研究的专家学者提出了很好的编纂建议，一些驻外使领馆人员为我们提供了所在国主要政党的最新材料，一些译者放弃休息时间，努力按照要求完成翻译任务；国家出版基金给予了专项出版资助。在此，我代表编者向所有为本丛书出版作出过贡献的朋友们表示衷心的感谢。参与本丛书的许多译者，是年轻的博士后和博士生，他们积极性高，责任心强，但尚缺乏足够的翻译经验，错讹之处还望读者谅解并不吝批评。

俞可平

2015年1月13日于方圆阁

目 录

导　言 ·· 1

第一部分　宪法、全国性涉党法律 ··· 1
马来西亚联邦宪法 ·· 3

第二部分　主要政党内部规章制度 ··· 147
马来民族统一机构章程 ·· 149
马来西亚华人公会章程 ·· 174
马华党员行为守则 ·· 209
马华国州议员守则 ·· 212
沙巴团结党党章 ··· 214
民主行动党党章 ··· 244

导　言

马来西亚位于亚洲大陆和东南亚群岛的衔接地带，是一个多元种族、多元宗教和多元文化的社会，有30多个民族，人口2900多万，其中马来族占54.6%、华人占24.6%、印度人占7.3%、其他民族占13.5%。主要宗教有伊斯兰教、佛教、印度教和基督教，其中伊斯兰教为国教。

马来西亚由13个州和3个联邦直辖区组成。其中11个州位于马来半岛，即柔佛州、吉打州、吉兰丹州、森美兰州、彭亨州、霹雳州、玻璃市州、雪兰莪州、丁加奴州、马六甲州及槟榔屿州；另外两个州属于东马来西亚，即位于加里曼丹岛的沙捞越州和沙巴州。3个直辖区分别为吉隆坡、布城和纳闽。

一、马来西亚的历史与文化

15世纪是马来西亚历史上的黄金时代。伊斯兰化的马六甲帝国统治遍及马来半岛上所有小苏丹国以及印度尼西亚苏门答腊地区，并成为当时主要的贸易港口和伊斯兰教传播中心。16世纪以来直至19世纪中期独立之前，马来西亚先后处于葡萄牙、荷兰和英国的殖民统治下。伊斯兰文化与殖民统治的历史相互交织，共同塑造了这个国家的历史与文化。

（一）殖民地时期的历史

1511年，葡萄牙占领了马六甲，马六甲帝国分裂为柔佛、亚奇、文莱、霹雳、吉打、万丹、苏禄、丁加奴和雪兰莪等若干个相对松散的苏丹国。1641年,荷兰与柔佛联盟占据马六甲,直接控制马六甲海峡,并建立殖民中心,取代葡萄牙成为新的殖民统治者。

18世纪末期,英国开始在马来半岛扩张势力。1824年,英国取代荷兰成为马来亚新的统治者。20世纪初,英国控制了整个马来半岛。直至"二战"前,英国并没有在马来半岛建立起统一的政治制度,为了对马来半岛实施有效的殖民统治,采取"分而治之"的政策。

第一,将马来半岛划分为三大块,分别实施直接统治、间接统治和影响控制。1826年建立起包括槟榔屿、马六甲和新加坡在内的海峡殖民地。英国对海峡殖民地实行直接统治,由总督掌握最高权力,设置行政会议和立法会议作为总督的咨询机构。1896年成立马来联邦,包括霹雳、彭亨、雪兰莪、森美四个邦,权力集中在以英国总驻扎官为首的联邦政府手中。联邦设置统治者会议、驻扎官会议、联邦议会。各邦均有一个独立政府,由苏丹、英国驻扎官和邦参议会组成。马来联邦成立后,英国人在吉隆坡建立了后来奠定马来西亚联邦体制的中央行政机关。除了海峡殖民地和马来联邦之外,英国人还统治着被称为马来属邦的吉兰丹、吉打、丁加奴、柔佛、玻璃市五个邦。各个属邦虽然比联邦各州较多地保留了实权,但英国政府各派一名英国顾问进行影响和控制。

第二,对不同族群采取不同政策,通过制造族群隔阂维护统治秩序。传统上,土著的马来人以经营农业为主,而外来的华人和印度人多从事新兴的锡和橡胶产业。英国殖民者刻意塑造族群间的差异并使之制度化。他们不断强化马来人的优先地位,将马来人尽可能限制在政府官员和大型公有企业,将华人尽可能限制在商业领域,而将印度人尽可能限制在割胶等体力劳动领域。尽管几个族群共处于同一政治单位中,但彼此并未发生混合,而是被分隔成几个能够独立行动的社群。在英国殖民政府的精心策划下,马来亚呈现出"一个国家、三种社会"(马来人社会、华人社会、印度人社会)的现象,加剧了族群间的相互隔离和不信任。

（二）殖民统治的政治遗产

一个世纪的英国殖民统治给马来西亚留下了诸多产生深刻影响的历史遗产。

第一，马来西亚成为一个多元种族、多元宗教和多元文化的社会。英国的"分而治之"政策，使得马来人、华人和印度人三大种族在政治、经济、文化等方面存在极大差异，并且经济与种族特征、阶级与种族特征高度同构。马来西亚成为一个典型的种族分裂社会，种族间的联系和交往极少，人为地阻碍了各民族的自然融合过程，给马来西亚的民族政治文明建设造成了极大的负面影响。[①] 这种高度异质性的社会结构至今仍然是影响马来西亚政治稳定的基本因素，并且构成了马来西亚族群政治模式的社会基础，成为包括宪政制度、政党制度在内等一系列制度设计的出发点。

第二，马来西亚成为"马来人优先"的种族不平等社会。英国人采取"分而治之"和间接统治政策，不仅保留苏丹地位，而且为马来人在官僚机构的就职、土地所有权和教育资助等领域提供"特殊地位"。他们将马来人的社会中上层吸收进殖民政府机构，使马来人成为殖民政府的中下级官员，确立了马来人在政府部门的优势地位，从而强化了马来人统治的原则。英国人的"马来人优先"政策人为地制造了"马来人种族至上主义"的族群不平等状况，大大影响了马来西亚社会结构的演化。同时，英国人对马来亚苏丹的保留影响了今天的立宪体制。通过与马来亚各苏丹国签订不平等条约，使这些苏丹国降为英国的保护国，苏丹成为英国的傀儡，英国政府委派的官员掌握着各邦国的实际统治权。这种保留苏丹的间接统治直接影响了马来西亚的立宪体制。

第三，英国人为马来西亚建立了强大而集权的官僚基础并塑造了世俗化的精英集团。它不但在殖民地建立起了有效的官僚体系，而且留下了严

[①] 徐罗卿：《马来西亚民族政治发展的经验与启示》，载《广西师范大学学报（哲学社会科学版）》2008年第2期。

格限制政治活动的准则,并将巨大的可任意支配的政治权力交到了官僚的手中。这些权力包括一项包罗万象的《煽动法》,实施严格的社团审批的法律、限制新闻自由的法律,以及一项允许不经审判便执行监禁的法律,即《国内安全法》的前身。[①] 同时,还通过英式教育机构进行观念输入,从而在马来西亚造就了一批世俗精英以及许多马来西亚早期的政治领袖。强大的官僚基础和世俗化的政治精英集团成为马来西亚争取民族独立的斗争武器和领导力量。

第四,英国人在马来亚的议会与联邦体制奠定了今天马来西亚政治制度的基本框架。马来联邦是自16世纪初马六甲帝国解体以来在马来半岛上出现的第一个政治统一体,它把四个土邦置于一个统一的中央政府管辖之下,建立起现代政治体系,为马来西亚现代政治制度的形成奠定了基本框架。特别是马来联邦中央集权式的管理对今天的马来西亚联邦体制的形成产生了直接影响。马来亚的政治精英们正是依托这一现代政治体系,实现了民族独立和宪政设计。

（三）马来西亚的伊斯兰文化传统

15世纪马六甲帝国建立后,马来人纷纷皈依伊斯兰教,从而使伊斯兰文化成为马来西亚最主要的文化传统。

马来半岛的居民伊斯兰化以后,苏丹成为政教合一的统治者,也是权威崇拜的主要对象。马来社会长期存在着以不同层级间的庇护关系为基础的专制统治,在苏丹以下还是有地方首领以及世袭规则,而处于最底层的是一向顺从统治者的马来农民。在殖民统治时期,英国殖民者也没有触动马来人的社会结构。"伊斯兰历史上从未有过任何类型的议会或代表机构、自治团体,只有臣民对当权者的绝对服从。千百年来,'专制要好于无政府'和'无论是谁当政,服从当权者皆是不容置疑的'等理念主导着伊斯

[①] 约翰·芬斯顿:《东南亚政府与政治》,北京:北京大学出版社2007年版,第146页。

兰政治思想。"①

这种完全不同于西方自由民主传统的伊斯兰文化传统对马来西亚的宪政制度产生了深刻影响。

总之，马来西亚被殖民的历史及伊斯兰的文化传统为马来西亚留下了丰富的历史遗产，所有这些都奠定了独立后的马来西亚的宪政制度和政党政治的基本框架和基础。

二、马来西亚的宪政制度

独立后的马来西亚宪政制度是由英国政府和马来亚联合邦政府以及各邦苏丹经多方商谈协议而制定的，基本上照搬了英国的君主立宪制和威斯敏斯特议会模式。但是，受马来西亚殖民统治时期联邦政治实践以及独立后马来西亚联邦建立的斗争过程等因素影响，马来西亚实行具有自身特色的议会制君主立宪制和联邦制。

（一）元首制度

以世袭的国家元首作为国家权威的象征，是任何议会制君主立宪制国家共同的特征。受殖民统治时期马来西亚由多个相对独立的苏丹国组成以及实行联邦制的影响，马来西亚的元首制度具有以下特点：君主制不是世袭的，而是选举产生的；不是终身制的，而是有任期的；不是个人君主制，而是集体君主制。

马来西亚由9个原苏丹国和4个州及2个联邦直辖区组成，宪法规定由9个州的世袭苏丹和4个州的州长组成"统治者会议"，由统治者会议选举产生国家最高元首。最高元首从9个州的世袭苏丹中按年龄、年代轮流秘密投票选出，任期5年，不得连任且每位苏丹只能出任一次最高元首。

---

① Bernard Lewis, "Communism and Islam". In Shireen T. Hunter and Huma Malik (ed.), *Modernization, Democracy, and Islam*. Praeger, 2005, p.184. 转引自宋效峰：《试析马来西亚一党独大制的历史合法性》，载《广州社会主义学院学报》2008年第1期。

最高元首在任期内，可随时以书面形式向统治者会议提出辞职或被统治者会议以多数票通过而取消资格。

宪法规定统治者会议是国家的最高统治机关，拥有广泛的职权，如选举产生正、副最高元首，对国家的政策、法律和宗教问题进行审议，就政府高级官员的任免提出建议。但实际政治生活中，统治者会议的职权十分有限，最显著的职能就是每5年在9位世袭统治者中选举产生最高元首和副最高元首。

最高元首拥有立法、司法、行政的最高权力，有权任命总理、联邦法院的首席大法官、大法官以及高级法院的法官，任命审计长、总检察长及马六甲、槟榔屿、沙巴及沙捞越四个州的州长；有权下令召开国会、解散或者拒绝解散国会；有权委任武装部队参谋长、警察总监及武装部队委员会成员；宣布国家处于紧急状态等。同时，最高元首还是本州、联邦直辖区以及马六甲、槟榔屿、沙巴和沙捞越州的宗教领袖。

同任何议会制君主立宪制国家一样，最高元首实际上只是拥有名义上的立法、司法、行政最高统治权，而实际权力则掌握在议会和内阁手中。另外，马来西亚最高元首制度的独特性还表现为，最高元首之下还有一名同样由统治者会议选举产生的副最高元首。副最高元首平时并不享有任何权力，只有在最高元首离职期间代行其职权。

不同于典型的议会制君主立宪制国家，马来西亚的各州也有类似于国家元首的州统治者。州统治者在州的地位类似于国家元首在联邦的地位，并且均是马来西亚统治者会议的成员。若某州的统治者当选为联邦的最高元首，则其任职内不再统治本州，而委托摄政王代行其职权。宪法规定，除最高元首和元首夫人是至高无上外，各州统治者在本州应高于其他州的统治者。

各州统治者的职权主要有：拒绝或同意解散州立法议会的请求；请求统治者会议召开只讨论统治者特权地位、荣誉与尊严或宗教行为、礼仪或典礼等事项的专门会议；作为伊斯兰教领袖的职权或涉及马来人习俗的职权；指定继承人、配偶、摄政或摄政委员会按马来西亚惯例授予衔级、称号、荣誉、尊严及其他有关职权；规定王室宫廷法规。

(二) 议会与行政制度

马来西亚的议会包括联邦议会和州立法议会。联邦议会实行两院制，是典型的英国威斯敏斯特议会模式。

联邦议会是最高立法机关，下院由多数党领袖组阁，内阁对议会负责。其主要职权为：修改宪法、制定法律和法令，讨论通过财政预算及其追加案，以及对政府各部门工作提出质询等。修改宪法必须经下院2/3以上的议员投赞成票，最高元首批准后才能生效。

下院是马来西亚的主要立法机构，由选民直接投票选举产生。选区采用单名额选区制，根据多数获胜的原则，每个选区产生1名议员。下院议员每届任期5年。上院相当于英国的贵族院，上院在1979年之前，由58名议员组成。1984年议员增加到69名，其中各州立法议会推派2名共26名，最高元首任命43名，议员任期由原来的6年改为3年。立法权由上下两院共同行使，凡经议会两院通过，并经最高元首同意的法案即成为法律。

联邦政府实行责任内阁制。内阁由在议会选举中获胜的多数党组成，最高元首任命多数党领袖为总理，授权总理组阁，然后最高元首根据总理的建议，从议会两院中任命部长、副部长等政府成员。内阁集体向议会负责，并定期向议会报告工作。下院有权弹劾政府及对政府提出不信任案。

州立法机关实行一院制，称立法议会。州立法会议由民选议员组成。州立法会议有权制定州宪法和法律，但必须以联邦宪法的原则为基础。州立法会议行使立法权的方式为由州立法议会通过法案，并由统治者批准。法案在统治者批准后即成为法律，但必须在公布后方可生效，但不影响立法机关使任何法律延期生效或制定具有追溯力的法律的权力。

州的行政机关称为州执行委员会。州统治者先任命1名他认为能获得州立法议会多数议员信任的州立法会议议员作为州务大臣（在马六甲、槟榔屿、沙巴、沙捞越4州称为首席部长）主持执行委员会，统治者根据州务大臣的建议，从州立法会议中任命4—8人为执行委员会委员。

州执行委员会对州立法会议集体负责。当州务大臣不再获得州立法议会多数议员信任时，除统治者应其请求解散州立法议会外，执行委员会必须提出总辞职。

州执行委员会成员不得从事与其本人主管的任何事务或部门有关的行业、商业或专业，凡从事任何行业、商业或专业的执行委员会委员，不得参与执行委员会关于该行业、商业或专业的决定，也不得参与做出任何可能影响其金钱利益的决定。

（三）联邦制度

马来西亚实行联邦制度，具有一般联邦制国家所共有的特征：中央和各州都有自己的宪法、权力机关和行政机关；除联邦有最高元首之外，各州有自己的统治者或元首；中央和各州的权力划分由宪法确定，宪法规定了联邦的职权、各州的职权以及剩余权力的分配办法。

然而，马来西亚的联邦制还具有许多独特的个性，一是呈现出中央集权的特征，在权力划分上，联邦政府的权力远远大于州政府；二是各成员州享有的权力不尽相同，有的甚至存在较大差异。

第一，带有单一制集权特色的联邦制。在典型的联邦制国家，州与联邦之间是一种相对独立的关系，联邦成员拥有较大的自主权。而马来西亚的联邦政府权力很大，并且集权趋势不断加强。一是联邦政府控制着主要的税收项目，掌握主要收入来源，多数州政府要依赖联邦政府的拨款。重要的税收项目由中央政府统一管理，留给州的只是收入较小的项目，如土地税、森林税。同时，州政府的财政支出亦受联邦政府控制，州政府的日常开支受联邦政府监管，发展计划也受联邦政府控制。因为州财力有限，发展计划须向联邦政府贷款或经由联邦政府批准向其他财源贷款。二是立法大权集中在联邦议会手中。在某些情况下，联邦议会可以为各州制定除有关伊斯兰教及土著风俗习惯法之外的法律。如，为履行联邦同其他国家所缔结的条约、协约或协定，或为履行联邦为其成员国的国际组织的任何决议；为促成两州或多州间的法律的统一等。三是行政权力也主要集中于联邦政府，如各州政府部门的设置、规模及工作人员薪酬的改变均须联邦政府的批准。

第二，成员单位之间权力和地位悬殊。在典型的联邦制国家，各成员单位基本享有同等的权力和义务。马来西亚各成员单位之间的权力和地位差异很大。特别是东马的沙捞越和沙巴两州具有明显高于其他各州的权力。在财政税收方面，两州拥有石油产品入口税、矿物出口税等其他各州没有的税收项目；在选区划分方面，两州虽然人口只占总人口的18%，但分配的选区却占25%；在批准宪法修正案方面，两州均拥有其他各州没有的否决权。此外，各州在文职人员配备上的自主权也是各不相同的。在前英国海峡殖民地各州，低层管理人员、办事员及劳工来自州内，中高层管理人员由中央调派；在前英国联邦各州，只有办事员及劳工来自州内，管理阶层全由中央调派；在前英国马来属邦各州，除专业技术外，文职人员基本来自州内。

由此可见，马来西亚的宪政制度虽然是照搬英国模式，但是又在尊重历史和现实需求的基础上，建立起符合本国国情的国家结构形式，从而形成了今天独具特色的宪政模式。

三、马来西亚政党政治的演变

马来西亚政党政治脱胎于反殖民统治的运动中，受到英国殖民统治的影响，并且是与英国斗争和妥协的产物。从争取民族独立斗争到今天，马来西亚的政党政治格局经历了三个主要阶段：独立初期的马华印联盟，"513种族冲突事件"以来的国民阵线时期，"308政治海啸"以来人民联盟与国民阵线分庭对立的"两线政治"的出现。

（一）马华印政党联盟的形成

"二战"结束后，世界格局和东南亚形势发生了重大变化，英国的殖民体系开始解体，马来人民族独立意识增强，并且族群冲突开始加剧。1945—1957 年被称为非殖民化时期，马来西亚政治结构的西方化过程基本结束，现代社会结构开始萌发，政党等现代性政治因素逐渐形成并开始发挥作用。这一时期不仅出现了众多的政党，而且在选举的基础上最终建立了现代意义上的民主政体以及形成了独特的政党政治模式。

英国重新取得马来亚统治权之后，推出马来亚联邦计划，力图在马来亚重建中央集权的统治。该计划主要包括以下两点：一是迫使各邦苏丹交出统治权，将"二战"前各苏丹享有的一切统治权力集中到英国总督手中，将 9 个土邦和槟榔屿、马六甲组成马来亚联邦，新加坡分离出来成为英国的皇家直辖殖民地。二是为了利用华人和印度人来牵制马来人，英国人打破公民身份只授予马来人的传统，将公民身份也授予印度人和华人，非马来人与马来人享有同等的政治权利。如规定出生于当地或在 1942 年 2 月 15 日前 15 年期间在此居住 10 年以上的非马来人，均可以获得公民权和平等的公民地位。

为了反对英国的马来亚联邦计划和实现民族独立，马来亚的民族主义政党纷纷成立。1946 年 3 月由 41 个马来人政治社团联合组成马来民族统一机构，即巫统。巫统是马来人政党，以马来人利益的庇护者出现在政坛上。他们反对英国剥夺了苏丹的统治权以及损害了马来人的政治优势。巫统一成立便以其严密的组织性和维护马来人利益的强硬政策赢得了马来人的广泛支持。随后，华人也建立起了代表本民族利益的政党组织，即马来亚华人公会（简称马华公会）。这一时期还有马来亚共产党、马来亚国民党、马来亚民族党、马来亚民主同盟、泛马职工总会、新民主青年同盟、马来亚印度人国大党，以及各类工会、妇女和青年组织，他们纷纷提出民主自治的要求，且不时举行游行、罢工和示威。

由于意识到马来西亚独立的不可避免，以及为了保存马来西亚独立后英国的经济与战略利益，英国逐渐采取与民族主义政党合作的政策，帮助马来亚在竞争性选举的基础上建立了英国式的民主制度。迫于非马来族特别是马来亚共产党的压力，英国殖民政府采取对巫统让步的策略，从1946年开始与马来苏丹代表密谈并且签署了《马来亚联合邦协定》。于1948年2月1日成立"马来亚联合邦"，取代了原来的马来亚联邦。新加坡和马来西亚继续分离，马来亚其他地方仍然组成一个中央集权的统一国家，不同的是殖民总督改为高级专员，各土邦苏丹继续拥有统治权；马来人的特权得到承认，非马来人获得公民权则需符合15年居住期以及语言、忠诚等严苛条件，且取消了公民权的出生地原则。

在民族主义不断高涨的背景下，争取民族独立成为马来亚最大的政治。马来亚特殊的族群结构决定了没有任何一个种族可以完成民族独立的大业。1957年马来西亚独立之时，马来人、华人、印度人三大族群的人口大致是：马来人约312.5万人，占总人口的49.8%；华人约233.4万人，占总人口的37.2%；印度人约70.7万人，占总人口的11.3%。① 三大族群在宗教、文化、语言和风俗等方面存在相当大的差异，族群的人口比例、族群间的信任感和族群利益决定了没有任何一个族群可以借助自身力量控制其他族群，并能单独掌握国家权力，政党联盟应运而生。在1952年举行的吉隆坡市议会选举中，面对马来亚独立党的竞争，巫统和马华公会结盟参选。1953年两党继续结盟参加地方议会选举并获胜，两次选举的胜利促进了政党结盟的制度化。1954年印度国大党加入联盟。1955年，巫统、马华公会和印度国大党组成"马华印联盟"，在击败了非种族性的国家党之后，组成马来亚自治政府，并于1957年8月31日宣布马来亚独立。联盟党继续执政，从而成为马来西亚政治发展的主导力量。

在三大族群与英国殖民当局进行谈判和制定宪法的过程中，三大族群的妥协确保了马来亚顺利脱离英国殖民统治并平稳地独立建国。华人和印

---

① 陈鸥：《马来西亚政党政治现状与展望》，载《国际资料信息》2009年第6期。

度人为获得独立后的公民权而容忍了马来人在独立后拥有"马来人特权",即同意宪法第153条"授予马来西亚最高元首为马来人和其他土著民族,保障马来西亚公民权利和特权"。1955年,马华印在联盟党内达成各项妥协的"社会契约",内容主要包括:华人和印度人承认马来人的特殊地位,承认马来语为国语,伊斯兰教为国教,马来人苏丹为国家元首等。以此为交换,马来人则放宽非马来人成为马来亚公民的条件。1957年8月,马来亚联邦宪法进一步以根本大法的形式确立了马来人作为原住居民的政治统治权,规定马来人与非马来人担任公职之比为4:1,确认伊斯兰教为国教及马来语10年后成为唯一官方语言。作为交换,对公民权资格比以前进一步放宽,非马来人的经济活动将不受干预。此后的历次宪法修正案,均以法律的形式确保马来人在政治上的特权地位。

马华公会和印度人国大党与巫统的妥协,也形成了马来人掌握马来西亚政治的局面,从而使得一直执政的多族群政党联盟始终由马来人主导。1963年,沙巴州、沙捞越州和新加坡加入,马来亚联合邦发展成为马来西亚联合邦。1965年,新加坡被迫脱离马来西亚而独立。1965年4月,马华印联盟同沙捞越和沙巴两州的一些地方性政党组成"马来西亚联盟党",使执政联盟的组织机构从马来半岛扩大到东马地区,从而真正成为全国性的政党。从此奠定了当代马来西亚政党政治的基本形式,即拥有"马来特权"的马来人政党组织与其他族群政党组成政党联盟来分享政权的模式——巫统主导的政党联盟模式。

虽然马来西亚也曾出现过多党竞争,但较高竞争性的政党政治模式与当时马来西亚的社会历史条件还不相适应。相反,政党联盟的模式却符合了马来西亚特殊的国情以及应对国内外压力的需要。在现代化初期,过度的政治动员和政治参与往往导致政治不稳定,从而严重影响整个社会的和谐发展,甚至使现代化进程出现逆转。尤其是以族群分割为基础的包括政治动员、政治参与和政治统治在内的政治运行模式,往往有悖于民主政治制度的平稳运行。① 在上世纪60年代中前期，对于主要执政党而言，顶住国内外的各种压力，维护马来西亚联邦的完整与独立成为政治稳定的基本要求。马华印政党联盟是"二战"后英国对马来亚殖民政策与马来亚的多元民族构成在马来亚独立建国进程中相结合的产物。它有效地应对了现代化过程中面临的种种压力，并且以带有威权色彩的中央集权和动员模式维护了联邦的统一，从而实现了马来西亚的政治发展和社会稳定。

(二) 从马华印联盟到国民阵线

马华印联盟成立以来，先后在1959年和1964年大选中掌控了2/3国会多数席位，一直处于执政地位。族群政党间的妥协与结盟并没有解决族群冲突问题。在1969年5月10日举行的第三届全国大选中，在国会103个议席中，马华印联盟仅赢得66席，占议席总数的64%，失去了2/3多数的优势。它的总得票率为48.5%，低于反对党的51.5%。在反对党所赢的37席中，华人反对党占了21席，其中民主行动党赢得13席成为最大的反对党。另一个华人反对党民政党不仅赢得8个国会议席，还赢得槟城屿24个州议席中的16席，成为马来西亚历史上第一个通过选举掌握多数席位组建政府的华人政党。②

选举结果使马来人群情激昂，反对党的崛起被认为是华人的政治胜利，被指是华人不接受马来人在政治上的统治地位，进而引起马来人对本族政治地位的忧虑。巫统的一些激进分子认为马来政治权力和其他特权已受到了来自华人的严重挑战。于是，种族对抗情绪迅速积聚与膨胀，谣言四起，最终于1960年5月13日爆发了马来西亚有史以来最大的一次种族暴力冲突，史称"513种族暴力冲突事件"。冲突造成196人死亡，439人受伤，39人失踪。

---

① 宋效峰：《试析马来西亚一党独大制的历史合法性》，载《广州社会主义学院学报》2008年第1期。
② 廖小健：《马来西亚513事件与308政治海啸的比较——兼论308政治海啸后马来西亚的政治发展》，载《东南亚研究》2010年第5期。

"513种族暴力冲突事件"后，以扎拉克为首的强硬派战胜了以拉赫曼为首的民主派，取得了巫统的领导地位。马来西亚政府宣布全国进入紧急状态，并关闭议会，成立国家行动理事会来应对这种事态。扎拉克等巫统领导人认为，"513种族暴力冲突事件"的根源是非马来人无视种族之间达成的"社会契约"，非现实地挑战马来人的支配地位。因此，巫统再度强调"马来人特权"，在经济、政治、社会和教育诸领域全面实行马来人至上的族群政策，从而导致了集权的加强，使马来西亚政治体制具有了威权色彩。

在经济上，巫统开始实施"新经济政策"。政府利用经济干预政策和培训的方法，以提升马来人的能力和素质，从而提高马来人的经济社会地位，并致力于20年内消除贫困和族群的经济差异。新经济政策实际上是继续强化马来人的特权，力图缩小马来人与华人的经济差距。

在政治上，巫统对政党联盟进行大规模改造。扎拉克认为政党联盟形式已经不适应新形势发展的需要，必须加以改革，因为它掩饰了而非根本上解决了种族问题。不过扎拉克也认识到实现巫统一党统治的不现实，拒绝建立巫统一党统治或清一色马来人政府的想法。扎拉克从1971年开始推进"国民阵线运动"，先后说服了代表马来人极端势力的伊斯兰教党、代表华人中下层利益的人民运动党、代表印度人利益的人民进步党，以及一些地方型政党加入到政党联盟中来。1974年6月，一个更广泛的政党联盟——"国民阵线"正式成立，由巫统、马华公会、印度国大党、人民进步党、伊斯兰教党、沙捞越联盟、沙捞越人民联合党等9个政党组成。

国民阵线的建立主要基于两种考虑：一是把所有马来人政党联合起来，消除马来人反对党，实现马来人政治势力的团结。二是吸收一切可能吸收的非马来人反对党，使反对党势力下降到最低程度，增加非马来人对政府的支持。国民阵线巧妙地削弱了非马来人政党的政治权力，马华公会和印度国大党的地位明显削弱，大大强化了以巫统为首的马来人政党的政治权力，进一步加强了巫统在政党联盟中的核心地位，没有任何一个政党能够挑战巫统的主导地位。从此，巫统取得了对政权的绝对支配权，实现了巫统要最大限度地压制反对派的生存空间和扩大政治基础的目的。同时，国民阵线的建立使政党联盟的战斗力和团结性大大增强，增强了国民阵线的利益代表性，使一党独大的政党制度更具生命力。尽管有些政党后来退出了国民阵线，并且巫统内部也几经发生分裂，但国民阵线始终以它独特的组织形式和运作方式保持了政治活力，奠定了当今马来西亚以巫统为核心的一党独大的政党联盟的政治局面。

国民阵线的效果在 1974 年大选中得到了印证，它在国会的 154 席中获得了 135 席，并控制了全部的州议会。

此后，国民阵线成员党也几经变化。1988 年增加至 13 个，1990 年大选后减至 11 个，1995 年大选后又增至 14 个，即巫统、马华公会、印度人国大党、人民运动党、人民进步党、沙捞越土著保守联合党、沙捞越人民联合党、沙捞越国民党、沙捞越达雅克族党、沙巴人民正义党、沙巴自由民主党、沙巴进步党、沙巴人民团结党和沙巴民主党。2001 年 3 月，沙巴人民正义党解散，国民阵线成员减少为 13 个。

国民阵线的成立还标志着马来西亚威权主义体制的确立。"作为马来西亚政党政治发展的一个转折点，执政党因 1969 年大选后发生严重的种族骚乱事件而宣布全国紧急状态，这标志着马来西亚从深受英国影响的较高竞争性的议会民主体制向接受本土化改造的准权威主义体制转变。"[1] 实际上在 1969 年大选前夕，种族情绪已经到了将要爆发的临界点，马来西亚的政治情势已经由平静发展到沸腾的阶段。这种威权体制对于马来西亚这样一个种族矛盾突出的多元种族国家来说，不失为一种正确的选择。它实现了马来西亚政治的稳定，为此后经济繁荣创造了良好的社会环境。

---

[1] 宋效峰：《2008 年大选后马来西亚政党政治的走势》，载《东南亚研究》2008 年第 5 期。

(三) 国民阵线与人民联盟并立的"两线政治"的出现

20世纪90年代以来，马来西亚的反对党不断调整理念和斗争策略，再加上巫统内部两次党争危机的冲击，国民阵线遭到了严峻挑战，国民阵线独霸中央与地方政权的局面逐渐被打破，马来西亚的政党政治格局逐渐向国民阵线与人民联盟并立的两线政治演变。

巫统内部的两次党争危机对于反对党的壮大具有重要影响。第一次危机是贸工部长东姑·沙拉里向巫统主席、政府总理马哈蒂尔的挑战。沙拉里与马哈蒂尔在政策和权力分配上产生了分歧。1987年4月的巫统党主席选举，马哈蒂尔仅以微弱的43票多数保住主席职位。之后，由于党组织内部存在的问题，巫统被宣布为非法而取缔，原巫统党员分裂为以马哈蒂尔为首的新巫统（后来按习惯称新巫统为巫统）和以沙拉里为首的"四六精神党"。从巫统分裂出来之后，四六精神党同伊斯兰教党和其他几个小党，组成"伊斯兰团结阵线"。同时，四六精神党与民主行动党、人民党、泛印度人进步阵线、马来西亚团结党组成另一个"人民阵线"。这样以四六精神党为桥梁把两个阵线联合起来，对国民阵线构成了强大的挑战。1990年大选，两个阵线提出的竞选口号是"一个改朝换代的选择，拯救马来西亚"。此次大选中，国民阵线与反对党竞争十分激烈，反对党共获得57个国会议席，取得有史以来的最好成绩。其中民主行动党获得20席，四六精神党获得8席，伊斯兰教党也获得了7席，并赢得了吉兰丹州的执政权。然而，反对党很快陷入分裂。国民阵线在1995年大选取得辉煌胜利，赢得162个国会议席。

第二次巫统分裂源于安瓦尔事件。安瓦尔原为马哈蒂尔培植的接班人，1993年开始担任政府副总理、巫统署理主席。1997年亚洲金融危机爆发以后，安瓦尔与马哈蒂尔在如何摆脱危机上产生严重分歧，随后被马哈蒂尔革除副总理职务，并且以贪污等罪名被指控。安瓦尔被革职引发了马来西亚有史以来规模最大的民主运动——"政改"运动，要求马哈蒂尔下台的呼声此起彼伏，对马哈蒂尔执政带来巨大压力。亲安瓦尔势力积极联合其他反对党共同参加1999年大选。民主行动党和伊斯兰教党正式结盟，与国民公正党和人民党共同组成反对党联盟——"替代阵线"，谋求替代国民阵线。其竞选口号是"粉碎国阵的政治霸权，以恢复大马的公正、自由、民主和良好施政"，目标是打破国民阵线垄断国会2/3议席的局面。虽然选举结果仍然是以国民阵线胜利，国民阵线获得148个席位，替代阵线获得42个席位，但巫统与伊斯兰教党的实力对比发生了明显变化，巫统仅获得72个席位。伊斯兰教党获得27个席位，是有史以来获得最多的席位。

替代阵线的出现并没有改变现有的政党格局。2004年大选，国民阵线取得有史以来的最大胜利，获得199个席位，占国会议席的90%。而反对党联盟则走向分裂，民主行动党与伊斯兰教党决裂并获得12个议席，重新成为国会第一大反对党。伊斯兰教党只获得6席，并且丢掉了丁加奴州的执政权。

2008年大选前夕，反对党国民公正党、民主行动党、伊斯兰教党再度结盟组成"人民联盟"，以安瓦尔为领袖。结果2008年3月8日举行的第十二届全国大选，国民阵线仅获得140席，占222个国会议席的63.06%，失去了数十年以来保持的2/3国会议席的强势地位；人民联盟的三个反对党都表现出色，国民公正党赢得31席，成为议会中第一大反对党，民主行动党赢得28席，伊斯兰教党赢得23席，反对党总共获得82席位。在州议席选举中，国民阵线也仅获307席，占505个州议席的60.79%，不但没有收复反对党早已控制的吉兰丹州政权，还丢失了槟城屿、雪兰莪、霹雳和吉打等四个州政权。大选过后，三个主要反对党在宪法、公正、自由、经济等议题上达成共识，伊斯兰教党不再提伊斯兰国教，而是继续调整执政理念，致力于追求公正清廉的政治环境。人民联盟强调，要为马来西亚打造一个政权正常更替的政治，给人民多一个选择，以维护民主精神。[①]

[①] 范若兰：《对立与合作：马来西亚华人政党与伊斯兰党关系的演变》，载《东南亚研究》2010年第4期。

2008年大选被称为"308政治海啸",其对马来西亚政局的影响不亚于"513种族冲突事件"。马来西亚的政治格局第一次结束了巫统主导下的国民阵线长期独霸中央和地方政权的政治局面,在中央第一次出现了可以有效制衡国民阵线的反对党联盟,在地方第一次出现了国民阵线和人民联盟分庭对立的政治新格局。标志着民国阵线一党独大和议会一言堂的局面被打破,逐渐向国民阵线和人民联盟分庭对立的两线政治转变。

四、马来西亚政党政治的特点

从马来西亚政党政治的演变可以看出,其突出特点就是以单一族群政党为基础,以政党联盟的形式参与议会竞争和分享国家权力。这种政党政治包括两大特点:一是政党政治具有族群政治的特点,各族群都建立自己的政党以表达和实现本族群意志;二是代表不同族群利益的政党,以政党联盟的方式进行政治权力分配。

(一)政党政治具有族群政治的特点

政党政治是西方民主宪政和议会民主的产物与重要标志,"政党本质上是特定阶级利益的集中代表者,是特定阶级政治力量中的领导力量,是由各阶级的政治中坚分子为了夺取或巩固国家政治权力而组成的政治组织"[①]。一般来说,政党的分野要么以社会阶级为基础,要么以政治意识形态为基础,而马来西亚各政党的分野则以民族为基础,族群政治是马来西亚政党政治的主要特点。马来西亚的政党都是建立在族群基础上,以族群利益而非以阶级或基层利益划线,各族群有自己的政党。族群利益向来是历届大选的重要议题。大选期间,各族群通过各自的政党表达自己的不满和利益诉求,同一族群的不同政党的差别只在于各自代表了本族群激进或保守派的利益而已。例如巫统与伊斯兰教党都是马来人族群利益的忠实代表者,只是在对待伊斯兰教问题上产生了激进与保守的区别,在与其他政

[①] 王浦劬:《政治学》,北京:北京大学出版社1999年版,第265页。

党的竞争中，本族群的利益高于一切。

马来西亚的政党政治从产生之初就表现出明显的种族主义特征。在争取民族独立的斗争中，马来西亚政党政治的突出特点是：所有政党都以合法的手段、在法律许可的范围内展开政治上的角逐。由于英国对激进派政党如马来亚共产党的无情清洗，马来亚的政党不再试图诉诸暴力追求政治上的目标，争取选民尽量多的选票成为唯一合法的保证政治上获胜的途径。在选举过程中，种族性的政党表现出旺盛的生命力，往往更能得到选民的支持。

马来西亚历史上也曾出现过多种族政党的尝试。巫统早期领导人那督翁曾设想成立一个代表所有民族利益的政党和政府，以模糊种族界限，淡化种族偏见，达到民族融合的目的。1946年，那督翁当选巫统主席后，主张将巫统改造成一个代表各民族利益的全国性政党，将巫统的名称由"马来民族统一机构"改为"马来亚人民统一机构"。由于马来人的强烈反对，那督翁于1951年辞职离开巫统，并在同年9月创立独立党。由于竞选失败，1953年那督翁解散独立党，于1954年另设国家党。国家党最后也宣告失败。在1969年"513种族冲突事件"以后，为了应对华人对马来人的挑战，长期作为巫统反对党的伊斯兰教党也加入了巫统主导的国民阵线，说明了政党政治中族群利益高于一切的事实。

在马来西亚这样一个多元种族和多元文化社会，再加上殖民统治的历史传统，政党的种族基础有着深刻的历史、文化和经济的根源。英国的殖民统治给马来西亚留下了一套西方式的民主政体，同时也留下了一个种族分裂的社会。显然在这种分裂的社会基础之上，民主政体无法稳固地存在。马来西亚民族间太深的隔阂，使民族观念超越了阶级和其他一切政治观念。再加上以前马来人和非马来人在人口比重上非常接近，在一个实际上分裂、种族之间互不信任的社会中，各种族社区的选民都希望得到本社区政党的庇护，而对宣称代表所有种族利益的政党则表示怀疑。因此，民族利益成了政治活动至高无上的原则，建立一个模糊种族界限，淡化种族偏见，代表各民族利益的政党以促进民族融合变得不现实。由代表各族群利益的政党组成联盟，实现各族群利益的平衡，确保社会稳定和发展，是符合马来西亚社会发展需要的。

（二）采取政党联盟式的权力分配和运作机制

当今世界各国的政党制度可以分为一党制、两党制和多党制这三种类型。然而马来西亚采取政党联盟的运作方式，既不同于西方的一党制，也不是传统意义上的多党制。从最初的华巫联盟到华巫印联盟，再到更具广泛性的国民阵线，马来西亚已经形成了巫统主导的政党联盟式的权力分配和运作机制。

第一，国民阵线不是一个合作基础有限的临时性政党，而是一个有严密组织形式、严格纪律和严格议事程序的统一的政治实体。尽管目前参加国民阵线的党派多达 13 个，但各党派并不能各自为政，必须按国民阵线的统一章程行动。除有中央一级的组织机构外，国民阵线在州一级以及各选区均有自己的基层组织，形成了遍布全国的组织网络。

第二，在政治运作上，国民阵线遵循高层、秘密、妥协的议事原则。国民阵线的最高领导机关和决策机构是最高理事会，由各成员党领袖组成。决策过程只限于各成员党领袖之间。对于各政党的关系，党的中层、基层领导无权处理，必须由各党领袖在执政党联盟中的最高决策机构中进行解决。国民阵线内部实行协商机制，高层决策不采用西方代议制民主式少数服从多数的原则，不采用投票方式，而是采取说服、协商、讨价还价，最后达成妥协的方式，这一过程巫统起着主要协调作用。各成员党只能在此基础上去争取更多的权益，而不能采取其他粗暴的不合作的方式。如果国民阵线内部各成员党的意见无法统一，则由国民阵线兼巫统主席最后定夺。

第三，巫统作为最大的执政党，在国民阵线中居于核心和主导地位。巫统主席是国民阵线最高理事会常任主席，也是当然的政府总理，具有绝对权威，有权决定党内外一切重大事务。其他成员党处于从属地位，在巫统的主导和协调下参与"政治分红"。

第四，国民阵线实行党政合一体制。政府各部部长均由各成员党领袖兼任。巫统掌管内政、国防、财政、新闻、外交等重要部门,军队和警察的最高领导权也由马来人掌握。其他职位在巫统协调下由各成员党分享,一般是大党得大头,小党得小头,各得其所,长期不变。

第五,国民阵线各成员党在选举时采取协调一致、联合行动。各成员党保持相对的独立性,平时独立开展活动。但在大选时,国民阵线按各成员党传统势力范围协商分配选区,各成员党在所分配的选区中提名本党最有影响力的候选人参选。联盟中各成员党相对独立,其参加竞选的人数由内部协商分配,但在大选时联盟各成员采用统一的竞选标志和宣言。选举获胜后,内阁成员和州首席部长的名额分配均由国民阵线各成员党内部协商确定。

国民阵线实际上是各种族、主要政党实现协商一致的合作组织,国民阵线的组织形式和运作形式其实就是对政治权力进行争夺、妥协、分配的有效机制。马来西亚独立以来的政治实践表明,政党联盟的权力分配和运作机制是维持马来西亚社会稳定和政治稳定的重要一环,对于马来西亚的政治发展具有深远的影响。主要表现在:

首先,巫统强有力的政治领导,不仅使国家的各项政策得到全面贯彻,而且有效地防止了政府在现代化进程中的"失范综合征"的发生与蔓延。尽管巫统在执政党体制中拥有支配性的地位,但它并不排斥其他民族或派别对政治权力的分配。相反,巫统却能使国民阵线保持一种开放性,国民阵线的大门一直敞开,使其能够随时充分吸纳各民族精英和各新兴政治力量的党派加入到国民阵线中来,其成员不断增多,有效地整合了各种社会政治力量。同时,开放式的政党联盟为最大限度地吸纳和消弭反对力量、扩大社会基础发挥了重要作用。根据亨廷顿的观点,"政治稳定的先决条件是始终有一个能够同化现代化过程产生出来的新兴社会势力的政党制度"①。执政党联盟的稳定性主要在于国民阵线包容性强,只要维护多元

---

① 塞缪尔·亨廷顿:《变化社会中的政治秩序》,王冠华等译,北京:生活·读书·新知三联书店1992年版,第388页。

民族融合，都可以加入进来。通过内部协商机制，实现各种族的利益平衡和共同发展。政党制度成为缓和族群冲突的政治机制。

其次，马来西亚政治文化中的妥协精神、协商精神较为突出，国民阵线的组织程序与制度较健全，使国民阵线各成员党在重大问题上较易达成一致并能相互妥协，大大提高了决策和执行效率。执政联盟在议会中的绝对优势地位有效地避免了西方国家议会的低效率现象。国民阵线的运作方式遵循"高层"、"秘密"、"妥协"的议事原则，尽管有专断之嫌，但在马来西亚这样一个多元民族、多元宗教、多元文化的社会里，自由放任的、公开的、竞争的政治运作方式只会使执政党内部矛盾重重，而发挥不了它对政治和经济的领导、控制、动员和组织等功能，最终会导致整个社会的严重分裂，经济发展、社会进步也就无从谈起。①

再次，马来西亚的政党政治兼有多党合作与多党竞争机制的双重优点。② 一方面，多党合作有效地提高了政治决策和执行的效率，这是推进经济快速发展的保证。另一方面，允许反对党合法存在并参与竞选，保持多党竞争的形式，对执政党构成竞争压力。反对党的长期存在，以及2008年以来"两线政治"的出现都给马来西亚政党政治带来了活力。

总之，一种政党制度的好坏，不能只看它是否具有完全的现代民主形式，更重要的是看它是否具有足够的社会整合能力来应对国家现代化进程中面临的各种问题。马来西亚政府的做法是在保持民主的形式的前提下，增加政治体制中的权威主义成分，使马来西亚的政治体制演变为介于民主与权威之间的一种体制。建立在族群政治基础上的政党联盟式的权力分配与运作机制显示出强大的生命力，其关键在于它通过精英合作较为成功地解决了各族群的利益分配问题。分享政权在马来西亚这个多元族群的社会是促进国民团结的最好方案。马来西亚前总理马哈蒂尔曾说，马国人民、

---

① 方盛举：《马来西亚政党政治浅析》，载《思想战线》1998年第9期。
② 徐罗卿：《追求多党合作与多党竞争的双重效应：刍议马来西亚政党政治的经验与启示》，载《学海》2006年第2期。

政治家和政党知道如何运用民主制度,如果只考虑多数民主原则,那么马来人就可以利用族群情绪组成纯粹的马来人政府,但巫统宁愿与其他族群合作,这样各族群乃至反对党,都能够从长期的政治稳定中获益。虽然国民阵线内部是巫统一党独大,但它毕竟是人民通过一人一票制表达出来的真实民意。政党联盟的权力分配与运作机制的形成,以及巫统能够长期保持一党独大地位,是实现马来西亚各族群利益最大化的正确选择。

五、马来西亚政党政治的趋势展望

2008年大选打破了巫统主导的国民阵线长期把持国会2/3多数的局面,预示着国民阵线独霸议会局面的结束,马来西亚的政党政治格局逐渐向国民阵线与人民联盟分庭抗礼的"两线"政治演变。然而,政党的力量对比受到多种因素的影响,既脱离不开族群政治的历史传统,又是国民阵线与人民联盟双方政治博弈的结果,同时也受到经济社会结构变化等因素的影响。所有这些因素共同决定着马来西亚政党政治的走向。

(一) 决定政党政治走向的因素

1. 族群政治仍然是影响政党政治的最重要因素

自马来西亚独立以来,由巫统主导的跨族群政党联盟一直控制着马来西亚的国家政权。族群利益争夺一直是马来西亚国家政治的主要议题,特别是马来人与华人之间的族群利益争夺。依靠着"马来人特权"的宪政保证和手中控制的行政资源,巫统长期推行马来人优先政策,在经济上助长了马来人的依赖性,抑制了少数族群的积极性,国家竞争力亟待提高;在政治上无法满足少数族群逐渐增长的影响决策的要求;狭隘的马来民族主义仍然具有较大影响力,他们认为必须捍卫马来人在国家政治生活中的支配地位。巫统比较有效地长期控制了国家政权并保障了马来族人的族群利益,也使得马来人视巫统为马来人的利益代言人。巫统总是利用马来民族主义赢得多数马来人的支持,因此,族群政党政治阻碍了强大反对党的出现,使反对党很难获得较大的政治空间。

随着现代化和全球化的发展,更多马来西亚人接受了西方平等、自由的观念。巫统积极推进多元文化融合应对族群冲突的挑战。马哈蒂尔出任巫统主席后,提出了"马来西亚民族"概念,巫统改变过去执行的"一种语文、一种文化"的政策,在继续保持马来语为国语的同时,积极鼓励学习和使用英文、华文,提倡通过多种途径提高国民文化素质,并拨款发展印、华教育。巫统公开表示反对任何形式的宗教极端主义。巫统还提出马、华、印各族都是"一家人","各族一家亲"的口号,力图通过感情投资和各民族文化的融合,实现"单一民族"。马哈蒂尔等领导人常用华文题词"忍"和"我们都是一家人"。巫统这种多元文化政策是一种行之有效的政策,对马来西亚的族群关系和政党政治都产生了重要影响。

总之,族群政治对于马来西亚政党政治仍然具有不可忽视的影响。巫统独大的政党联盟机制仍然具有存在的基础,至少从马来西亚独立以来的政治发展实践来看,族群基础上的以巫统为核心的政党执政联盟机制确有存在的历史必然性和合理性。尽管当今马来西亚逐渐呈现利益多元化趋势,越来越多的选民开始按照自身利益而不是种族身份来投出选票,但马来西亚的政党在短时期内不会演变为西方式的政党,种族因素仍然会继续影响着马来西亚政党政治的发展。

2. 国民阵线仍然具有强大的执政优势

2008年大选的受挫主要是与巫统的执政绩效有关。经济发展水平未达到民众的期望值,贪腐盛行、司法不独立、媒体不自由等问题依然严峻,地区经济发展不平衡,东马的沙巴、沙捞越两州长期被边缘化,当地群众和政党均心存不满。因此,不少选民寄望于反对党上台改变这种状况,因而成为民联的支持者,对巫统的执政构成了挑战。然而,国民阵线经过长期经营,其势力渗透广泛、根深蒂固,目前虽遭遇挑战,其根基仍在,且内部已形成较为完善的运行机制,具有一定的自我调整、修复的能力,依然是马来西亚最主要的政治力量。国民阵线仍然拥有雄厚的政治资本,掌握着国家的各种资源,在与反对党的较量中,可以充分利用这些资源来打击对手,维护自身执政地位,并且不排除采取激进措施稳定局面的可能,因而巫统势力虽下滑,但短期作为执政党联盟中老大的地位是不会改变的。

国民阵线建立了强有力的竞选运作机制。由于处于执政地位,国民阵线可以充分利用国家权力等资源为选举服务。在大选前依照法定程序对选举进行调整,把反对党势力较大的选区拆开、分解。国民阵线在确定候选人之前,会通过内政部、军队、新闻部、党部4个部门的情报系统进行评估,以确定最佳人选、确保获胜。此外,国民阵线还具有充足的财力,并且控制了主要媒体,甚至可以通过国内安全法遏制反对党。

国民阵线具有较强的执政能力。20世纪90年代以来,巫统以"新发展政策"代替"新经济政策",突出强调各民族共同发展,不再大肆宣扬马来人的经济特权;将提高经济效率置于首位;不再固守马来人在政府机构中任职的比例;采取开放的文教政策,允许保持文化的多元性。1991年,马哈蒂尔在《2020年宏愿》中提出了政府在2020年之前要实现的九大目标:各民族和睦共处;创造拥有自信、道德修养和自由的大马社会;知识型的发达国家;良好的教育设施;人均收入增加四倍;财富平均分配和彻底消除贫穷;居者有其屋;良好的生活素质和充满爱心的社会;国家平衡发展。力争建立一个由生存于种族团结、协调、公正的全面合作关系下的"马来西亚国族"组成的马来西亚国家,任何肤色和宗教信仰的人们都能自由地保持和享受个人的习惯、文化、宗教和信仰。

国民阵线能够赢得华人的稳固支持。作为一个世俗化的政党,巫统对华人的政策还是比较宽松的,因而在马来西亚华人的经济地位普遍比较好,华人文化和传统保持得也比较好。华人为了既得利益,宁愿选择巫统。华人作为马来西亚第二大族群,其对巫统的支持无疑对维持国民阵线的主导地位具有重要影响。

3. 人民联盟作为反对党联盟还不稳定

目前,人民联盟还是松散的竞选化联盟,内部存在忧患且缺乏执政经验,联盟能否长期维持尚待考察。

人民联盟的优势是新鲜具有活力,可以给国家带来更多变化,而且在执政时可以较少地受经济财团的制约,有利于公平地分配国家资源,照顾社会各个阶层。但从目前来看,人民联盟缺乏共同的政治主张。作为以华人为主的跨族群政党——民主行动党是要建立一个族群平等的世俗化国家,其明确提出,在马来西亚建立一个民主社会主义之社会,其目的就是要废除"马来人特权",构建一个"马来西亚人的马来西亚"。作为以马来人为主的跨族群政党——人民公正党要建立一个由马来人主导的政教分离的穆斯林国家,明确提出要捍卫伊斯兰教和"马来人特权"。而作为伊斯兰教代表的伊斯兰党要建立一个政教合一的伊斯兰国。由此可见,人民联盟内部党派利益冲突大,内部整合困难。一旦真正赢得中央政权,三党的执政理念必定会严重分裂,甚至会迅速瓦解人民联盟。在周期性的选举中,国民阵线会轻易重新夺回政权。

人民联盟缺乏执政的选民基础。安瓦尔等人倡导的"马来西亚人的马来西亚"等主张触及了马来人长期享有的特权,必然会遭到广大马来人的反对,很难获得多数马来人的支持。作为主要反对党的伊斯兰党,虽然为了竞选需要而不断调整了自己的理念和政策,但华人、印度人对其建立政教合一的伊斯兰国的主张记忆犹新,因此很难获得非马来人的族群及其政党组织的支持。

4. 经济和社会结构变化给政党带来了转型压力

20世纪90年代以来,随着经济的多元化和高速发展,马来西亚的中产阶级力量不断壮大。这个由医生、律师、公务员、工程师等阶层组成的新兴中产阶级在马来西亚人口中的比重越来越大。随着市场经济的发展,马来西亚从传统社会向现代化转变,人们的价值取向也逐渐从早期的激进和非理性,转向温和、理性。中产阶级向来是推动政治民主化和社会进步的中坚力量。目前国民阵线正面临着拓展新的合法性资源的巨大压力,以民主政治为取向、实现合法性第二次转移亟须提上日程。

总之，经济和社会结构的现代化必将决定马来西亚政党政治的发展进程。尽管未来一段时间内，马来西亚的政党格局不太可能发生根本改变，但必将受到社会政治日趋多元的压力，从而由准权威主义向宪政民主进一步转变。鉴于已经拥有较成熟的政党制度架构，马来西亚向民主政治转型的路径很可能是在既有基础上的渐进式发展。保持现有政党制度基本特性当然符合马来西亚执政党的最大利益，但如何在宪政架构下扩展其对于政治生态变化的包容性，则是增强自身合法性不容回避的课题。① 经济社会结构的变化必定会给马来西亚的政党政治产生重要影响。国民阵线和人民联盟两大政党联盟能否进行适应性转型，影响着未来政党政治格局的演变。

（二）马来西亚政党政治未来将走向稳定的两线政治

在以上因素的影响下，马来西亚的未来充满了变数，但又具有一些可预见的发展趋势。"308政治海啸"首次打破了马来西亚长期数十年的政党政治格局，使马来西亚开始进入国民阵线与人民联盟并立的两线政治时期。要形成稳固的两线政治需要看人民联盟执政理念的转变和内部的整合，以及在未来几届大选中的表现。

马来西亚2008年政局大幅波动的根本原因在于，国民阵线长期执行的一些政策未能伴随形势变化而及时调整，其中的弊端逐渐积累，引起了民众不满，在反对党的鼓动下集中宣泄出来。而纳吉布总理上台后，在政治上提出"一个马来西亚：以民为本，绩效为重"的治国理念，强调族群团结、尊重多元文化；经济上进行大刀阔斧改革，2010年马来西亚经济增长达7.2%，为近十年来最高水平。2011年，在全球经济不景气的大环境下，马来西亚经济保持在5%—6%的水平。纳吉布推出马来西亚第十个五年计划、国家转型计划和经济转型计划等政策，力图通过

---

① 宋效峰：《2008年大选后马来西亚政党政治的走势》，载《东南亚研究》2008年第5期。

经济改革,提高人民收入,带领马来西亚进入高收入国家,这些政策正在逐步发挥效果,并获得选民认同。在2013年5月5日举行的马来西亚新一届大选中,执政联盟国民阵线获得过半数席位,以微弱优势赢得大选。这次选举,国民阵线仅赢得议会222席位中的133席,与2008年相比下降7席,远少于此前对外宣称的2/3多数目标席位。而反对派席位则由2008年的82席上升到89席。

从更长远的时期来看,伴随着经济发展,民主诉求的增加,社会力量对比发生变化,族群政治继续向多元政治演变是马来西亚政党政治的发展趋势。两线政治将会取代国民阵线独霸议会的局面。人民联盟出现后,长期习惯了威权体制的马来西亚选民,似乎更愿意寻求一种替代选择,作为对政府执政不满的发泄。为了争取选民支持,执政党与在野党都必须重视民众诉求。为了赢得具有关键意义的中间选民,执政党与在野党不得不在许多议题上向中间、温和的立场靠拢,向全民党发展。

总之,未来马来西亚以种族为基础的政党政治将会发生变化,自身利益而非种族利益将会成为影响选民投票的最主要因素。政党联盟在多元种族社会中的作用不可替代,马来西亚不会出现两个单一政党之间的轮替,国民阵线与人民联盟两个政党联盟作为执政党与反对党长期对立或者轮流执政的可能性较大,两线制将会成为马来西亚国家政治中一种相对稳定的态势。

第一部分
宪法、全国性涉党法律

马来西亚联邦宪法[*]

(1957年7月11日联邦议会通过，1957年8月31日生效)

马来西亚由13个州和3个联邦直辖区组成，面积330257平方公里。首都为吉隆坡。人口2825万（2010年），马来人占68%，华人约占23.7%。官方语言为马来语。马来亚在第二次世界大战前为英国殖民地，战后马来亚开始寻求独立。1948年，英国政府与马来亚各州签订《马来亚联邦协定》，规定马来亚联邦的11个州共同组建一个联邦政府。1957年8月31日，马来半岛上的11个州与英国政府达成独立协议，马来亚联合邦正式独立。马来亚联合邦独立后，随即开始设立宪法委员会起草宪法。1957年提出宪法草案，该草案先后获得马来亚各州、联邦立法议会、英国议会的通过，于1957年8月31日正式生效实施。1963年马来亚联合邦同新加坡以及沙拉越和沙巴合并组成马来西亚（1965年8月，新加坡退出）。马来西亚成立后继续沿用1957年颁布的宪法，并改名为《马来西亚联邦宪法》。本宪法实施后，历经多次大范围的修改，本译文依据的是2005年修改之后的宪法文本。

---

[*] 文本来源于马来西亚总检察长办公室官方网站。

第一编 联邦各州、宗教和法律

第1条 联邦名称、各州与领土

（1）本联邦在马来语和英语中皆称为马来西亚。

（2）联邦各州为柔佛州（Johroe）、吉打州（Kedah）、吉兰丹州（kelantan）、马六甲州（Malacca）、森美兰州（Negeri Sembilan）、彭亨州（Pahang）、槟城屿州（Penang）、霹雳州（Perak）、玻璃市州（Perlis）、沙巴州（Sabah）、沙拉越州（Sarawak）、雪兰莪州（Selangor）和丁加奴州（Terenggann）。

（3）除第（4）款另有规定外，第（2）款规定的各州领土，为在马来西亚日之前各州固有领土。

（4）雪兰莪州的领土不包括根据1973年宪法修正案（第2号）[A206法律]设立的吉隆坡联邦辖区、根据2001年宪法修正案（A1095法律）设立的布城（Putrajaya）联邦辖区；沙巴州的领土不包括根据1984年宪法修正案（第2号）[A585法律]设立的纳闽（Labuan）联邦辖区；上述联邦辖区均为联邦领土。

第2条 新领土加入联邦

国会可以通过法律：

（a）批准其他州加入联邦；

（b）变更各州的边界；

但变更州边界的法律未经该州立法机关制定的法律明确表示，不得通过。

第3条 联邦的宗教

（1）伊斯兰教为联邦宗教；其他宗教亦可在联邦各地以和平与和谐的方式被信奉。

（2）除无统治者的州外，由州宪法所确立和宣告的统治者，其作为该州伊斯兰教首长的地位，以及根据州宪法作为伊斯兰教首长所享有的所有权利、特权、专有权和权力不受影响和削减；但如果统治者会议同意将某一宗教行为、仪礼推广至全联邦，则各州统治者应以伊斯兰教首长的身份授权最高元首作为其代表。

（3）马六甲州、槟城屿州、沙巴州、沙拉越州宪法应当制定有关条款，使最高元首成为各州伊斯兰教的首长。

（4）本条并不削减宪法其他条款的效力。

（5）即便宪法另有规定，最高元首为吉隆坡、布城、纳闽等联邦辖区的伊斯兰教首长；国会应制定法律管理伊斯兰宗教事务，并设立委员会向最高元首就伊斯兰教事务提供咨询。

第 4 条 联邦最高法律

（1）本宪法为联邦最高法律，独立日后所制定的任何法律如果与本宪法抵触，则抵触部分无效。

（2）不得根据下述理由质疑法律的效力：

（a）其对第 9 条第（2）款规定的权利予以限制，但该限制与该条规定的事项无关；

（b）其对第 10 条第（2）款规定的内容予以限制，但国会并不认为该限制对实现该条目的是必要和适当的。

（3）不得以国会和各州议会没有制定相关法律的权力而质疑国会和各州议会所制定的法律的效力，除非在诉讼程序中以上述理由请求宣告相关立法无效，或者：

（a）如果相关法律由国会制定，而参与诉讼的双方为联邦和一个或者多个州；

（b）如果相关法律由州议会制定，而参与诉讼的双方为联邦和该州之际，方得以上述理由宣告相关法律无效。

（4）根据第（3）款规定的理由请求宣告法律无效的［该款第（a）项第（b）项规定的诉讼不在此列］，未经联邦法官准许该诉讼程序不得开始；联邦有权参与诉讼成为当事人，如果诉讼程序基于第（3）款第（a）项、第（b）项规定的目的而启动，则州亦可参与诉讼成为当事人。

第二编 基本自由权

第 5 条 人身自由

（1）非依据法律，不得剥夺任何人的生命和人身自由。

（2）高等法院及其法官接到某人被非法拘留的申诉后，应对该申诉进行调查，除非认为该拘留合法，否则应当下令将被拘留者移交法院或者予以释放。

（3）如果有人被逮捕，应当尽快通知其被逮捕的理由，且应允许其选择律师进行咨询和代为辩护。

（4）如果有人被逮捕且未予以释放，应当在 24 小时内（必要的在途时间扣除不计）将其移交治安法官，不得无故拖延，未经治安法官批准不得继续羁押。

本款不适用于依据现行有关限制居住的法律进行的逮捕和拘留，且本款全部规定自独立日起应视为本条的基本组成部分。

本款适用于依据移民法而逮捕或者拘留的人，但本款"应当在 24 小时内（必要的在途时间扣除不计）将其移交治安法官，不得无故拖延"的规定应当被"14 日内"所替代。

对于由塞莱（Syariah）法院所审理罪犯的逮捕，本款有关提交治安法官之规定应当解释为提交塞莱法院的法官。

（5）第（3）款、第（4）款的规定不适用于敌对国家的人。

第 6 条 禁止奴隶制度和强制劳役

（1）不得将任何人沦为奴隶。

（2）禁止所有形式的强制劳役，但国会为了国家利益得制定强制服务的法律。

（3）经法院判决或者认定有罪后按规定进行的劳动和服务不视为本条含义上的强制劳役，只要其劳动和服务受到公共机构的监督和控制。

（4）根据任何制定法，某一公共机构的职能可交由另一公共机构履行，为了达到履行其公共职能的目的，前一公共机构的雇员应当为后一公共机构服务，则其为后一公共机构提供的服务不视为本条含义上的强制劳役，提供服务的雇员亦无权以岗位转换为由向前一或者后一公共机构索要任何权益。

第 7 条　刑法不溯及既往和不重复审判的保障

（1）禁止以行为时法律未规定为犯罪的作为或者不作为处罚任何人，禁止以重于行为时法律规定的刑罚处罚行为人的犯罪行为。

（2）凡被宣告无罪或者被认定有罪的人，不得因同一犯罪被再次审判，除非上级法院推翻原判并下令重审。

第 8 条　平等权

（1）所有人在法律面前一律平等，受法律的同等保护。

（2）除本宪法明确规定的以外，任何法律、公共机构职位的任命、执行有关征收、持有和处分财产的法律，以及在从事任何贸易、经营、职业、行业和就业的过程中，不得因宗教、种族、血统、出生地和性别而对公民差别对待。

（3）不得因任何人为某州统治者的属民而对其给予优待。

（4）公共机构不得因任何人在其管辖之外的联邦地点居住或者从事经营而对其给予歧视对待。

（5）本条并不禁止下列事项并宣告其无效：

（a）规范属人法的任何条款；

（b）将任何与宗教有关的岗位，或者任何宗教团体所管理的机构的岗位限定由其宗教信徒从事的规定或者做法；

（c）为马来半岛（包括保留地）原住民的保护、康乐和改善的任何规定，或者将公共服务机构中合理比例的适当职位保留给原住民的任何规定；

（d）规定在某州居住作为在该州参加选举、投票或者担任该州州内机构职位的资格的规定；

(e) 在独立日之前生效的州宪法条款或者其相应的任何规定；

(f) 准予马来人参加马来西亚军队的任何限制性规定。

第 9 条 禁止驱逐出境和迁徙自由

(1) 禁止将公民驱逐出境或者拒绝其进入联邦。

(2) 除第（3）款和有关联邦安全、公共秩序、公众健康、惩罚犯罪的法律另有规定外，任何公民都有权在联邦境内自由迁徙和定居。

(3) 如果根据本宪法，某州的地位不同于马来亚诸州，则在该州和马来亚诸州之间，国会可以制定法律对第（2）款规定的迁徙和定居的权利予以限制。

第 10 条 言论、集会和结社自由

(1) 除第（2）款、第（3）款、第（4）款的规定外——

(a) 每个公民有言论和表达的权利；

(b) 所有公民有和平和不携带武器集会的权利；

(c) 所有公民有结社的权利。

(2) 国会可以立法限制——

(a) 第（1）款第（a）项规定的权利，该项限制乃为维护联邦安全、联邦与他国的友好关系、公共秩序和道德水准所必要和适当；为保障国会和其他立法机关的特权、防止藐视法庭、诽谤或者煽动犯罪而立法限制公民的言论和表达权利；

(b) 第（1）款第（b）项规定的权利，该项限制乃为维护联邦安全、公共秩序所必要和适当；

(c) 第（1）款第（c）项规定的权利，该项限制乃为维护联邦安全、公共秩序和道德水准所必要和适当。

(3) 对第（1）款第（c）项规定的结社权，亦可由有关劳动和教育的法律予以限制。

(4) 为维护联邦安全和公共秩序根据第（2）款第（a）项进行限制时，国会可以制定法律禁止对本宪法第三编、第 152 条、第 153 条、第

181条规定和保护的事项、权利、身份、地位、特惠、主权或者特权提出质疑，但由法律规定的对上述事项的质疑，不在此限。

第11条 宗教自由

（1）除第（4）款规定之外，每人都有信奉宗教的权利，亦有权传教。

（2）任何人不得被强迫纳税而将税款的全部或者部分用于非其本人信奉的其他宗教。

（3）每一宗教团体有权——

（a）管理其宗教事务；

（b）出于宗教或者慈善目的设立和维持机构；

（c）根据法律取得、占有和管理财产。

（4）各州法律，以及就吉隆坡、纳闽、布城等联邦辖区而言联邦法律可以就向信奉伊斯兰教者传播任何宗教教义和信仰进行管制和限制。

（5）本条禁止违反有关公共秩序、公众健康和道德水准的一般法律的行为。

第12条 教育的权利

（1）在不损害第8条一般原则的情况下，不得因宗教、种族、血统或者出生地而在下列事项中歧视性地对待任何公民：

（a）在公立教育机构的管理过程中，尤其是在招生和学费方面；

（b）在使用公共资金对任何教育机构或者学生提供财政资助的过程中（不论该教育机构是否由公共机构设立，也不论其是否位于联邦境内）。

（2）每个宗教团体有权为其子女设立和维持宗教教育机构，有关此等教育机构的法律及其实施不得单就宗教原因而进行歧视对待；但联邦或者州可以合法设立、维持或者协助伊斯兰宗教机构的设立和维持，或者提供和协助提供伊斯兰宗教教育，并因此支付必要的费用。

（3）不得强迫个人接受其宗教之外的宗教教育，或者参加其宗教之外的宗教仪式和礼拜。

(4) 对于第(3)款规定，未满18周岁的人的宗教由其父母或者监护人决定。

第13条　财产权

(1) 个人的财产不得非法剥夺。

(2) 未经充分补偿，法律不得规定财产的强制征收或者征用。

第三编　国　籍

第一章　国籍的获得

第14条　因法律实施获得国籍

(1) 除本编另有规定外，根据法律的实施下列人员成为公民：

(a) 在马来西亚日之前出生，根据附件二第一章规定为联邦公民的人；

(b) 在马来西亚日及之后出生，且具有附件二第二章规定的任何资格的人。

(c)（已废除）

(2)（已废除）

(3)（已废除）

第15条　国籍登记（公民的妻子儿女）

(1) 除第18条另有规定外，其丈夫为公民的任何已婚妇女，如果其婚姻关系存续且其丈夫于1962年10月成为公民，则有权向联邦政府提出申请登记为公民；或者其符合联邦政府规定的下列条件：

(a) 在提出申请前已经在联邦连续居住满两年，且意图永久居住；

(b) 品行良好。

(2) 除第18条另有规定外，联邦政府得使未满21周岁、其父母之一（或者死亡时）为公民的人由其父母或者监护人向联邦政府提出申请登记为公民。

(3) 除第 18 条另有规定外，1962 年 10 月之前出生但未满 21 周岁的人，如果其父亲（或者在死亡时）为公民，且在 1962 年 10 月（如果还健在）时为公民，则有权由其父母或者监护人向联邦政府提出申请登记为公民，但其应向联邦政府提出经常居住于联邦境内或者具有良好品行的证明。

(4) 对于第（1）款的规定而言，在马来西亚日之前居住于沙巴州和沙拉越州区域内，视为居住于联邦境内。

(5) 第（1）款所指已婚妇女是指根据联邦任何有效制定法，包括独立日前生效的法律，或者在马来西亚日之前在沙巴州和沙拉越州区域内生效的任何制定法登记结婚的妇女，但如果该妇女在 1965 年 9 月前，或者在最高元首令指定的后续日期申请登记为公民，且在申请之时经常居住于沙巴州和沙拉越州，则本款规定不予适用。

(6)（已废除）

第 15A 条　儿童登记的特殊权力

除第 18 条另有规定外，联邦政府得在其认为适当的特殊情况下使未满 21 周岁的人登记为公民。

第 16 条　国籍登记（独立日前在联邦内出生的人）

除第 18 条另有规定外，任何年满或者超过 18 周岁、在独立日之前在联邦出生的人，有权向联邦政府提出申请登记为公民，但应证明符合联邦政府规定的下列条件：

（a）在提出申请前 7 年内有总计不少于 5 年时间居住于联邦；

（b）意图在联邦永久定居；

（c）具有良好品行；

（d）基本通晓马来文。

第 16A 条　国籍登记（在马来西亚日居住于沙巴州和沙拉越州的人）

除第 18 条另有规定外，任何年满或者超过 18 周岁、在马来西亚日之前经常居住于沙巴州和沙拉越州的人，有权在 1971 年 9 月之前向联邦政府

提出申请登记为公民,但应证明符合联邦政府规定的下列条件:

(a) 在马来西亚日之前居住于上述各州境内,在马来西亚日之后居住于联邦境内,且在提出申请之日前10年内其居住期间,包括申请日前的12个月在内总计不少于7年;

(b) 意图在联邦永久定居;

(c) 具有良好品行;

(d) 通晓马来文或者英文;

(e) 如果申请人经常居住于沙拉越州,则须通晓马来文、英文或者沙拉越州通用的地方语言,但在1965年9月之前提出申请,且申请提出当日申请人已满45周岁者不在此限。

第17条 (已废除)

第18条 登记通则

(1) 已满或者超过18周岁的人,未按照附件一进行宣誓,不得根据本宪法登记为公民。

(2) 除联邦政府批准之外,根据本宪法曾放弃或者被剥夺国籍,或者在独立日前根据《1948年马来亚联邦协定》放弃或者被剥夺国籍的人不得根据本宪法登记为公民。

(3) 根据本宪法登记为公民的人,自登记日起即成为公民。

(4) (已废除)

第19条 经由归化获得国籍

(1) 除第(9)款另有规定外,联邦政府根据已满或者超过21周岁的非公民的申请,得向其颁发归化证书,但申请人须符合下述条件:

(a) 申请人——

(i) 已经在联邦居住达到规定的期限,且如果获得归化证书将永久定居。

(ii) (已废除)

(b) 具有良好品行。

（c）熟练掌握马来语。

（2）除第（9）款另有规定外，联邦政府在其认为适当的特定情形下，根据已满或者超过21周岁的非公民的申请，得向其颁发归化证书，但申请人须符合下述条件：

（a）已经在联邦居住了规定的期限，且如果获得归化证书将永久定居；

（b）具有良好品行；

（c）熟练掌握马来语。

（3）申请颁发归化证书者，应当在提出申请前的12年内总计在联邦境内居住不少于10年，此期间包括申请日前的12个月。

（4）对第（1）款、第（2）款的规定目的而言，独立日前在沙巴州和沙拉越州境内居住者，视为在联邦境内居住。对第（2）款的规定目的而言，马来西亚日前或者在马来西亚日之后经联邦政府批准居住于新加坡者，视为在联邦境内居住。

（5）获得归化证书者从归化证书颁发之日起成为公民。

（6）（已废除）

（7）（已废除）

（8）（已废除）

（9）除根据本宪法附件一进行宣誓外，不得颁发归化证书。

第19A条（已废除）

第20条（已废除）

第21条（已废除）

第22条　因领土合并获得国籍

按照第2条的规定，对于在马来西亚日之后加入联邦的新领土，国会得通过法律确定何人基于与新领土的关系而成为公民及其成为公民的时间。

第二章 国籍终止

第 23 条 放弃国籍

（1）已满或者超过 21 周岁且心智正常的任何公民，已成为或者将成为他国公民的，可以向联邦政府登记宣告放弃联邦国籍，其国籍随即终止。

（2）在联邦进行战争期间，对于根据本条所作的宣告除非得到联邦政府核准，否则不予登记。

（3）本条适用于未满 21 周岁的已婚妇女，如同其适用于已满或者超过 21 周岁的人。

第 24 条 因获得或者享有外国国籍而剥夺国籍

（1）联邦政府若确认任何公民经由登记、归化或者其他自愿和正式的行为（结婚除外）而取得联邦之外其他国家的国籍，则联邦政府可颁布命令剥夺其国籍。

（2）联邦政府若确认任何公民在联邦之外的其他国家自愿主张和行使根据该国法律专属于该国公民的权利，联邦政府可颁布命令剥夺其国籍。

（3）（已废除）

（3A）在不影响第（2）款普遍适用的前提下，凡在联邦之外的地区参加任何政治选举，则应视为自愿主张和行使当地法律规定的权利；对第（2）款规定的目的而言，在最高元首令所指定的日期之后——

（a）向联邦以外的任何当局申请颁发或者更新护照；

（b）使用该当局颁发的护照作为旅行证件，则视为自愿主张和行使根据当地法律规定专属于当地公民的权利。

（4）联邦政府如果确认，根据第 15 条第（1）款登记而成为公民的妇女因与不具有国籍的人结婚而取得联邦之外其他国家的国籍，则联邦政府可颁布命令剥夺其国籍。

第 25 条 剥夺根据第 16A 条或者第 17 条经登记或者归化取得的国籍

（1）如果符合下列条件，联邦政府可以颁布命令，剥夺任何人根据第

16A 条或者第 17 条经登记或者归化取得的国籍：

（a）通过其行为或者言论表示对联邦的不忠或者不满；

（b）在联邦现在和过去卷入的任何战争中与敌人有非法贸易往来，或者参与明知将有助于敌人的商业活动或者与其保持联系；

（c）在国籍登记或者颁发归化证书后 5 年内被任何国家判处不少于 12 个月的监禁，或者不少于 5000 马来西亚元的罚金或者等值的该国货币，且其所判罪行未获无条件赦免。

（1A）联邦政府可以颁布命令，剥夺任何人根据第 16A 条或者第 17 条经登记或者归化取得的国籍，如果联邦政府确认，未经联邦政府批准，其接受联邦之外任何政府或者政治附属机构、该政府任何部门的职位、岗位、工作并履行职责，而该职位、岗位和工作要求进行宣誓或者忠诚确认和宣告。

但在 1962 年 10 月之前为外国服务，或在 1977 年 1 月之前为英联邦国家服务的人，即便其当时为公民，也不得根据本条剥夺其国籍。

（2）联邦政府可以颁布命令，剥夺任何人根据第 16A 条或者第 17 条经登记或者归化取得的国籍，如果联邦政府确认其在联邦之外的国家连续居住 5 年，并且在此期间——

（a）并未为联邦或者联邦政府作为成员的国际组织服务；

（b）并未每年向联邦的领事馆登记表明其保留国籍的意愿。

但本款不适用于 1977 年 1 月之前在英联邦国家的居住期限。

（3）（已废除）

第 26 条　剥夺登记或者归化获得国籍的其他规定

（1）联邦政府可以颁布命令，剥夺任何人经登记或者归化取得的国籍，如果其确认国籍登记和归化证书，

（a）通过欺诈、虚假陈述或者隐瞒重要事实而获得；

（b）登记错误或者颁发错误。

（2）如果联邦政府确认作为登记基础的婚姻在结婚后两年内解除，联邦政府可以颁布命令，剥夺根据第 15 条第（1）款进行国籍登记的任何妇

女的国籍，但因死亡而解除婚姻关系的不在此限。

（3）（已废除）

（4）（已废除）

第26A条　剥夺丧失国籍者子女的国籍

遇有放弃其国籍或者根据第24条第（1）款或者第26条第（1）款第（a）项而被剥夺国籍者，联邦政府可以颁布命令剥夺其未满21周岁之子女的国籍，该子女根据本宪法登记成为公民或者登记为该人或者其配偶的子女。

第26B条　丧失国籍的一般规定

（1）放弃或者被剥夺国籍者，其在国籍终止前所从事作为或者不作为的责任不得免除。

（2）禁止根据第25条、第26条、第26A条剥夺国籍，除非联邦政府确认其继续作为公民于公共利益无益；如果联邦政府确认剥夺国籍将使其成为无国籍人，则不得根据第25条、第26条第（1）款第（a）项或者第26A条剥夺国籍。

第27条　剥夺程序

（1）在根据第24条、第25条、第26条颁布剥夺国籍的命令前，联邦政府应当书面通知有关当事人拟剥夺其国籍的理由，以及告知其有权将案件根据本条提交调查委员会。

（2）如果接到上述通知的人申请将其案件提交上述调查委员会，则联邦政府应当将该案件移交调查委员会处理；在其他情形下，联邦政府也可以将案件移交调查委员会处理。调查委员会由政府任命的主任（具有司法经验）和其他两名成员组成。

（3）当案件提交调查委员会后，该委员会应当按照政府指定的方式进行调查，并向政府提交报告；联邦政府在决定是否作出剥夺国籍的命令时应当虑及该报告。

第28条 在法律实施过程中第二章规定适用于特定公民

（1）对本章上述规定之目的而言：

（a）在独立日之前根据《1948年马来亚联邦协定》之任何条款或者任何州法律的规定而成为联邦公民，或者登记成为联邦公民，或者登记成为统治者的属民，或者经授予国籍证书而具有国籍者，均视为因登记具有国籍；如果其在联邦境外出生，则根据第17条的规定视为因登记具有国籍；

（b）在独立日之前根据上述协定或者根据有关登记联邦公民和统治者属民妻室的任何州法，成为联邦公民或者登记成为联邦公民，或者登记成为统治者属民的任何妇女，都视为根据第15条第（1）款登记成为公民；

（c）在独立日之前根据上述协定归化为联邦公民，或者根据州法因归化成为统治者属民而成为联邦公民的人［第（2）款的规定除外］，都视为归化成为公民。

上述规定中的公民登记或者归化应作相应之解释。

（2）在联邦境内出生的人不得因本条的规定而根据第25条被剥夺国籍。

（3）在独立日前因作为联邦公民而在独立日当日成为公民的人，不得因其在独立日之前的行为而根据第24条第（1）款、第（2）款的规定剥夺其国籍。但对于从独立日前在国外居住者，与在独立日或者该日之后在国外居住者，第25条第（2）款的规定同等适用。

第28A条　剥夺在马来西亚日成为公民者的国籍

（1）（已废除）

（2）对第24条、第25条、第26条和第26A条而言，在马来西亚日之前具有联合王国及其殖民地公民身份而在马来西亚日依据法律成为公民的人——

（a）如果其经登记而取得该身份，则视为因登记成为公民；

（b）如果其经归化而取得该身份，则视为因归化成为公民。

上述条款中公民的登记和归化亦应作相应之解释。

（3）遇有妇女因登记成为公民和因婚姻关系成为公民者，就第 24 条第（4）款和第 26 条第（2）款而言，其被视为根据第 15 条第（1）款登记成为公民。

（4）在马来西亚日之前出生，基于其与沙巴州、沙拉越州的关联而根据本条作为登记成为公民的人，若其并非出生于沙巴州、沙拉越州，则视其为根据第 16A 条、第 17 条登记成为公民，第 25 条对其适用。

（5）尽管根据本条因归化而成为公民，如果其于马来西亚日之前在沙巴州、沙拉越州出生，且在该地因归化而取得国籍，则不得依据第 25 条剥夺其国籍。

（6）在不影响上述条款的条件下，在马来西亚日之前具有资格而根据法律在马来西亚日成为公民者，如果因为其在马来西亚日之前的行为依法应取消其资格，则联邦政府可以在 1965 年 9 月之前颁布命令取消其国籍，但第 26B 条第（2）款和［除本条第（7）款规定之外］第 27 条的规定适用于依据本条颁发的命令，亦适用于根据第 25 条颁布的命令。

（7）当其国籍依据第（6）款之规定被剥夺，且在马来西亚日之前即开始剥夺其国籍之身份的程序，则所进行的程序视作根据第（6）款剥夺国籍的程序，并应继续进行；但应当依据马来西亚日之前有关的法律规定进行，且联邦政府的相应职能应委托其指定的州政府机关履行。

第三章　补充规定

第 29 条　英联邦国籍

（1）按照联邦在英联邦内的地位，联邦所有公民基于其国籍享有与其他英联邦国家公民相同的英联邦国籍。

（2）除国会另有规定外，所有适用于英联邦公民的既有法律均适用于非英联邦公民的爱尔兰共和国公民。

第 30 条　国籍证书

（1）联邦政府在个人就其国籍在法律或者事实上的疑问提出申请时，

应证明其是否为公民。

（2）根据第（1）款颁发的证书，除非证明其系通过欺诈、虚假陈述或者隐瞒重要事实而取得，否则应作为证明该人在证书发布日具有国籍的证据，但这并不影响其在此之前即为公民的其他证据。

（3）为确定是否出生即为联邦公民，任何其出生即为其他国家公民的问题应由联邦政府决定，所发证书具有终局效力（除非证明该证书系由欺诈、虚假陈述、隐瞒重要事实而获得）。

（4）（已废除）

第 30A 条（已废除）

第 30B 条（已废除）

第 31 条 附件二的适用

除国会另有规定外，附件二第三章规定的补充条款适用于本编的规定。

第四编 联 邦

第一章 最高元首

第 32 条 联邦最高元首及其配偶

（1）最高元首为联邦最高首长，其地位高于联邦所有人，除第十五编规定的特别法庭外不受任何法院的审判。

（2）最高元首配偶（称为元首后［Raja Permaisuri Agong］）其地位仅次于最高元首而高于联邦所有人。

（3）最高元首由统治者会议选举，任期 5 年，但其可以随时向统治者会议书面提出辞呈，或者由统治者会议罢免；当不再为统治者时，其最高元首之职终止。

（4）附件三第一章和第三章的规定适用于最高元首的选举和罢免。

第 33 条 联邦最高副首

（1）最高副首为联邦最高副首长。当最高元首缺位或者因病、离开联邦或者其他原因不能视事时，由最高副首代行其职权，并享有最高元首的特权；如果最高元首缺位或者不能视事的期限预计少于 15 日，则最高副首不代行其职权，但最高副首认为确有必要代行的不在此限。

（2）最高副首由统治者会议选举，任期 5 年。如果其在最高元首在位时当选，则其任期为最高元首之剩余任期；最高副首可以随时向统治者会议书面提出辞呈；当不再为统治者时，其高副首之职终止。

（3）在最高副首当选后的任期内，如果最高元首缺位，则其任期将在最高元首缺位填补时届满。

（4）附件三第二章的规定适用于最高副首之选举。

（5）按照第（1）款的规定，最高元首的职权应由最高副首代行，但因最高副首缺位或者疾病、离开联邦或者其他原因不能代行的，则国会可以通过法律，规定由统治者之一代行最高元首职权，但此项法律非经统治者会议同意不得通过。

第 33A 条 最高元首如果被控犯罪不得行使最高元首职权

（1）如果最高元首在根据第十五编设立的特别法庭被控犯罪，则应当停止行使最高元首职权。

（2）根据第（1）款规定最高元首停止行使职权期间，视为第 32 条第（3）款规定意义上的最高元首任职期间。

第 34 条 禁止最高元首实施的行为

（1）最高元首不得行使其州统治者的职权，但伊斯兰教首领的职权，不在此限。

（2）最高元首不得担任任何有酬金的职位。

（3）最高元首不得积极参与任何商业活动。

（4）最高元首不得接受根据州宪法或者任何州法律支付的作为州统治者的任何酬金。

（5）未经统治者会议同意，最高元首不得离开联邦超过 15 日，但出访他国不在此限。

（6）第（2）款、第（3）款的规定适用于最高元首后。

（7）如果最高副首或者经法律授权的其他人代行最高元首职权超过 15 日，则在此期间其应遵守上述第（1）款至第（5）款之规定。

（8）第（1）款的规定并不妨碍最高元首作为州统治者单独或者与其他机关联合行使下列职权：

（a）修改州宪法；

（b）当摄政王或者摄政会议成员去世或者因故不能履行职责时，任命摄政王或者摄政理事会成员。

第 35 条　最高元首及其配偶的王室年费和最高副首的酬金

（1）国会应当制定法律规定最高元首包括最高元首后年金在内的王室年费，由统一基金支付，在最高元首任期内不得缩减。

（2）国会应当制定法律规定最高副首的薪金或者经法律授权代行最高元首职权的其他人在代行职权期间的薪金，根据本条所支付的薪金由统一基金支付。

第 36 条　国玺

最高元首掌管和使用联邦国玺。

第 37 条　最高元首宣誓就职

（1）在行使其职权之前，最高元首应当着联邦法院首席大法官（如果其缺位，则由联邦法院在任的大法官代替），依据附件四第一章规定的誓词向统治者会议宣誓；此项宣誓由统治者会议任命的两人监督。

（2）在行使其职权之前，除了行使召集统治者会议的职权外，最高副首应当当着联邦法院首席大法官（如果其缺位，则由联邦法院在任的大法官代替），依据附件四第二章规定的誓词向统治者会议宣誓。

（3）上述誓词的英语译文规定于附件四第三章。

（4）根据第 33 条第（5）款制定的任何法律，应当有与第（2）款的规定相应的条文（连同必要的修改）。

第二章　统治者会议

第 38 条　统治者会议

（1）统治者会议根据附件五的规定组成。

（2）统治者会议行使下列职权：

（a）根据附件三的规定选举最高元首和最高副首；

（b）对某种宗教上的行为、礼仪和仪式是否推广适用于全联邦作出核验决定；

（c）对任何法律表示同意或者不同意；对任何根据本宪法须获得统治者会议同意或者应由统治者会议作出或者应咨询统治者会议的任命提出建议；

（d）根据第 182 条第（1）款的规定任命特别法庭法官；

（e）根据第 42 条第（10）款的规定，宣告特赦、暂缓执行刑罚或者减刑，并讨论国家政策问题（例如移民政策的变动）以及其认为适当的任何事务。

（3）统治者会议讨论国家政策时，最高元首应由总理陪同出席，其他统治者和各州首脑由州务大臣或者州首席部长陪同出席。统治者会议所讨论的事项应当属于最高元首根据内阁建议所行使的职权之内，亦属于州统治者和州首脑根据行政会议建议所行使的职权之内。

（4）非经统治者会议同意，不得制定任何直接影响统治者特权、地位、荣誉和尊严的法律。

（5）对根据第 153 条所采取的行政活动进行任何政策上的变动，应当征询统治者会议。

（6）统治者会议成员行使下列职权时可进行自主裁量：

（a）最高元首的选举和罢免；最高副首的选举；

（b）对任何任命提出建议；

(c) 对任何变动州界或者影响统治者特权、地位、荣誉和尊严的法律给予同意或者不同意；

(d) 准予是否将任何宗教行为、礼仪或者仪式推广适用于全联邦；

(e) 根据第 182 条第（1）款的规定任命特别法庭法官；

(f) 根据第 42 条第（10）款的规定作出特赦、暂缓执行刑罚或者减刑。

（7）（已废除）

第三章 行政权

第 39 条 联邦行政权

联邦行政权属于最高元首，在联邦法律或者附件二规定的限度内，由最高元首、内阁或者内阁授权的部长实施，但国会可以制定法律授权其他人行使行政权。

第 40 条 最高元首依据建议采取行动

（1）除本宪法另有规定外，最高元首在根据本宪法或者联邦法律行使其职权时应当遵循内阁或者内阁授权的部长的建议，但最高元首有权要求获得内阁掌握的有关联邦政府的任何信息。

（1A）最高元首按照建议，或者在考虑建议后根据本宪法或者联邦法律行使其职权，最高元首应当接受建议并按照建议采取行动。

（2）行使下列职权时，最高元首可以自主裁量：

(a) 任命总理；

(b) 不批准解散国会的请求；

(c) 召集统治者会议专门讨论关于统治者特权、地位、荣誉和尊严的事项，或者在上述会议中的任何行为，以及本宪法规定的其他事项。

（3）联邦法律可以规定最高元首在与内阁以外的任何人或者机构商议，或者按照其建议履行其职权，但下列事项不在此限：

(a) 其自主裁量决定的事项；

(b) 宪法其他条款规定的职权的行使。

第41条 武装部队最高统帅

最高元首为联邦武装部队最高统帅。

第42条 特赦权等

(1) 最高元首有权对军事法庭审判的犯罪和吉隆坡、纳闽和布城等联邦辖区内发生的犯罪进行特赦和减刑；州统治者和首脑有权对其州内所发生的犯罪予以特赦或者减刑。

(2) 除第(10)款的规定外，在不影响联邦法律有关对品行良好和特殊贡献者减刑规定的前提下，联邦法律或者州法律授权减刑或者暂缓执行刑罚的权力，如果该项判决由军事法庭或者由吉隆坡、纳闽和布城等联邦辖区普通法院作出，由最高元首行使，其他案件则由犯罪发生地的统治者或者州首脑行使此项权力。

(3) 如果犯罪全部或者部分在联邦之外或者在多个州实施，或者无法确定在何州实施，则应当视为在审判地所在州实施。吉隆坡、纳闽和布城等联邦辖区以一州论。

(4) 本条所规定的权力：

(a) 最高元首所行使的部分，属于联邦法律可根据第40条第(3)款制定有关规定的权力；

(b) 统治者或者各州首脑所行使的部分，应当根据本条第(5)款设立的该州特赦委员会的建议来行使。

(5) 各州特赦委员会由联邦总检察长、各州首席部长以及由统治者或者州首脑所任命的不超过3名成员的人组成；总检察长可以随时以书面方式授权他人代行其委员会委员之职，统治者或者各州首脑在所任命委员缺位或者不能工作时，可以委派他人临时代行其职务。

(6) 统治者或者州首脑所任命的特赦委员会委员任期3年，可以连任，但可以随时提出辞职。

(7) 各州议会或者众议院议员不得由统治者或者州首脑任命为特赦委

员会委员或者临时代行其职务。

（8）特赦委员会会议由统治者或者州首脑主持。

（9）特赦委员会就任何事项提出建议前应听取总检察长提交的书面意见。

（10）尽管有本条的规定，但对根据马六甲、槟城屿、沙巴、沙拉越各州以及吉隆坡、纳闽和布城等联邦辖区有关伊斯兰宗教事务的法律设立的法院所作出的判决，其特赦、缓刑、暂缓执行或者减刑的权力均由最高元首以该州伊斯兰教最高首长的身份行使。

（11）吉隆坡、纳闽和布城等联邦辖区应当设立统一的特赦委员会，第（5）款、第（6）款、第（7）款、第（8）款、第（9）款的规定略微调整后适用于根据本款设立的特赦委员会，但上述各款中的"统治者或者州首脑"应当解释为最高元首；"州首席部长"应当解释为分管吉隆坡、纳闽和布城等联邦辖区的部长。

（12）无论本宪法有任何规定，本条规定的权力：

（a）是指各州首脑所行使的权力，以及本人或者其配偶、子女以其名义所行使的权力，该权力的行使由最高元首根据本条设立，并由其主持的特赦委员会的建议而行使。

（b）是以最高元首、各州统治者或者其配偶的名义行使的权力，该权力由统治者会议行使，并适用下述规定：

（i）根据本款进行的任何程序，最高元首不由总理陪同，其他统治者不由其部长陪同；

（ii）根据本款作出任何决定前，统治者会议应当听取总检察长提出的书面意见。

（c）最高元首或者各州统治者以其子女名义行使的权力，该权力由统治者会议提名的统治者行使，但须听取根据本条设立的特赦委员会的建议。

（13）对第（12）款第（b）项、第（c）两项的规定，最高元首或者相关各州统治者、州首脑不应当成为统治者会议成员。

第 43 条　内阁

(1) 最高元首应任命由部长组成的内阁,对其行使职权提出建议。

(2) 内阁任命的程序如下:

(a) 最高元首应当任命其认为能获得众议院多数议员信任的议员为总理主持内阁;

(b) 最高元首根据总理的建议从两院议员中任命其他部长;

当国会解散时,最高元首可以任命上届众议院议员为内阁成员,但其在下届国会集会后不再继续任职;如果他被任命为总理,则他必须为新一届众议院议员;或者在其他任命情形下他是众议院议员或者参议院议员。

(3) 内阁集体对国会负责。

(4) 如果总理不再得到众议院多数议员信任,除非他请求最高元首解散国会,否则即应提出内阁总辞职。

(5) 受制于将第(4)款的规定,除非部长的任命由最高元首应总理的建议而撤销,否则总理之外的其他部长应当应最高元首的意愿继续任职,但部长可以提出辞职。

(6) 部长在履行职责之前应当向最高元首按照附件六的规定宣誓就职、宣誓效忠和保守秘密。

(7) 不论本条有何规定,归化或者根据第 17 条登记为公民的人不得被任命为总理。

(8) (已废除)

(9) 国会得制定关于内阁成员薪酬的法律。

第 43A 条　副部长

(1) 最高元首根据总理的建议从国会两院议员中任命副部长;在国会解散期间可任命上一届众议院议员为副部长,但其在新一届国会集会后不再继续任职,除非其为新国会两院的议员。

(2) 副部长协助部长履行其职责,具有部长的全部职权。

(3) 第 43 条第(5)款、第(6)款的规定适用于副部长。

（4）国会得制定关于副部长薪酬的法律。

第 43B 条　政务次官

（1）总理得从国会两院议员中任命政务次官；在国会解散期间可任命上一届众议院议员为政务次官，但其在新一届国会集会后不再继续任职，除非其为新国会两院的议员。

（2）政务次官协助部长、副部长履行职责，具有部长、副部长的全部职权。

（3）政务次官得随时提出辞职，总理亦得随时决定其停职。

（4）政务次官在履行职责之前应当向总理按照附件六的规定宣誓保守秘密。

（5）国会得制定关于政务次官薪酬的法律。

第 43C 条　政治秘书

（1）总理得任命其认为适当的人任政治秘书。

（2）根据本条被任命为政治秘书者：

（a）无须为国会两院议员；

（b）可以随时提出辞职；

（c）受制于第（b）项的规定，应当继续任职直至总理决定其停职。

（3）第 43B 条第（4）款的规定适用于政治秘书。

（4）政治秘书的职责及其薪酬由内阁作出规定。

第四章　联邦立法机关

第 44 条　国会的组织

联邦立法权属于国会，国会由最高元首和参议院、众议院组成。

第 45 条　参议院的组织

（1）除第（4）款的规定外，参议院由下列选举和任命的议员组成：

（a）各州根据附件七的规定各选举出的两名议员；

（aa）吉隆坡联邦辖区应选的两名议员、纳闽辖区应选的一名议员以及布城辖区应选的一名议员由最高元首任命；

（b）由最高元首任命的40名议员。

（2）最高元首应当从其认为对公共服务有杰出贡献，或者在其专业、商业、工业、农业、文化或者社会服务方面有显著成就，或者能代表少数族群和原住民利益的人选中任命议员。

（3）参议院议员任职3年，不受国会解散的影响。

（3A）参议院议员不得连续或者以其他方式任职超过两届，但在本条生效之前如果已经任职两届或者两届以上的议员，得继续完成其剩余任期。

（4）国会得制定法律——

（a）将各州选举的议员数增加至3名；

（b）规定各州选举的议员应由选民直接选举产生；

（c）减少任命议员名额，或者废除任命议员。

第46条　众议院的组织

（1）众议院由222名当选议员组成。

（2）众议院应当由——

（a）来自马来西亚各州的议员209名，名额分配如下：

（i）柔佛州26名；

（ii）吉打州15名；

（iii）吉兰丹州14名；

（iv）马六甲州6名；

（v）森美兰州8名；

（vi）彭亨州14名；

（vii）槟城屿州13名；

（viii）霹雳州24名；

（ix）玻璃市州3名；

（x）沙巴州25名；

（xi）沙拉越州31名；

（xii）雪兰莪州 22 名；

（xiii）丁加奴州 8 名。

（b）来自吉隆坡、纳闽和布城等联邦辖区的议员 13 名，名额分配如下：

（i）吉隆坡 11 名；

（ii）纳闽 1 名；

（iii）布城 1 名。

第 47 条　国会议员资格

每位在联邦定居的公民都有资格成为——

（a）参议院议员，如果年满 30 周岁；

（b）众议院议员，如果年满 21 周岁。

除非其根据本宪法或者根据第 48 条的规定制定的任何法律丧失成为议员的资格。

第 48 条　国会议员资格的剥夺

（1）除本条另有规定外，如果存在下述情形，则丧失成为国会议员的资格：

（a）神志不清者，或者被认定或者宣告为神志不清者；

（b）未清偿债务的破产人；

（c）担任受薪职位；

（d）被提名为国会两院或者州立法机关的候选人，或者担任候选人的选举代理人，但未在法律规定的时间内并以规定的方式报告选举经费；

（e）被联邦法院（在马来西亚日之前被沙巴州、沙拉越州或者新加坡法院）判定有罪，并处以不少于一年的监禁或者不少于 2000 马来西亚元的罚金且未获得无条件赦免；

（f）自愿取得外国国籍，或者行使外国公民权，或者宣誓效忠于联邦之外的国家。

（2）联邦法律对涉及选举犯罪之人，可以规定其在指定的期间内丧失当选国会两院议员的资格；被判决犯有此等罪行或者在有关选举诉讼中认定其行为构成此等犯罪，亦应当在指定的期限内丧失当选资格。

（3）根据第（1）款第（d）项、第（e）项的规定而丧失议员当选资格的，可由最高元首予以撤销；如果未予撤销，则于第（d）项规定的选举经费报告日起5年之后，或者在第（e）项规定的监禁获释之日起5年之后，或者在第（e）项规定的罚金之日起5年之后，其资格丧失停止生效；不得根据第（1）款第（f）项而基于其在成为公民之前的行为剥夺其当选资格。

（4）尽管有本条前述各款的规定，但国会两院议员根据第（1）款第（e）项或者依据第（2）款制定的联邦法律而丧失议员资格的——

（a）其资格的丧失于下列日期的第14日后生效：

（i）根据第（1）款第（e）项被定罪和判刑；

（ii）根据依据第（2）款所制定的联邦法律被定罪或者被认定有罪。

（b）在第（a）项所规定的14日内，对上述定罪和判刑提出上诉或者开始进行法院的诉讼程序，资格的丧失应当自法院处理上诉或者诉讼程序之日起14日后生效。

（c）在本款第（a）项规定的期限或者根据第（b）项规定的处理上诉或者诉讼程序之后的期限内，若提出特赦的申请，则自该申请处理之日起丧失资格。

（5）第（4）款不适用于国会两院议员的提名、选举或者任命；第（1）款第（e）项或者第（2）款所规定的事项发生，其资格丧失立即生效。

（6）如果众议院议员辞职，则自其辞职之日起5年内丧失成为众议院议员的资格。

第49条　禁止成为双重议员的规定

禁止同时成为国会两院议员，不得在两个或两个以上选区被选为众议院议员，不得在两个或两个以上州被选为参议院议员，不得同时被选举并被任命为参议院议员。

第 50 条　丧失资格的效果以及未经同意禁止提名和任命

（1）国会议员若丧失资格，其议席即为空缺。

（2）无资格成为众议院议员的人如果被选举为众议院议员，或者无资格成为参议院议员的人如果被选举或者任命为参议院议员，或者违反第 49 条的规定进行选举或者任命，选举和任命均为无效。

（3）（已废除）

（4）未经同意不得提名其参选国会两院议员或者被任命为参议院议员。

第 51 条　议员辞职

国会两院议员可以书面提出辞职。如果为参议院议员，向参议院议长提出；如果为众议院议员，向众议院议长提出。

第 52 条　议员缺位

（1）国会两院议员若未经议院许可不出席所有议院会议达到 6 个月，议院可以宣告其席位空缺。

（2）国会两院议员若经由议院准假缺席议员会议，在准假的期限内不得以任何方式参与议院的事务。

第 53 条　丧失资格的决定

（1）如果对国会议员是否丧失资格存有疑问，则议院应当作出终局的决定。

但本条规定并不妨碍议院推迟作出决定以使可能影响该决定的各种程序（包括撤销丧失资格的程序）得以进行。

（2）如果国会两院议员根据第 48 条第（1）款第（e）项或者根据第 48 条第（2）款制定的联邦法律丧失资格，本条第（1）款即不予适用；该议员根据第 48 条第（4）款的规定丧失资格后，其席位空缺。

第 54 条　参议院席位的空缺和暂时空缺

（1）除第（3）款的规定外，如果参议院议员出现空缺或者众议院议员出现暂时空缺，应当在参议院议长确认出现空缺或者选举委员会确认出现暂时空缺之日起 60 日内进行补缺，并进行相应的选举和任命。

但未在本款规定的期限内进行任命，超过时限进行的任命并不失效。

如果选举委员会在国会根据第 55 条第（3）款而解散的前 2 年内确认众议院议员暂时缺位，则不进行补缺，除众议院议长以书面方式知会选举委员会众议院多数党的力量因此空缺而受到影响外，在此情形下应当在接到知会后 60 日内进行补缺。

（2）（已废除）

（3）当参议院议员的空缺应当由各州按照附件七的规定进行选举补缺时，本条第（1）款的规定不予适用。

第 55 条　国会的召集、休会和解散

（1）最高元首应当随时召集国会，上一会期最后一日与下一会期开始之日相隔不得超过 6 个月。

（2）最高元首得令国会休会和解散国会。

（3）除非提前解散，国会自召集之日起任期 5 年，期满后解散。

（4）国会解散后应当自解散之日起 60 日内举行大选，新一届国会至迟应当自解散起 120 日内召集。

（5）国会未决的议案不因国会休会而丧失效力。

（6）（已废除）

（7）根据第 66 条第（4）款或者第（4A）款的规定，最高元首未予签署的法案不因国会的休会和解散而丧失效力。

第 56 条　参议院议长、副议长

（1）参议院应当随时从其议员中选出一人为参议院议长、一人为参议院副议长；除第（3）款的规定外，当议长职位空缺时，除选举议长外，参议院不得处理其他事务。

（2）参议院议长和副议长应当在其议员任期届满时，或者因其他原因不再成为议员时，或者根据第（5）款之规定丧失资格时停职，他也可以随时辞职。

(3) 当议长职位空缺，或者当议长缺席时，副议长应当代理议长之职。如果副议长缺席或者职位空缺，则由根据参议院议事规则确定的其他人选代理议长之职。

(4) 当州立法议会议员被选举为参议院议长时，其在履行职责前应当先辞去立法议会的席位。

(5) 被选为参议院议长、副议长的议员，在当选后3个月或者之后的时间内，如果成为任何组织或机构，不论法人团体或者其他团体，或者任何商业、实业和其他行业的董事会或者执行局成员、官员或者雇员，或者参与其事务和经营，不论其是否领取薪金、奖励、分红或者其他利润，均丧失担任议长、副议长的资格。

但当上述组织或者机构系从事福利或者志愿工作，或者其目标有益于共同体全部或者部分，或者其他具有慈善或者社会性质的工作，且该议员未领取任何薪金、奖励、分红和利润的，上述丧失资格的规定不予适用。

(6) 按照第（5）款的规定对议长、副议长是否丧失资格有疑问时，参议院应当作出终局的决定。

第57条　众议院议长、副议长

(1) 众议院应当随时——

(a) 选举一名议员或者有资格当选为议员者为议长；

(b) 由议员中选举两名副议长。

除第（3）款的规定外，遇有议长空缺时，众议院除选举议长外，不得处理其他事务。

(1A) 非众议院议员当选为议长——

(a) 在其履行职责之前，应当按照附件六的规定在众议院宣誓就职和效忠；

(b) 其因担任议长职务而成为第46条规定的选举之外的议员。

但本款第（b）项不得影响本宪法的下列条款，即第43条、第43A条、第43B条、第50条至第52条、第54条和第59条；不得根据该项参加众议院的任何投票。

(2) 议长可以随时向议院秘书书面提出辞职；遇有下列事项其即应停职：

（a）大选后议院召集第一次会议；

（b）除由于议院解散之外的原因，其不再成为众议院议员；或者其仅依据第（1A）款第（b）项的规定成为议员的，丧失议员资格；

（bb）根据第（5）款丧失资格；

（c）众议院作出如此决议时。

（2A）副议长可以随时向议院秘书书面提出辞职；遇有下列事项其即应停职：

（a）其不再成为议员；

（b）众议院作出如此决议时。

（3）除因大选后议院首次召集开会的原因而致议长空缺之外，当议长职位空缺或者议长缺席会议时，应由一名副议长代理议长；如果副议长缺席或者职位空缺，则由按照议院议事规则确定的人代理议长。

（4）当州立法议会议员被选举为众议院议长时，其在履行职责前应当先辞去立法议会的席位。

（5）被选为众议院议长、副议长的议员，在当选后3个月或者之后的时间内，如果成为任何组织或机构，不论为法人团体或者其他团体，或者任何商业、实业和其他行业的董事会或者执行局成员、官员或者雇员，或者参与其事务和经营，不论其是否领取薪金、奖励、分红或者其他利润，均丧失担任议长、副议长的资格。

但当上述组织或者机构系从事福利或者志愿工作，或者其目标有益于共同体全部或者部分，或者其他具有慈善或者社会性质的工作，且该议员未领取任何薪金、奖励、分红和利润的，上述丧失资格的规定不予适用。

（6）按照第（5）款的规定对议长、副议长是否丧失资格有疑问时，众议院应当作出终局的决定。

第58条 参议院议长、副议长和众议院议长、副议长的薪金

国会应当制定法律规定参议院议长、副议长和众议院议长、副议长的薪金；参议院议长和众议院议长的薪金由统一基金支付。

第 59 条　议员宣誓

（1）国会两院议员在就职之前应当在议院主持人面前按照附件六的规定宣誓，但议员在宣誓前可以参加参议院议长和众议院议长的选举。

（2）如果议员在当选后议院召集之日起 6 个月或者在议院许可的更长时间内未予就职，其议席即视为空缺。

第 60 条　最高元首的致辞

最高元首可以向国会两院或者两院联席会议发表致辞。

第 61 条　有关内阁和总检察长的特别规定

（1）内阁成员除了行使其作为国会两院议员的权利外，亦有权参加另一议院的会议。

（2）国会两院可以任命总检察长或者非议员的内阁成员为其委员会成员。

（3）本条并非授权议员之外的任何人参加各议院及其委员会的投票。

（4）本条所谓"内阁成员"包括副部长和政务次官。

第 62 条　国会的程序

（1）除本宪法和联邦法律另有规定外，国会两院应当各自制定其议事规则。

（2）即便有议席空缺，各院均得履行职责；无权者参会，会议并不因此失效。

（3）除第（4）款和第 89 条第（1）款、第 153 条第（3）款以及附件十三第 10 条、第 11 条规定外，国会两院的决议若非一致通过，乃以出席议员简单多数通过；主持会议者若非根据第 57 条第（1A）款第（b）项的规定而成为议员，则只有为避免出现投票相等情形才得投票，其他情形不得投票。

（4）国会两院在制定其议事规则时，可以规定某项表决须获得特别多数或者特定票数方可通过。

（5）未出席国会的议员不得进行投票。

第 63 条　国会特权

（1）不得在任何法院对国会两院及其委员会议事过程的效力提出质疑。

（2）对任何人在国会两院及其委员会的任何发言和表决不得在任何法院提出诉讼。

（3）任何人不得因国会两院或者其授权刊发的任何事项而在法院被提出指控。

（4）第（2）款之规定不适用于根据第 10 条第（4）款所制定的法律而提出的犯罪指控，或者根据 1970 年第 45 号《紧急（绝对必要权力）条例》修改后的《1948 年煽动法令》提出的指控。

（5）尽管第（4）款已有规定，但除非主张废除最高元首作为联邦最高代表的宪法地位或者各州统治者的宪法地位，否则任何人不得因其在国会两院及其委员会就最高元首或者统治者发表的言论而在任何法院受到指控。

第 64 条　议员薪金

国会得制定法律规定两院议员的薪金。

第 65 条　参议院、众议院秘书

（1）参议院、众议院各设立一名秘书。

（2）参议院、众议院秘书由最高元首在联邦公务人员中任命，任职期限直至其年满公务人员强制退休年龄，除非其提前辞职或者转入公务机关。

（3）在本款生效之前，除非参议院、众议院秘书未满 55 周岁且选择转入联邦公务机关，否则应当继续按照本款生效前的相同任职条件继续任职；除非以罢免联邦法院法官相同的理由的方式外，不得解除其职务。对采取后一种方式解除职务的，第 125 条第（3）款规定的陈述由参议院议长或者众议院议长作出。

(4)（已废除）

(5)（已废除）

第五章 立法程序

第66条 立法权的行使

(1) 国会制定法律的权力应由两院同时通过（在第68条规定的情况下，由众议院通过），并由最高元首核准，本条另有规定的除外。

(2) 除第67条另有规定外，两院均可提出法案。

(3) 当一院通过其动议的法案后应当将其提交另一院；当另一院通过或者两院就法案的任何修正达成协议后，或者按照第68条的规定应予呈请时，则应当呈请最高元首核准。

(4) 最高元首应当在提请呈请之日起30日内核准法案，并加盖国玺。

(4A) 如果最高元首在第（4）款规定的时间内未予核准，该法案在该款规定的时间届满后即成为法律。

(4B)（已废除）

(5) 法案经最高元首核准或者根据第（4A）款的规定而成为法律，但未经公布不得生效，此规定不影响国会推迟法律实施的权力或者制定具有追溯效果之法律的权力。

(6) 如果联邦政府提出保证，除按照该保证外，不将与该保证有关的法案呈递最高元首核准，则本条和第68条的规定不影响确认该保证的法律效力。

第67条 提出税收、开支等法案，或者修改动议的限制

(1) 有关下列事项的法案或者修正案（无论直接或者间接）：

(a) 征收或者增加税收，或者废止、扣减和免除既有税收；

(b) 联邦筹借款项或者提供担保，或者有关联邦债务法律的修正；

(c) 统一基金的监管，从统一基金支付任何款项及其支付的取消或者变更；

(d) 款项存入统一基金，或者由统一基金支付和提取任何应付款项之外的款项，或者增加支付和提取；

(e) 联邦债务的和解和免除；

(f) 向各州分配税费或者给予补助金；

(g) 代统一基金收取款项，以及该款项的监管和支取；联邦或者各州账目的审计，经财政部部长确认该法案或者修正案的目的超越从属范围且不具有实体性质，除该部长之外的其他人不得就该法案或者修正案提出动议，亦不得在参议院提出该法案。

(2) 不得仅因为某法案或者修正案规定下列事项而将其视为对上述事项有所规定：

(a) 任何罚款或者其他金钱惩罚的规定及其变动，收取许可费或者服务费；

(b) 地方当局及其机构征收、改变或者调整任何税收和税率。

第68条 仅由众议院通过的法案

(1) 众议院通过财政法案并至少在其会期结束前一个月提交参议院后，如果参议院不予修改且在一个月之内未予通过，除非众议院另有安排，否则即呈递最高元首核准。

(2) 当——

(a) 众议院通过非财政法案并至少在其会期结束前一个月提交参议院后，如果参议院未予通过，或者参议院虽予通过但提出众议院不赞成的修正案；

(b) 在初次通过该法案之后一年的后续会期（无论是否为同一届国会）内，原法案未经修改［除第（3）款规定的修改外］由众议院再次通过，并至少在其会期结束前一个月提交参议院，但参议院未予通过，或者虽予通过但提出众议院不赞成的修正案，除非众议院另有安排，即应当将该法案连同两院都赞同的修正案一起呈递最高元首签署。

(3) 第(2)款规定的修正是指由众议院议长确证，在该法案先前通过后由于时间关系必须进行的修正或者属于参议院在初次审议时提出的修正。

（4）根据本条将法案呈递最高元首时，应当有众议院议长证明该法案合乎本条规定的证明书；此证明书具有终局效力，不得在任何法院提出质疑。

（5）本条不适用于对宪法的任何修正，但第 159 条第（3）款的外的修正案则不在此限。

（6）本条所谓"财政法案"是指众议院议长认定只涉及下述事项全部或者部分的法案：

（a）第 67 条第（1）款规定的事项，或者任何规定税收的法案；

（b）第 67 条第（1）款第（d）项规定的数额的扣减；

（c）与上述事项存在附属关系的事务。

上述法案由众议院议长确证其属于财政法案。

第六章　财产、合同和诉讼的能力

第 69 条　联邦占有财产、缔结合同和进行诉讼的能力

（1）联邦有权取得、占有和处分任何种类的财产，并有权缔结合同。

（2）联邦可以提起诉讼，亦可以被诉。

第五编　州

第 70 条　州统治者和州首脑的尊崇地位

（1）最高元首及其配偶享有最高的尊崇地位，州统治者和州首脑享有居于他人之上的尊崇地位；各州统治者和州首脑在其本州享有优先于他州统治者和州首脑的尊崇地位。

（2）除第（1）款规定之外，州统治者的尊崇地位优于州首脑；州统治者之间应当根据其就职的日期，州首脑之间应当按照其被任命为州首脑的日期，确定其尊崇地位次序；如果州首脑同日任命，则年长者的尊崇地位优先。

第 71 条　联邦对各州宪法的保障

（1）联邦保障州统治者有权依据州宪法继承、保有、享有和行使州统治者的宪法权力和特权；但任何有关州统治者继位的争议，则应当由州宪法规定的机构按照规定的方式独立进行裁决。

（2）第（1）款的规定参照适用于森美兰州统治者。

（3）如果国会认为某州经常不遵行本宪法和该州宪法的规定，尽管有本宪法的规定，国会可以制定法律以确保有关规定的遵行。

（4）如果州宪法未包含附件八第一章的规定（以下简称"本质条款"），不论是否有本条第（5）款允许的修改或者其实质效果与之类似的规定，或者州宪法的规定不符合本质条款，则不论本宪法有何规定，国会可以制定法律令本质条款在该州生效，或者废除其违反本质条款的规定。

（5）附件八第一章的规定得予以修改，以该附件第二章规定的替代条款代替该附件第一章第 2 条和第 4 条的规定：

（a）对各州而言，直至各州依据该规定或者其修改后的规定组成的第二届立法议会解散时为止；

（b）对玻璃市而言，直至玻璃市州议会决议通过的较长期限为止；但该附件第 2 条的规定则无时间限制。

（6）根据本条，对任何州所制定的法律，除非由国会提前废止，否则应当在根据该法律通过后新组成的立法会议决议确定的日期失效。

（7）对于沙巴州和沙拉越州，

（a）第（5）款不予适用；

（b）第（4）款应当适用至 1975 年 8 月底，或者最高元首和州首脑共同确定的较早日期为止；第（5）款所许可的修改视为在马来西亚日生效的州宪法所规定的修改。

（c）（已废除）

第 72 条　立法议会的特权

（1）不得在任何法院对各州立法议会议事过程的效力提出质疑。

（2）不得对任何人在州立法议会及其委员会的发言和表决在任何法院提出诉讼。

（3）任何人不得因州立法议会或者其授权刊发的任何事项而在法院被提出指控。

（4）第（2）款的规定不适用于国会根据第10条第（4）款所制定的法律而提出的犯罪指控，或者依据1970年第45号《紧急（绝对必要权力）条例》修改后的《1948年煽动法令》提出的指控。

（5）尽管第（4）款已有规定，除非主张废除州首脑作为该州合宪的统治者，否则任何人不得因其在州立法议会及其委员会就州首脑发表的言论而在任何法院受到指控。

第六编 联邦和各州的关系

第一章 立法权的分配

第73条　联邦和各州立法的范围

根据本宪法行使立法权时——

（a）国会得为全联邦及其局部制定法律，并得制定在联邦内外均有效的法律；

（b）各州立法议会得为该州的全部或者局部制定法律。

第74条　联邦和各州立法事项

（1）国会可以就联邦事务表或者共同事务表（即附件九之第一表和第三表）规定的任何事项进行立法，但这并不影响本宪法其他条款授予国会制定法律的权力。

（2）各州立法机关可以就州事务表（即附件九之第二表）和共同事务表规定的任何事项进行立法，但这并不影响本宪法其他条款授予各州立法机关制定法律的权力。

（3）本条所授予的立法权须遵守本宪法对特定事务规定的条件和

限制。

（4）附件九有关表所描述立法事项的一般表达并不受特定表达的限制。

第 75 条　联邦与各州法律的抵触

如果各州法律与联邦法律抵触，则联邦法律优先，各州法律在抵触的范围内无效。

第 76 条　在特定情形下国会为各州立法的权力

（1）国会在下述情形下可以就州事务表规定的任何事项制定法律：

（a）为履行联邦和其他国家缔结的任何条约、协定和盟约，或者为履行联邦作为成员国的国际组织的任何决议；

（b）为促进两个或者两个以上的州法律的一致；

（c）应任何一州立法议会的请求。

（2）国会不得根据第（1）款第（b）项的规定制定有关伊斯兰教法、马来亚习俗，或者沙巴州和沙拉越州原住民或者习俗的法律；未经咨询有关当事州政府，不得根据该款项向国会任何一院提出立法的动议案。

（3）除第（4）款的规定外，根据第（1）款第（b）项、第（c）项所制定的法律，在经过该州立法机关立法采纳之后方可在该州实施，之后该法律视为州法律而非联邦法律，并由该州立法机关修改和废止。

（4）国会为了确保法律和政策的统一，可以制定有关土地保有，业主佃户关系，地契登记，土地转让、抵押、出租，地役权和其他有关权益，土地的强制征用和评估，以及地方政府的有关法律；第（1）款第（b）项、第（c）项不适用于制定有关上述事项的法律。

第 76A 条　国会扩大各州立法权的权力

（1）兹宣告国会就联邦事务表内事项制定法律的权力，包括授权各州立法机关在遵守国会设定的条件和限制的条件下就上述事务的全部或者部分制定法律的权力。

（2）尽管有第75条的规定，但根据国会依据第（1）款的规定授权所制定的州法律，在该法规定的范围内，可以对该法律制定之前（涉及该州）的联邦法律进行修改和废止。

（3）各州立法机关依据国会法律的授权所制定的法律涉及的任何事项，在第79条、第80条、第82条意义上视为该州共同事务表所列举的事项。

第77条　剩余立法权

各州立法机关有权就附件九各表未予列举且非国会有权立法的事项进行立法。

第78条　限制河流使用的立法

国会立法或者依据该法律制定的任何规章，若限制各州及其居民利用其州内河流航行灌溉的权力时，除非获得该州立法议会全体成员多数的赞同决议，否则在该州不予生效。

第79条　共享立法权的行使

（1）当国会两院或者各州立法议会的议长认为一项法案或者修正案提议对有关共同事务表所列举事项的法律进行修改，或者对州事务表所列举而联邦有权按照第94条的规定行使职权的事项进行修改时，议长应当按本条的目的对该法案或者修正案进行认证。

（2）根据本条所认证的法案或者修正案，在公布后4周内不得予以审议，除非议长在确定经咨询州政府或者联邦政府后，基于紧急理由而准许进行审议。

第二章　行政权的分配

第80条　行政权的分配

（1）除本条以下款项另有规定外，联邦政府的行政权包括国会可以制定法律的所有事项，各州行政权包括州立法机关可以制定法律的所有事项。

（2）联邦行政权不包括州事务表列举的事项，但第93条、第95条的规定不在此限；除联邦和各州法律的规定外，联邦行政权也不包括共同事务表列举的事务。在联邦和各州法律就共同事务表列举的事项授权联邦行政机关的范围内，联邦行政机关得排除各州行政机关而行使职权。

（3）根据第76条第（4）款所制定法律赋予联邦的行政权，除非经过州立法议会议决赞同，否则不得在该州实施。

（4）联邦法律得规定州的行政权可以扩展至对联邦法律任何特定条款的执行，并为此目的而将权责赋予州机关。

（5）除联邦和州法律另有规定外，联邦和各州可以安排由一方行政机关代替另一方行使职权，并规定因此所产生各项费用的支付。

（6）当联邦法律根据第（4）款的规定，授权各州当局履行任何职权时，联邦应将联邦与该州协议支付的款项支付该州；如果无协议，则应由联邦法院首席大法官任命的裁判所裁决。

第81条　各州对于联邦的义务

各州行政权的行使应当：

（a）确保遵行在该州施行的联邦法律；

（b）不妨碍或者损害联邦行政权的行使。

第三章　财政负担的分配

第82条　共同事务表规定事项的财政支出

凡有关共同事务表所规定事务的法律和行政措施涉及财政支出的，除另有规定外，应当按照本宪法确定该项开支的承担者为：

（a）联邦——如果该项开支系联邦承付款项，或者按照联邦政策由联邦政府特别批准的州承付款项；

（b）州——如果该项开支系州承付款项。

第四章 土　地

第 83 条　为联邦用途征用土地

（1）如果联邦政府认为一州尚未分配的土地，须为联邦用途而使用，则联邦政府在与州政府协商后，可以要求州政府，而且该州政府亦负有责任将联邦政府所指定的土地，授予联邦或者联邦政府指定的机关。

但联邦政府不得要求授予保留为各州用途的土地，除非联邦政府确认出于国家利益要求授予该土地。

（2）联邦政府根据第（1）款的规定要求州政府永久性让与土地时，所让与的土地不得限制其用途，但联邦政府应当每年向州政府支付适当数额的租税，以及与土地市场市值等值的补偿金。遇有联邦政府要求州政府让与地上的其他权益时，应州政府的请求，联邦应当向州每年支付合理的地租和补偿金。

但在保留作为联邦用途期间，该土地因改良而增值（但由州所承担费用的改良除外），则其增值部分不计入该土地的市场值、地租或者补偿金。

（3）如果联邦政府根据第（1）款的规定请求州政府让与土地，但该土地已经拟定用于州用途，则——

（a）州可以为州用途而征用其他土地替代前述土地；

（b）如果前述土地的征用费超过联邦根据第（2）款的规定所支付费用（地租除外）的，则联邦应当就该费用超出部分向该州支付适当合理的款项。

（4）如果根据本条规定将联邦或者公共机构享有既有权益的土地作出进一步的让与，对此让与根据第（2）款的规定所支付的费用，应当将联邦和公共机构自享有该权益后所进行的土地改良（由州所承担费用的改良除外）按照其市值予以扣减。

（5）除第（3）款外的本条各款亦适用于已分配的土地，但应当作下列修改：

（a）第（1）款中删除"与州政府协商"；

（b）当按照该款的规定要求让与土地时，州政府应当遵从联邦的要求，负有责任以协商或者强制的方式征用该土地的权益；

（c）州政府根据本条第（5）款第（b）项的规定征用土地产生的任何费用应当由联邦偿付；如果以协议的方式取得土地，联邦无须偿付超出强制征收费的部分，但联邦若为协议一方的不在此限；

（d）按照根据第（2）款确定土地的市值、适当的地租或者年租时，应当将联邦按照本条第（5）款第（c）项的规定支付给州的任何款项计算在内，且应当在联邦所支付的款项中予以扣除。

（6）当根据第（1）款的规定，州政府在独立日前将由马来西亚联邦付款征用的土地或者土地权益让与联邦时，如同联邦根据第（5）款第（c）项所支付的款项，第（5）款第（d）项的规定亦适用于该笔由马来西亚联邦因土地征用而支付的款项；第（3）款的规定不适用于上述土地。

（7）本条规定不妨碍联邦政府与州政府按照合意达成的条件保留州的土地作为联邦用途；也不妨碍州的适当机关在联邦政府未予请求时根据有效的法律为联邦用途而征用已分配土地的权力。

（8）本条规定不妨碍联邦政府和州政府按照合意达成的条件，在联邦政府未根据本条提出请求的情况下，州可以将土地让与联邦政府。

第84条（已废除）

第85条 让与作为联邦用途而保留的土地

（1）凡州土地保留作为联邦用途，联邦政府可以要求州政府、州政府也负有责任将土地不限制用途地永久让与联邦政府，但联邦政府应当支付按照第（2）款确定的补偿金和适当的年度租金。

（2）第（1）款规定的补偿金等于土地市值扣减以下款项后所余：

（a）土地为联邦所用时土地改良的市值（由州承担费用的除外）；

（b）联邦或者独立日之前马来西亚联邦就州政府征用土地的费用而支付的任何款项。

（3）在不影响第（1）款的条件下，凡作为联邦用途保留的州的土地，联邦政府可以将其让与州，但州必须支付联邦土地市值和第（2）款第

(a) 项、第（b）项规定的款项；如果州政府接受，则保留即予终止。

（4）除本条另有规定外，作为联邦用途保留的州土地不得终止保留；所有保留土地由联邦政府管理；联邦政府可以将土地的部分或者全部的占有、控制和管理权转让或者租赁、租借给任何人：

(a) 由其在土地作为联邦用途，或者附属用途而保留的期限内予以使用；

(b) 在联邦政府无理由将为联邦用途而保留的土地暂时利用时，由其在联邦用途之外、根据联邦政府规定的期限和条件利用该土地。

（5）本条所称为联邦用途而保留的州土地包括：

(a) 在独立日之前根据有效州法律保留而在独立日之后成为联邦用途的土地；

(b) 在独立日之后根据有效州法律保留作为联邦用途的土地；

(c) 已废止的第 166 条第（4）款规定的州土地；

(d) 根据第 83 条第（7）款作为联邦用途保留的州土地。

第 86 条　联邦既有土地的处分

（1）联邦政府或者公共机构可以将其享有的任何土地权益的全部或者部分处分给其认为适当的任何人。

（2）根据本条或者第 85 条由联邦或者公共机构处分的州土地权益，或者处分转让给联邦或者公共机构的州土地权益，州政府应当对相应的交易予以登记。

第 87 条　土地价值争议的裁决

（1）如果联邦政府和州政府就本章上述条款规定联邦应付、应收款项，或者对该款项的数额有争议时，联邦政府或者州政府应当将该争议提交按照本条规定任命的土地裁判所裁决。

（2）土地裁判所由以下人员组成：

(a) 由联邦法院首席大法官任命的一名主任，其具有担任联邦法院、上诉法院或者高等法院法官的资格，或者在马来西亚日之前任高等法院法官；

（b）由联邦政府任命的一名成员；

（c）由州政府任命的一名成员。

（3）土地裁判所的活动和程序，应当由规则委员会，或者有权根据法律为联邦法院的活动和程序制定规则的机构制定的法庭规则予以规定。

（4）对土地裁判所就法律问题的裁决，可以提出上诉。

第88条　第83—87条在无统治者州的适用

在无统治者的州，第83至87条应予有效适用，但——

（a）应当受国会适应性立法的限制，此适应性立法在于确保上述规定（在尽可能虑及各州土地保留制度差异的条件下）在他州同样适用；

（b）第83条第（5）款第（a）项不适用于沙巴州、沙拉越州。

第89条　马来保留地

（1）根据现行法律在临近独立日之前为马来保留地的州土地，按照该法律继续为马来保留地，直至州立法机关另有法令规定为止，此项法令——

（a）由州立法议会全体成员的多数和到会并投票议员2/3以上的多数通过；

（b）由国会两院全体成员的多数和投票议员2/3以上的多数通过。

（1A）根据第（1）款所制定的法律，规定将马来保留地的所有权或者有关其他权利和利益予以没收、退还州当局或者予以剥夺，根据马来保留地相关法律享有该权益的任何人或者组织、公司或者其他团体（不论是否为法人团体）不再有资格或者有权享有该权益的，则不得以该法律违反第13条之规定而被宣告无效。

（2）根据现行法律当时未成为马来保留地，且未经开发或者开垦的州土地，可以根据该法律宣告为马来保留地，但——

（a）根据本条宣告州土地为马来保留地的，则应当提供该州内未经开发和开垦的相同面积土地供统一分配；

(b) 根据本条宣告为马来保留地的州土地，其面积不论在任何时候均不得超过该州根据第（a）项供统一分配的土地总面积。

(3) 除第（4）款的规定外，各州政府可以根据现行法律，宣告下列土地为马来保留地：

(a) 州政府为该目的以协议的方式征用的土地；

(b) 经业主申请，并得到所有享有土地权益者同意的其他土地。

当土地终止为马来保留地时，应当根据现行法律将其他具有类似属性且不超过马来保留地原有面积的土地，宣告为马来保留地。

(4) 本条并不授权在宣布时为非马来人所有、占有或者享有任何权益的土地，根据本条宣告其为马来保留地。

(5) 在不影响第（3）款规定的条件下，各州政府根据法律可以为马来人或者其他团体的定居而征用土地，并设立相应的信托。

(6) 本条所谓"马来保留地"系指保留作为分配给马来人或者土地所在州原住民的土地；"马来人"包括对该保留土地而言，系根据其所居住州的法律被认定为马来人的人。

(7) 除第161A条的规定外，即便本宪法另有规定，本条也应当有效；但（在不影响其他条款的条件下）除非根据本条和第90条的规定，否则不得将土地保有或者宣告为马来保留地。

(8) 本条适用于吉隆坡、布城联邦辖区，但第（1）款在适用于吉隆坡、布城联邦辖区时修改为：在临近独立日之前为马来保留地的吉隆坡、布城联邦辖区土地，按照该法律继续为马来保留地，直至国会法律另有规定为止。国会该项法律须由两院全体成员的多数或者两院到会和投票议员的2/3以上通过。

第90条 有关森美兰州、马六甲州习俗地和丁加奴州马来人保有地的特别规定

(1) 本宪法任何规定均不影响对森美兰州、马六甲州习俗地及其土地权益的转让、租赁进行限制的法律的效力。

（1A）第（1）款规定中——

(a)"转让"包括收费、移转和托付，或者设立抵押、信托，或者进行预告登记，或者其他无论其内容和属性的交易或者处分；

(b)"租赁"包括任何形式和期限的租赁。

（2）尽管本宪法另有规定，但丁加奴州有关马来人保有地的法律应当继续有效，直至该州立法机关按照第89条第（1）款通过和批准的法令另有规定为止。

（3）为与有统治者各州现行法律相对应，丁加奴州立法机关制定的上述法令可以规定马来人保留地；第89条的规定适用于丁加奴州，但应作以下修改：

(a) 第（1）款所规定根据现行法律在临近独立日之前为马来保留地的州土地，替换为在通过上述提及的法令之前为马来人保有地的土地；

(b) 除上述规定外，所规定的现行法律系上述提及的法令。

第91条 国家土地委员会

（1）国家土地委员会由部长担任主任，其成员由各州统治者或者州首脑任命的代表、联邦政府任命的若干代表组成，但除第95E条另有规定外，联邦政府的代表不得超过10人。

（2）主任可以对国家土地委员会讨论的任何问题进行投票，但不得投决定票。

（3）国家土地委员会每年开会一次，主任认为有必要时得随时召集国家土地委员会会议。

（4）如果主任或者各州和联邦政府的代表无法出席会议，其任命机构可以任命他人出席会议。

（5）国家土地委员会的职责是：在与联邦政府、各州政府和国家财政委员会协商后，制定促进和规制全联邦土地用于矿业、农业、林业或者其他用途的国家政策，并执行有关国家政策的法律。联邦政府和各州政府应当遵循所制定的政策。

（6）联邦政府和各州政府可以就任何土地利用事务、土地立法的拟定和实施与国家土地委员会进行协商,国家土地委员会应当就上述事务向政府提出建议。

第五章 国家开发

第 92 条 国家开发计划

(1) 经专家委员会建议并咨询国家财政委员会、国家土地委员会和有关州政府后,在确认在一州或者多州任何地区实施开发计划有利于国家利益时,最高元首得公布开发计划,宣布该地为国家开发区;国会有权实施开发计划的全部或者部分,即使除本条规定外,该开发计划所涉及事项只能由州制定法律。

(2) 根据本条通过的任何法律应当陈述其系根据本条制定且遵循第(1)款的规定;第 79 条不适用于此种法律的法案和对该法案的任何修正案。

(3) 本条所称"开发计划",系指用于开发、改进或者保护开发区自然资源、该自然资源的开采或者增加开发区就业途径的计划。

(4) 在不影响联邦根据其他条款有权请求征用或者让与土地权益作为联邦用途的条件下,联邦政府得随时为开发计划而要求在开发区指定的范围内保留非属私人所有的土地;但各州由于做此保留而减少的岁入应当由联邦予以补偿。

(5) 除第 (6) 款规定外,联邦政府因实施开发计划而取得的一切收入,应当用于:

(a) 为开发计划提供资金和支付劳动费用;

(b) 归还联邦因实施开发计划产生的支出,包括第 (4) 款规定的支出;

(c) 余款支付开发区所在州;如果开发区位于两州以上,则按照联邦政府确定的比例予以支付。

(6) 如果联邦政府与开发区全部或者部分所在的州政府达成协议,由该州负担实施开发计划的支出,则州负担的支出应当返还该州,此项返还与偿付联邦所负担的支出具有同等地位。

（7）国会可以撤销或者修改根据本条通过的任何法律，并有权制定其认为适当的任何附属规定或者与之相关的规定。

（8）本条不影响国会或者各州立法机关的下列权力：

（a）根据本宪法其他条款的授权征税和征收地方税；

（b）对根据第（5）款、第（6）款规定不予支付的，由联邦统一基金或者州统一基金拨付补助金；但原应由各州法律征收的地方税，当联邦法律按照本条第（1）款的规定对财产征收地方税时，在联邦法律征收此税期间，州法律不得征收相同性质的地方税。

第六章 联邦调查、对各州提出建议和视察州事务

第93条 查询、调查和统计

（1）联邦政府在认为适当时，可以就州立法机关可以制定法律的事项进行查询（以委员会或者其他方式），授权调查、收集和公布统计数据。

（2）各州政府及其官员、机构有义务协助联邦政府执行本条规定的权力；联邦认为有必要时可以对此发布指令。

第94条 联邦对州事务的权力

（1）联邦行政权包括：对州立法机关可以制定法律的任何事项进行研究，设立及维护试验和演示站，对各州提供建议和技术援助，向各州居民提供教育、宣传和演示；各州农、林业官员应当接受联邦依据本款向州政府提出的专业建议。

（2）尽管本宪法另有规定，但既有的农业部、土地总监、林业和社会福利部得继续行使其在临近独立日之前所行使的职务。

（3）本宪法并不妨碍联邦政府设立政府部门，依据第93条和本条行使州立法权范围内事项的职权，该事项包括土地保护、地方政府和城镇乡村的规划。

第 95 条　对州事务的检查

（1）除第（3）款的规定外，任何获得联邦政府授权的官员在行使联邦行政权时，可以检查州政府任何部门和工作，并向联邦政府提出报告。

（2）根据本条提出的报告，如果联邦政府有指示，则应当知会州政府并送交州立法议会。

（3）本条并不授权对州政府独有立法权范围内各事项进行处理或者执行的任何部门或者工作进行检查。

第七章　全国地方政府理事会

第 95A 条　全国地方政府理事会

（1）全国地方政府理事会应当由一名部长担任主任，由各州统治者或者首脑任命的代表以及联邦政府任命的若干代表组成，联邦政府任命的代表不得超过 10 名，但第 95E 条第（5）款规定的不在此限。

（2）主任对全国地方政府理事会的任何问题进行投票，并可以投出决定性的一票。

（3）全国地方政府理事会每年举行会议一次，主任在认为必要时得随时召集。

（4）如果主任、州和联邦政府的代表不能出席会议，其所任命的机关得任命他人代其出席会议。

（5）全国地方政府理事会的职责是，与联邦政府和州政府协商，制定促进、发展和规制联邦内地方政府的国家政策和执行此政策的各项法律；联邦政府和各州政府应当遵循所制定的政策。

（6）联邦政府和各州政府的职责是，对拟议中有关地方政府的立法与全国地方政府理事会进行协商；全国地方政府理事会有就该事务向有关政府提出建议的职责。

（7）联邦政府和各州政府可以就地方政府的任何其他事务咨询全国地方政府理事会，全国地方政府理事会有就事务向有关政府提出建议的职责。

第八章　适用于沙巴州和沙拉越州的规定

第 95B 条　沙巴州和沙拉越州立法权分配上的改动

（1）对沙巴州和沙拉越州——

（a）附件九中第二表的补充规定，应当视为州事务表的一部分，其中所列举的事项，应当视为不包括在联邦事务表或者共同事务表之内；

（b）附件九中第三表的补充规定，除州事务表的规定外，应当视为共同事务表的一部分，其中所列举的事项，应当视为不包括在联邦事务表之内（但当其指涉联邦事务表时，并不影响对州事务表的解释）。

（2）根据第（1）款在一段期间内将某一事项列入共同事务表时，除非联邦或者州法律另有规定，否则该期间的届满或者终止不影响因此事项而制定的州法律的继续施行。

（3）沙巴州和沙拉越州立法机关可以制定征收销售税的法律，沙巴州和沙拉越州法律所征收的任何销售税，应当视为州事务表而非联邦事务表内的事项，但：

（a）征收或者实施州销售税时，对同一货物不能因为原产地的不同而有差别待遇；

（b）联邦征收的销售税，应当先于州征收的销售税从纳税义务人应缴税款中支付。

第 95C 条　州立法权或者行政权的扩大

（1）除在马来西亚日后通过的国会立法另有规定外，最高元首可以颁布命令为各州制定如同国会立法所制定的条文：

（a）授权州立法机关制定第 76A 条所规定的法律；

（b）按照第 80 条第（4）款的规定，扩大州行政权以及州各机关的职权、职责。

（2）根据第（1）款第（a）项颁布的命令，不得授权州立法机关修改或者废止国会在马来西亚日之后通过的法律，除非该法律有如此的规定。

（3）第 76A 条第（3）款和第 80 条第（6）款有关国会立法之条款，同样适用于依据本条第（1）款第（a）项、第（b）项所颁发的命令。

（4）依据本条颁发的命令为后发命令所撤销时，该后发命令得规定，任何根据前发命令所通过的州法律，或者任何根据该州法律所制定的辅助性立法和行为（通常或者在该命令所指定的范围或者目的内）应继续有效；自后发命令实施时起，任何继续生效的州法律作为联邦法律继续有效，但若为国会不得立法制定的条款，则不得因本条的规定而继续有效。

（5）根据本条由最高元首颁发的命令应当向国会两院提出。

第 95D 条　国会无权为沙巴州和沙拉越州制定有关土地和地方政府的统一立法

第 76 条第（4）款不适用于沙巴州和沙拉越州，且该条授权国会对该条第（4）款所规定的任何事项制定法律的，该条第（1）款第（b）项亦不适用。

第 95E 条　有关土地利用、地方政府、发展等国家计划不包括沙巴州和沙拉越州

（1）第 91 条、第 92 条、第 94 条、第 95A 条对沙巴州和沙拉越州的效力，受下列各款的制约。

（2）除第（5）款的规定外，依据第 91 条和第 95A 条，州政府可以不遵循全国土地理事会或者全国地方政府理事会所制定的政策，但该州的代表在理事会中对其所提出的问题亦无表决权。

（3）未获得州首脑的同意，该州土地不得依据第 92 条被宣布为任何开发规划用途的开发区。

（4）沙巴州和沙拉越州的农林官员应当考虑，但非必须接受联邦依据第 94 条第（1）款（此款为有关联邦可以对州事务表内的事项进行研究、提供建议和技术援助等）对该州政府提出的专业建议。

（5）在下列情形下，本条第（2）款不适用于该州：

(a) 针对第 91 条，国会在获得州首脑同意后有如此的规定；

(b) 针对第 95A 条，国会在获得州立法议会的同意后有如此的规定。

但沙巴州和沙拉越州的每位代表，根据本条款对全国土地理事会或者全国地方政府理事会所提出的问题有表决权时，联邦政府在各理事会中的代表数应增加一名。

第七编 财 政

第一章 总 则

第 96 条 非依法律不得征税

除依据联邦法律的规定外，不得由联邦或者为联邦用途而征收任何税或者地方税。

第 97 条 统一基金

(1) 联邦所筹集或者收取的任何岁入和款项，除本宪法和联邦法律另有规定外，应当存入联邦统一基金。

(2) 各州所筹集或者收取的任何岁入和款项，除第（3）款和法律另有规定外，应当存入各州统一基金。

(3) 根据州法律，在吉隆坡、纳闽、布城等联邦直辖区则根据联邦法律，所筹集的伊斯兰教义捐、开斋节施舍、伊斯兰教财务机关或者类似的岁入，应当存入统一基金；非经州法律或者联邦法律的许可，不得支出。

(4) 除因上下文的需要，本宪法提及统一基金时，应解释为联邦统一基金。

第 98 条 联邦统一基金担负的支出

(1) 除根据其他条款或者联邦法律规定应当由统一基金担负的补助金、薪金或者其他款项外，下列款项由统一基金担负：

(a) 联邦应付的养老金、职位丧失补偿金和退休补贴；

(b) 联邦应付的债务；

（c）法院或者法庭判决、裁定应由联邦偿付的款项。

（2）联邦依据本编规定向各州支付补助金时，得扣除该州应偿付联邦而由各州统一基金所应担负的债款。

（3）本条规定的债款，包括利息、偿债基金、偿还或者分期偿还债务，以及关于使用统一基金担保以筹集债款和偿还该债务而发生的所有支出。

第 99 条　年度财政报告

（1）最高元首在每一财政年度应当促请向众议院提出联邦收支预算报告；除国会对年度另有规定外，此报告应当在年度开始之前提出；但收入预算和开支预算可以分开提出，此时该收入预算报告无须在该财政年度开始之前提出。

（2）开支预算应当列出——

（a）应由同一基金担负的支出总款项数；

（b）除第（3）款的规定外，拟由统一基金担负作为其他用途的支出总款项数。

（3）第（2）款第（b）项列出的款项不包括：

（a）联邦为特定用途借债所得的款项，和依据该款授权借债的法律拨付作为该特定用途的款项；

（b）联邦为信托收取的款项和利息，且按照该信托的条件加以使用的款项；

（c）取得或者拨付给根据联邦法律所设信托基金，而由联邦保管的任何款项。

（4）上述财政报告应当尽可能列明联邦在上一财政年度终结时的资产和负债额度，其资产的投资和持有情况，以及未清偿债务的基本用途。

第 100 条　供给法案

除以第 99 条第（3）款规定的款项所支付的开支外，由统一基金支付但不由统一基金担负的开支，应列入供给法案之中，它规定由统一基金所需的款项以供支出，并将该款项拨付供给法案规定的用途。

第 101 条　追加和超额开支

如果在任何财政年度出现：

（a）由供给法案拨付做任何用途的款项数额不足，或者因某项用途而有开支的需要，但供给法案未予拨付的；

（b）为任何用途支出的款项超出供给法案所拨付该项用途的数额的，

则应向众议院提出追加预算，列明所需和所付款项；上述开支的用途亦应列入供给法案之中。

第 102 条　未指定用途开支的批准权

就任何财政年度，国会有权——

（a）在供给法案通过之前，通过法律批准该年度部分时期的开支；

（b）除根据第 90 至 101 条批准的开支外，如果公务庞大或者性质不确定，或者因非常紧急情形而国会认为有必要时，可以通过法律批准该年度全年或者部分时期的开支。

第 103 条　应急基金

（1）国会得立法规定设立应急基金，并授权财政部长在确认有紧急和不可预见的开支需要，且未有其他款项支付时，在应急基金内预支款项以应对需要。

（2）根据第（1）款预支款项时，应当尽快提出追加预算和供给法案，以归还该预支的款项。

第 104 条　由统一基金支取款项

（1）除第（2）款规定之外，不应由统一基金支取款项，除非其属于——

（a）应由同一基金担负的；

（b）供给法案授权拨付的；

（c）根据第 102 条批准拨付的。

（2）第（1）款不适用于第 99 条第（3）款规定的任何款项。

（3）除按照联邦法律规定的方式外，不得由同一基金支取款项。

第 105 条　总审计长

（1）最高元首根据总理的建议，在与统治者会议协商后任命总审计长。

（2）获任总审计长者有资格连续任职，但不得在联邦和州担任其他公职。

（3）总审计长可以随时提出辞职；除了按照罢免联邦法院法官的相同理由和方式，总审计长不得被罢免。

（4）国会应当立法规定总审计长的薪金，所规定的薪金由统一基金担负。

（5）总审计长的薪金和其他任职待遇（包括养老金的权利），不得在其任命后作出不利的变动。

（6）除本条规定之外，总审计长的任职待遇由联邦法律予以规定，除联邦法律规定的外，由最高元首予以规定。

第 106 条　总审计长的职权、职责

（1）联邦和各州的账目应由总审计长稽核并提出报告。

（2）对联邦和各州的账目、其他公共机构和最高元首命令所确定机构的账目，总审计长应当履行联邦法律所规定的其他职责和职权。

第 107 条　总审计长的报告

（1）总审计长应当向最高元首提交其报告，最高元首应当促请该报告向众议院提出。

（2）各州账目报告或者行使州法律所赋予权力的公共机构的账目报告副本，应当提交该州统治者或者州首脑，并由其促请该报告向州立法议会提出。

第 108 条　全国财政理事会

（1）全国财政理事会由总理、总理指定的部长以及每州一名由统治者或者州首脑任命的代表组成。

（2）总理认为有需要时或者3个州或者更多州代表提出请求时，总理应随时召集全国财政理事会会议；但每隔12个月须召集一次会议。

（3）全国财政理事会举行会议时，总理得由联邦部长代表出席；总理主持会议，如果其缺席，则由代表其出席的部长主持会议。

（4）联邦政府应当与全国财政理事会协商有关：

(a) 联邦拨付各州的补助金；

(b) 将联邦赋税或者收费的全部或者部分收入分配给各州；

(c) 联邦和各州每年所需举债的额度，联邦和各州借款权力的行使；

(d) 向各州的贷款；

(e) 根据第92条制定开发规划；

(f) 联邦事务表中第7条第（f）项、第（g）项所指定的事项；

(g) 提出法案以制定第109条第（2）款或者第110条第（3）款、第（3A）款所提及法律的建议；

(h) 本宪法或者联邦法律规定须与全国财政理事会协商的其他事项。

（5）联邦政府得与全国财政理事会协商其他事项，而不论是否涉及财政问题；各州政府得与全国财政理事会协商有关州财政状况的任何事项。

第109条　州补助金

（1）联邦应当在每一财政年度向各州拨付——

(a) 人口补助金一项，其按照附件十第一章的规定计算；

(b) 州道路补助金一项，用于州道路的维护，其按照附件十第二章的规定计算。

（2）国会可以随时立法改变人口补助金的费率；如果该法律的效果导致补助金减少，则应当在该法律中规定，确保各州在每一财政年度所得的补助金额度，不少于该州上一财政年度所得额度的90%。

（3）国会可以立法拨付补助金给各州作为特定用途，其条件由法律规定。

（4）按照本条以上各款所拨付补助金的数额，应由统一基金担负。

（5）如果依据第103条的规定设有应急基金，则批准由该基金预支款项以应对紧急和不可预见开支的权力，包括批准预支款项给州以应对急需的权力在内。

（6）联邦应当将下列款项存入州储备金：

（a）（已废除）

（b）在与全国财政理事会协商后，联邦可以决定每一财政年度所需的款项，并且，在与全国财政理事会协商后，联邦可以随时由州储备金拨付补助金给各州做开发用途，或者作为增加其一般岁入之用途。

第110条　向各州分配税赋和收费

（1）除第（2）款的规定外，每州应当获取附件十第三章规定的在该州征收、收取和募集的赋税、收费和其他岁入来源。

（2）国会可以随时立法以实质等值的税源替代附件十第三章第1条、第2条、第3条、第4条、第5条、第6条、第7条、第8条、第12条、第14条规定的税源，或者替代已替换过的任何税源。

（3）各州应当根据联邦法律所规定的条款，从该州所产锡的出口税中获取10%，或者该法律规定的更高额度的款项。

（3A）国会可以立法规定各州应当依据联邦法律规定的条款，从该州所产矿产（锡除外）的出口税中获取规定的份额。

本条所谓矿产是指矿砂、金属和石油。

（3B）在不妨碍第（3）款和第（3A）款所授予条件制定权的情况下，国会可以立法规定，在该项法律所规定的情形，或者除了该项法律规定的情形下，禁止和限制征收有关矿产的特许税和类似收费（不论该收入依据租约或者其他契约，或者依据州立法而征收，也不论该契约的缔结和州立法的制定在本条实施之前或者之后）。

（4）在不妨碍第（1）款至第（3A）款的情形下，国会可以立法：

（a）将联邦所筹集或者征收的赋税和收费的全部或者部分分派给各州；

（b）将联邦法律许可作为州用途而征收赋税和收费的职责分派给各州。

（5）各州根据第（1）款、第（2）款、第（4）款所获得的额度，不得纳入统一基金；各州根据第（3）款、第（3A）款所获取的额度应由统一基金担负。

第 111 条　借款限制

（1）非经联邦法律许可，联邦不得借款。

（2）非经联邦法律许可，各州不得借款；州法律不得许可州借款，除非规定向联邦借款，或者在不超过 5 年期限内向联邦政府为此目的而批准的银行和其他财政来源借款，且须遵守联邦政府所规定的条件。

（3）非经州法律许可并经联邦政府同意及遵守联邦政府规定的条件，各州不得提供担保。

第 112 条　各州改变编制的限制

（1）除第（2）款的规定外，如果会加重联邦养老金、酬金和类似津贴的负担，则非经联邦批准，各州不得增加其编制或者任何部门的编制，或者改变规定的薪金和津贴的费率。

（2）本条不适用于：

（a）不享有养老金的职位，且其薪金最高额度不超过每月 400 元或者最高元首明确的数额；

（b）可以享有养老金的职位，且其薪金最高额度每月不超过 100 元或者最高元首明确的数额。

第二章　在沙巴州和沙拉越州的适用

第 112A 条　沙巴州和沙拉越州的审计

（1）总审计长应当就沙巴州和沙拉越州的账目和依据该州法律行使职权的公共机构的账目，向最高元首（最高元首促请其向众议院提出报告）和各该州首脑提出报告。第 107 条第（2）款不适用于该报告。

（2）州首脑应促请将所收到的报告向州立法议会提出。

（3）沙巴州和沙拉越州涉及本条第（1）款规定而在 1969 年结束以前

的账目，总审计长的权责应当由常驻该州的高级官员代为行使；如果该官员缺位或者不能履职和离职时，该权责由总审计长或者由其指定的该部门官员行使。

第 112B 条　沙巴州和沙拉越州的借款权

如果获得联邦中央银行的核准，第 111 条第（2）款不得限制沙巴州和沙拉越州根据其州法的许可在州内借款的权力。

第 112C 条　特别补助金和对沙巴州、沙拉越州岁入的分派

（1）除第 112D 条和附件十有关章节所规定的限制外，

（a）联邦应当在每个财政年度将该附件第四章规定的补助金拨付沙巴州和沙拉越州；

（b）每州获得该附件第五章规定并在该州征收、收取和筹集的赋税、收费和费用的全部或者部分收益。

（2）附件十第四章规定作为补助金的额度，以及沙巴州和沙拉越州根据该附件十第五章第 3 条、第 4 条所获取的额度，应由统一基金担负；其他依据该附件第五章的规定属于沙巴州和沙拉越州应得的额度，不应存入统一基金。

（3）第 110 条第（3A）款和第（4）款不适用于沙巴州和沙拉越州。

（4）除第 112D 条第（5）款规定外，第 110 条第（3B）款的规定，对于沙巴州和沙拉越州：

（a）适用于所有矿产，包括石油在内；但

（b）不得授权国会禁止该州对矿产征收特许税，或者在任何情形下征收该特许税，从而使该州无权领取其值 10% 的特许税（按照出口税计算）。

第 112D 条　对沙巴州和沙拉越州提供特别补助金的复查

（1）附件十第四章第 1 条、第 2 条第（1）款规定的补助金，和依据本款规定的替代或者追加补助金，应当在第（4）款规定的期间内由联邦和各有关州政府进行复查；如果双方达成协议对补助金予以改动或者取消，或者拨付另外的补助金以取代，或者和先前的补助金同时拨付，则该附件第四章和第 112C 条第（2）款应当由最高元首命令予以修改而使得该协议有效。

但在首次复查时，对该附件第四章第 1 条第（2）款规定的补助金，除确定之后 5 年应付之额度外，其余部分不得成为讨论的对象。

（2）依据本条进行的复查应当考虑联邦政府的财政状况、各州和有关州的需要，但（除此之外）应当确保各州的岁入足以应对在复查时各州既有的州事务开支，并作出合理规定以供各州事务的扩展。

（3）复查时作出的规定应当施行 5 年，或者（除首次复查外）联邦与各州协议而成的更长期限；但依据第（1）款为使复查结果生效而颁布的命令在该期限结束后继续生效，除非依据该款规定颁布另一命令予以撤销。

（4）在有合理的需要之前不得根据本条进行复查，以保证 1968 年年底的复查结果，或者对第二次和之后的复查而言，上一次复查所规定期限结束的复查结果可以施行。但除此之外，应当对从 1969 年和 1974 年以来分别给予沙巴州和沙拉越州的特别补助金进行复查，其后应就联邦政府或者州政府要求的时间（上次复查所规定的期限之内或者之后）对给予沙巴州和沙拉越州的特别补助金进行复查。

（5）如果根据本条进行复查时，联邦政府通知各州要更改附件十第五章中有关岁入的分派（包括根据本款作出任何替代或者追加分派），或者要更改第 112C 条第（4）款，则复查时应将此项更改考虑在内，并由最高元首命令予以规定，使上述更改能自复查所规定的期限开始时生效。

但本款不适用于根据附件十第五章第 4 条、第 7 条、第 8 条规定的分派，且不适用于该章第 5 条、第 6 条规定的分派，直至第二次复查为止。

（6）在进行任何复查时，联邦政府和州政府就任何事项未达成协议的，应当将此提交给一名独立评估员，后者作出的建议对有关政府具有拘束力，其效力如同该政府间达成的协议。

(7) 不得依据第 108 条第 (4) 款要求联邦政府就本条规定的事项咨询全国财政理事会。

(8) 最高元首根据本条颁布的任何命令应当向国会两院提出。

第 112E 条 （已废除）

第八编 选 举

第 113 条 选举的实施

(1) 选举委员会根据第 114 条的规定组成，其按照联邦法律的规定，组织实施众议院和各州立法议会的选举，并编制和修订选民名册。

(2) (i) 除本款第 (ii) 项的规定外，在选举委员会认为有必要时，应当随时对联邦和各州的选区划分进行审查，并在其认为必要时提出修改的建议，以符合附件十三的规定；对众议院选举的选区划分和对州立法议会选举的选区划分的审查应当同时进行；

(ii) 根据本条进行的选区审查前后两次之间的间隔为 8 年；

(iii) 根据本款第 (i) 项进行的选区审查自开始之日起不得超过两年。

(3) 如果选举委员会认为，根据第 2 条所制定法律的效果有必要按照第 (2) 款的规定进行审查，则无论根据该款进行的上一次审查时间是否已经过 8 年，其都有权进行新的审查。

(3A) (i) 当众议院议员数因对第 46 条的修改而产生变动，或者各州立法议会的人数因该州立法而产生变动，除第 (3B) 款的规定外，选举委员会应当就发生变动的地区进行联邦或者州选举的审查，并在造成变动的法律施行之日起 2 年内完成；

(ii) 根据本款第 (i) 项进行的审查不影响根据第 (2) 款第 (ii) 项下按照该款第 (i) 项规定进行审查时的时间间隔；

(iii) 附件十三的规定适用于本条所规定的审查，但须在选举委员会认为必要时予以修改。

（3B）当对第 46 条的修改或者州立法会议根据第（3A）款第（i）项制定的法律，自第（2）款规定的最后一次审查之日起 8 年后发生效力，且选举委员会认为有必要根据第（2）款进行审查，则选举委员会不得根据第（3A）款第（i）项进行审查，而应当根据第（2）款进行审查；在进行审查时，应当考虑第（3A）款第（i）项提到的因法律的修改和制定而受影响的地区。

（4）联邦和州法律授权选举委员会组织进行第（1）款规定之外的选举。

（5）为执行本条规定的职务，选举委员会可以制定规则，但其规则的效力受联邦法律的约束。

（6）第（2）款规定的审查应当在马来亚各州以及沙巴州和沙拉越州分别进行；在本章中的"审查单位"对于联邦选区意指受审查地区，对于州选区意指包括联邦辖区在内的各州。

（7）除第（3）款的规定外，根据第（2）款对各审查单位进行首次审查的期间，应当自依据本宪法或者马来西亚法对该单位进行首次选区划分时开始计算。

（8）尽管本条第（7）款有规定，自 1973 年宪法第二修正案通过后对马来亚各州审查单位依据第（2）款进行的审查期间，自该修正案通过后第一次确定选区范围之日起计算。

（9）第（2）款或者第（3A）款规定的审查开始日期，系指附件十三第 4 条所指政府公报的发行日期。

（10）第（2）款或者第（3A）款规定的审查结束日期，系指根据附件十三第 8 条的规定将报告呈交总理之日，该日期应当由选举委员会在政府公报上公示。

第 114 条　选举委员会的组成

（1）选举委员会由主任、副主任和 5 名委员组成，由最高元首在与统治者会议协商后任命。

（2）在任命选举委员会委员时，最高元首应当顾及确保选举委员会获得公众信任的重要性。

（3）选举委员会委员年满66周岁或者按照第（4）款的规定丧失资格时应终止任职，并可以向最高元首书面提出辞呈；非以罢免联邦法官相同的理由和方式不得被免职。

（4）尽管第（3）款有规定，如果有下列情形，最高元首可以命令免除选举委员会委员的职务：

（a）宣告破产；

（b）在其职责之外从事有薪酬的职位或者工作；

（c）成为国会两院或者州立法议会的议员。

（4A）除第（4）款规定的丧失资格的情形外，选举委员会主任在获任命后3个月或者之后的时间内，如果成为任何组织或机构，不论法人团体或者其他，或者任何商业、实业和其他行业的董事会或者执行局成员、官员或者雇员，或者参与其事务和经营，不论其是否领取薪金、奖励、分红或者其他利润，均丧失担任主任的资格。

但当上述组织或者机构系从事福利或者志愿工作，或者其目标有益于共同体全部或者部分，或者其他具有慈善或者社会性质的工作，且该主任未领取任何薪金、奖励、分红和利润的，上述丧失资格的规定不予适用。

（5）国会通过法律规定选举委员会成员的薪酬，该薪酬由统一基金担负。

（5A）除本条规定外，国会根据法律规定选举委员会成员薪酬之外的任职待遇。

（6）选举委员会成员的薪酬和任职待遇在其获任后不得作出不利的变动。

（7）在任何时期当选举委员会主任获得最高元首批准的休假，或者因为不在联邦、疾病或者其他事由不能履职时，副主任应当在此期间内履行主任的职责；当副主任因休假或者不能履职时，最高元首可以任命选举委员会委员在此期间履行主任职务。

第 115 条 选举委员会辅助人员

（1）选举委员会经最高元首批准可以按照规定的条件雇用若干人员。

（2）应该委员会请求，所有公共机构应当在可行的范围内协助该委员会履行职责。当该委员会为履行职责而对第 113 条第（1）款规定的选举的选区划分提出意见时，其应当向两名对联邦选举的审查单位的地形和人口分布具备专门知识的联邦政府官员征询建议。该两名官员由最高元首进行遴选。

第 116 条 联邦选区

（1）众议院议员的选举，应当根据附件十三的规定将审查单位划分为若干选区。

（2）选区总数与议员名额相等，每选区选举一名议员；马来亚各州的选区总数根据第 46 条和附件十三的规定确定，并分配给各州。

（3）（已废除）

（4）（已废除）

（5）（已废除）

第 117 条 州选区

州立法议会议员的选举，各州划分为与当选议员数相等的选区，每一选区选举一名议员；该项划分根据附件十三的规定进行。

第 118 条 对选举的起诉方式

除向选举所在地有管辖权的高等法院提出选举诉讼外，不得对众议院和各州立法议会的选举提出质疑。

第 118A 条 对没有选举的质疑方式

指控众议院和立法议会没有举行选举的诉请应当视为选举诉讼，高等法院得发布其认为适当的要求进行选举的命令；但未在第 54 条、第 55 条规定的期限内进行选举，不得成为宣告议员选举不当的理由。

第 119 条 选民资格

（1）凡公民——

（a）在选举资格日年满21周岁；

（b）在选举资格日为选区居民；或者如为非居民，则为缺席选民；

（c）根据有关选举的法律在选举资格日作为选区选民登记于选民名册，

则有权在该选区进行的众议院或者州立法议会的选举中投票，除非被根据第（3）款或者有关选举犯罪的法律被取消资格；禁止在同一次选举中在一个以上选区投票。

（2）选区内若有人成为收容和医治精神疾病或者精神缺陷机构的病人，或者被预留监护，则在第（1）款规定意义上视为不在选区内居住。

（3）如果有下列情形，丧失进行众议院和立法议会选举的选民资格：

（a）在选举资格日因心智失常而被预留，或者受到监禁；

（b）在选举资格日前于英联邦内被认定有罪判处死刑或者一年以上监禁，且在选举资格日仍须承担该刑事责任。

（4）在本条中，根据有关选举的任何法律，

（a）"缺席选民"系指在选区内任何登记为缺席选民的公民；

（b）"选举资格日"系指在选区内个人申请选民登记之日，或者其提出申请变更登记于另一选区之日。

第120条　参议院的直接选举

国会根据第45条第（4）款立法规定参议员由选民直接选举——

（a）全州作为单一选区，每一选民选举参议员的选票，与该项选举的议席数相同；

（b）众议院选举的选民名册，亦为参议院选举的选民名册；

（c）第118条、118A条、第119条有关众议院选举的规定适用于参议院的选举。

第九编　司　法

第121条　联邦司法权

（1）联邦司法权属于两个具有同等管辖权和同等地位的高等法院——

(a) 其一设于马来亚各州，称为马来亚高等法院，其主要登记地由最高元首在马来亚各州内确定；

(b) 其一设于沙巴州和沙拉越州，称为沙巴州和沙拉越州高等法院，其主要登记地由最高元首在沙巴州和沙拉越州内确定；

(c)（已废除）

和联邦法律规定的初等法院；高等法院和初等法院的管辖范围和权力由联邦法律规定。

(1A) 第（1）款所规定的法院，其管辖范围不及于塞莱法院管辖范围内的事项。

(1B) 设立上诉法院，其主要登记地由最高元首确定，其管辖范围如下：

(a) 对高等法院和法官的判决（除高等法院书记官或者其他官员作出的判决，按照联邦法律可以向高等法院法官提出上诉的外）提出的上诉具有管辖权；

(b) 联邦法律规定的其他管辖事项。

(2) 设立联邦法院，其主要登记地由最高元首确定，其管辖范围如下：

(a) 管辖对上诉法院、高等法院和法官的判决提出的上诉；

(b) 第 128 条、第 130 条规定的初始管辖权和咨询管辖权；

(c) 联邦法院规定的其他管辖事项。

(3) 除联邦法律规定的限制外，第（1）款规定的法院和法官作出的任何命令、裁定、判决和程序（在其性质允许的范围内）根据其意旨在全联邦有效，可以在联邦任何地区执行和实施；联邦法律得规定联邦各法院及其法官对其他法院的协助。

(4) 在确定沙巴州和沙拉越州高等法院主要登记地时，最高元首应当征询总理的意见，而总理应当征询沙巴州和沙拉越州首席部长和高等法院首席法官的意见。

第 122 条　联邦法院的组成

（1）联邦法院由一名法院院长（称为联邦法院首席大法官）、上诉法院院长、高等法院首席法官和（除非最高元首另有规定外的）11 名其他法官以及根据第（1A）款规定任命的增补法官组成。

（1A）尽管本宪法另有规定，最高元首根据联邦法院首席大法官的建议，可以在马来西亚司法高官中为此目的和期限任命联邦法院的增补法官，但该增补法官年满 66 周岁时不得继续任职。

（2）当联邦法院首席大法官认为存在司法利益的需要时，可以为此目的在必要时提名上诉法院院长之外的法官为联邦法院法官。

第 122A 条　上诉法院的组成

（1）上诉法院由上诉法院院长和（除非最高元首另有规定外的）32 名法官组成。

（2）当上诉法院院长认为存在司法利益的需要时，可以为此目的在与高等法院院长协商后在必要时提名高等法院法官为上诉法院法官。

第 122AA 条　高等法院的组成

（1）高等法院由首席法官和不少于 4 名其他法官组成；除非最高元首另有规定，其他法官的人数：

（a）马来亚高等法院法官不超过 60 名；

（b）沙巴州和沙拉越州高等法院法官不超过 13 名。

（2）任何有资格成为高等法院法官的人，得根据第 122B 条的规定任命为该法院的法官。

第 122AB 条　司法专员的任命

（1）为处理马来亚高等法院和沙巴州和沙拉越州高等法院的事务，最高元首在咨询联邦法院首席大法官后，按照总理的建议，得为此目的发布命令任命具备担任高等法院法官资格的人在规定期限内为司法专员；获任的司法专员有权履行高等法院法官的职责；司法专员根据其任命作出的任何行为，具有与高等法院法官的行为同等的效力；司法专员享有与高等法院法官同等的权力和豁免。

（2）第124条第（2）款、第（5）款适用于高等法院法官的规定，适用于司法专员。

第122B条 联邦法院、上诉法院和高等法院法官的任命

（1）联邦法院首席大法官、上诉法院院长和高等法院首席法官和（除第122C条的规定外）联邦法院、上诉法院和高等法院的其他法官，由最高元首在与统治者会议协商后，根据总理的建议任命。

（2）总理在对第（1）款规定的任命（联邦法院首席大法官除外）提出建议前，应当征询联邦法院首席大法官的意见。

（3）总理在对第（1）款规定的高等法院首席法官的任命提出建议前，应当征询各高等法院首席法官的意见；如果任命系针对沙巴州和沙拉越州高等法院，则应当征询沙巴州和沙拉越州首席部长的意见。

（4）总理在对第（1）款规定的首席大法官、院长和首席法官之外的法官的任命提出建议前，如果任命系针对联邦法院，应征询联邦法院首席大法官的建议；如果系针对上诉法院，则应征询上诉法院院长的意见；如果系针对高等法院，则应征询高等法院首席法官的意见。

（5）本条适用于根据第122AA条第（2）款对高等法院法官的任命，亦适用于为该院任命首席法官之外的其他法官。

（6）尽管联邦法院、上诉法院和高等法院法官各有其任命日期，但最高元首在咨询首席大法官后，根据总理的建议，可以确定法官之间的优先序位。

第122C条 高等法院法官的转任

第122B条不适用于将首席法官之外的高等法院法官调至另一高等法院任非首席法官；此种转任由最高元首按照联邦法院首席大法官的建议，并在征询高等法院首席法官的意见后进行。

第123条 联邦法院、上诉法院和高等法院的法官资格

根据第122B条有资格获任联邦法院、上诉法院和高等法院法官的人

应当：

（a）有国籍；

（b）在获任前曾在上述法院担任律师 10 年，或者在联邦和州的司法和法律服务机构任职。

第 124 条 法官任职宣誓

（1）联邦法院首席大法官在履职之前，应当按照附件六的就职和效忠誓词，在最高元首面前宣誓。

（2）联邦法院首席大法官之外的联邦法院、上诉法院和高等法院法官在履职之前，应当依其司法职责按照附件六宣誓就职和效忠。

（2A）出任上诉法院院长者应当在上诉法院高级法官面前宣誓。

（3）出任高等法院院长者应当在高等法院高级法官面前宣誓。

（4）出任联邦法院法官者应当在首席大法官面前宣誓；如果首席大法官缺席，应当在联邦法院次高级法官面前宣誓。

（4A）出任上诉法院法官者应当在上诉法院院长面前宣誓；如果院长缺席，应当在上诉法院次高级法官面前宣誓。

（5）出任高等法院法官（非首席法官）者应当在该院首席法官面前宣誓；如果首席法官缺席，应当在该院次高级法官面前宣誓。

第 125 条 联邦法院法官的任期和薪金

（1）除第（2）至（5）款的规定外，联邦法院法官任职至年满 66 周岁或者最高元首核准的随后期限，但不得超过年满 66 周岁以后半年。

（2）联邦法院法官可以随时向最高元首提出书面辞呈；非经下述规定，联邦法院法官不得免职。

（3）如果总理，或者首席大法官在与总理协商后，向最高元首陈述联邦法院法官因违反第（3B）款规定的道德规范或者因身体、心智疾病和其他原因无任职能力而须解除其职务时，最高元首应当根据第（4）款规定任命一个法庭，将该陈述提交该法庭，并根据该法庭的建议免除法官的职务。

（3A）当法官违反第（3B）款规定的道德规范，但首席大法官认为此项违反可以不提交第（4）款规定的法庭时，首席大法官得将该法官移送联邦法律设立的机构以处理该违反行为。

（3B）最高元首根据首席大法官、上诉法院院长和高等法院首席法官的建议，在征询总理的意见后，得制定有关的道德规范，其应当包括当法官违反该道德规范时免除法官职务应当遵循的程序和除根据第（3）款的规定对法官免职之外对法官的处罚。

（3C）联邦法院的所有法官和司法专员都应当遵守根据第（3B）款制定的道德规范。

（4）根据第（3）款任命的法庭应不少于5人，其成员为现任或者曾任联邦法院、上诉法院、高等法院法官，或者最高元首认为需要而任命的英联邦地区现任或者曾任相同职务的人。法庭主任职位由按照下列顺序的第一位成员担任，即联邦法院首席大法官、上诉法院院长、高等法院首席法官（按其资历）和其他成员（按照其任命顺序，如果任命日期相同，则年长者优先）。

（5）在依据第（3）款的规定进行陈述和提出报告期间，最高元首可以根据总理的建议（如果为其他法官，则与联邦法院首席大法官协商后），暂停该联邦法院法官履行职务。

（6）国会应当立法规定联邦法院法官的薪金，其规定的薪金由统一基金担负。

（6A）根据本条的规定，除薪金外，国会得立法规定联邦法院法官的任职待遇。

（7）联邦法院法官的薪金和其他任职待遇（包括养老金的权利）不得在其任命后作不利的变动。

（8）尽管有第（1）款的规定，不得因联邦法院法官年届退休年龄而质疑其行为的效力。

（9）本条适用于联邦法院法官之规定，亦适用于高等法院法官，但最高元首依据第（5）款暂停上诉法院、高等法院法官（不包括上诉法院院长、高等法院首席法官）职务时，应当咨询上诉法院院长和高等法院首席法官，而非联邦法院首席大法官。

（10）上诉法院院长和高等法院首席法官对联邦法院首席大法官负责。

第125A条 法官职权的行使

（1）尽管本宪法有规定，兹宣告：

（a）联邦法院首席大法官和法官可以行使上诉法院和高等法院法官的所有权力；

（aa）上诉法院院长和法官可以行使高等法院法官的所有权力；

（b）马来亚高等法院法官可以行使沙巴州和沙拉越州高等法院法官的所有权力，反之亦然。

（2）本条规定从马来西亚日起视为本宪法的组成部分。

第126条 藐视法庭处罚权

联邦法院、上诉法院和高等法院有权对藐视法庭的行为予以处罚。

第127条 国会讨论法官行为的限制

联邦法院、上诉法院和高等法院法官的行为不得在国会两院进行讨论，除非该议院全体议员有1/4以上联名提出正式动议；各州立法议会亦不得进行讨论。

第128条 联邦法院管辖权

（1）联邦法院有权根据规范其管辖权行使的法院规则，对下列事项进行审理，并排除其他法院的管辖：

（a）因牵涉国会或者各州立法机关有无制定该法律的权限，而对国会和各州立法机关所制定法律的效力提出的疑问；

（b）各州之间、联邦与各州之间的任何争议。

（2）在不妨碍联邦法院上诉管辖权的情形下，当其他法院在任何诉讼程序中对本宪法任何条款的效力发生疑问，联邦法院有权（根据规范其管辖权行使的法院规则）对此疑问作出决定，并送交有关法院按照其决定进行审理。

（3）联邦法院对上诉法院、高等法院和法官判决的上诉管辖权，由联邦法律规定。

第129条（已废除）

第130条　联邦法院的咨询管辖权

最高元首可以将涉及本宪法任何条款之效力的任何问题，无论其已经发生或者认为有可能发生，提交联邦法院征询其意见；联邦法院对所提交问题应当在法庭公开宣告其意见。

第131条（已废除）

第131A条　联邦法院首席大法官、上诉法院院长和高等法院首席法官不能履职等的规定

（1）如果其职位空缺或者不能履行职务，联邦法律应当规定由联邦法院其他法官履行联邦法院首席大法官、上诉法院院长和高等法院首席法官根据本宪法规定的各项职务。

（2）如果其职位空缺或者不能履行职务，联邦法律应当规定由上诉法院和高等法院其他法官履行上诉法院和高等法院首席法官根据本宪法规定的各项职务，但不包括其作为联邦法院法官的职务。

第十编　公共服务

第132条　公共服务

（1）本宪法所谓公共服务系指：

（a）武装部队；

（b）司法和法律服务；

（c）联邦通常公共服务；

（d）警察；

（e）（已废除）

（f）第133条规定的联合服务；

（g）各州的公共服务；

(h) 教育。

(2) 除本宪法另有规定外，从事公共服务的公职人员［第（1）款第（g）项的公共服务除外］的任职资格和条件由联邦法律规定；并按照法律的规定由最高元首确定。各州公共服务的公职人员的任职资格和条件，由州法律规定，并按照州法律的规定由州统治者或者州首脑确定。

(2A) 除本宪法另有明文规定外，第（1）款第（a）项、第（b）项、第（c）项、第（d）项、第（f）项、第（h）项所规定的公共服务的公职人员按照最高元首的意旨任职；除州宪法另有明文规定外，州公共服务的公职人员按照州统治者或者州首脑的意旨任职。

(3) 公共服务不包括：

(a) 联邦或者各州行政人员的职位；

(b) 国会两院或者州立法议会的院长、议长、副院长、副议长和议员的职位；

(c) 联邦法院、上诉法院和高等法院法官之职位；

(d) 根据本宪法设立的委员会或者理事会之职位，或者根据州宪法设立的相应委员会或者理事会之职位；

(e) 最高元首命令规定的外交职位；如果无最高元首的命令，该职位为联邦普通公共服务职位。

(4) 除第136条、第147条规定外，本编所规定的公共服务的公职人员不适用于：

(a) （已废除）

(b) 总检察长，或者各州法律顾问（如果其任免方式由州宪法明文规定，或者其并非由州司法和法律服务，或者州公共服务的公职人员中予以任命）。

(c) 最高元首或者州统治者、州首脑的私人职员。

(d) 马六甲和槟城屿州法律规定的下列人员：

(i) 宗教事务部主任；

(ii) 宗教事务部秘书；

（iii）伊斯兰教顾问；

（iv）伊斯兰教事务大法官；

（v）伊斯兰教事务法官。

第133条 联合服务

（1）联邦法律得规定联邦和一州或者多州共有的联合服务，或者经有关各州申请，规定联邦和两州或者多州共有的联合服务。

（2）当公务员——

（a）部分为联邦、部分为各州所雇用时；

（b）为两个以上州所雇用时，其薪金支付比例应当由联邦和有关各州按照联邦法律协议确定，在没有协议时，由对其有管辖权的委员会确定。

第134条 官员临时调任

（1）联邦应马来西亚境内外各州、地方机构或者法定机构和组织的请求，可以将其公职人员临时调任至该州地方机构或者法定机构和组织服务；各州应联邦、马来西亚境内外各州、地方机构或者法定机构和组织的请求，可以将其公职人员临时调任至联邦或者其他州地方机构或者法定机构和组织服务。

（2）根据本条临时调任的公职人员，依然属于原服务机构人员，但其薪金由临时调任的联邦、州、地方机构或者法定机构和组织支付。

第135条 开除和降级的限制

（1）第132条第（1）款第（b）项至（h）项所规定的公共服务的公职人员，不得被低于有权任命同级别公务员的机构开除和降级。

但在涉及第132条第（1）款第（g）项规定的公职人员时，如果除槟城屿州和马六甲州之外的其他各州立法机关制定的法律规定，该州公共服务委员会的所有权责，除首次任命永久或者可享受养老金的人员外，由该州统治者任命的一个委员会行使时，则本款即不予适用。

另外，本款所规定的公共服务的公职人员，被本编规定的委员会授权的机构免职或者降级时，本款不予适用；且本款应视为自独立日起即成为本条的组成部分。

（2）上述公共服务的公职人员如果未获得合理的听证机会，则不得予以免职或者降级，但不适用于下列情形：

（a）该公职人员的免职或者降级系基于其受刑事指控的行为；

（b）有关免职或者降级的机构认为基于某种记录在案的理由，不能合理切实地履行本款的规定；

（c）当最高元首，针对州公共服务的公职人员而言则为州统治者或者州首脑，认为基于联邦和地区的安全，不便于履行本款的规定；

（d）当对该公职人员已经作出拘留、监视、限制居住、禁入和驱逐的命令，或者依据有关联邦和地区之安全、预防犯罪、预防性拘留、限制居住、禁入、移民、保护女性的法律，已对该公职人员作出任何形式的限制或者监视拘留等措施。

但依据当时有效的法律或者最高元首依据第 132 条第（2）款制定的任何规定，出于公共利益而停止公职人员职务时，不论该项停职是基于公职人员渎职或者玩忽职守，或者以停职作为处罚，该项停职均不构成免职。本规定应视为自独立日起即成为本款的组成部分。

（3）除非获得司法和法律服务委员会的同意，第 132 条第（1）款第（c）项、第（f）项、第（g）项所规定的公共服务的公职人员，不得因其履职时的作为或者疏于作为而被免职、降级或者受到纪律处分。

第 136 条　联邦雇员的公平待遇

在联邦服务的同等级别的雇员，不分种族，应当按照其雇用条件受到同等对待。

第 137 条　武装部队委员会

（1）武装部队委员会在最高元首统率下，负责武装部队的指挥、纪律、管理和其他一切有关武装部队的事务，但作战除外。

（2）第（1）款的规定须由联邦法律予以实施，联邦法律得规定将武装部队的职能授予武装部队委员会。

（3）武装部队委员会由下列人员组成：

（a）国防部长，担任主任；

（b）代表王室的代表一名，由统治者会议任命；

（c）武装部队参谋长，由最高元首任命；

（d）就任国防部秘书长的文官一名，担任委员会秘书长；

（e）联邦武装部队两名高级参谋，由最高元首任命；

（f）联邦海军一名高级官员，由最高元首任命；

（g）联邦空军一名高级官员，由最高元首任命；

（h）由最高元首任命的两名军人或者平民的成员。

（4）武装部队委员会即使有缺位仍可处理事务，并按照本宪法或者联邦法律就下列事务作出规定：

（a）委员会的工作组织及其履职方式，档案和会议记录的保管；

（b）委员会各成员的职责，包括将其权责委托给委员会任何委员；

（c）委员会和非委员的协商；

（d）委员会处理事务的程序（包括法定人数的规定），从委员中任命副主任并规定其职责；

（e）委员会认为必要或者有利于更好履行职责的其他事务。

第138条　司法和法律服务委员会

（1）司法和法律服务委员会管理司法和法律服务的所有人员。

（2）司法和法律服务委员会应当包括：

（a）公共服务委员会主任，由其担任主任；

（b）总检察长；如果总检察长为国会议员，或者其从非司法和法律服务人员中任命，则为副总检察长；

（c）一名或者多名其他成员，其由最高元首与联邦法院首席大法官协商后，在现任或者前任和拥有联邦法院、上诉法院、高等法院法官资格者，或者在马来西亚日之前曾任最高法院法官的人当中选任。

（3）公共服务委员会秘书为司法和法律服务委员会秘书。

第139条　公共服务委员会

（1）除第144条的规定外，公共服务委员会管理第132条第（1）款第（c）项、第（f）项所规定公共服务中除总审计署长之外的所有公职人员、马六甲州和槟城屿州公共服务的公职人员，以及第（2）款规定范围内其他各州公共服务的公职人员。

（1A）公共服务委员会的管辖范围应当包括：

（a）沙巴州、沙拉越州联邦部门雇佣的联邦通常公共服务的公职人员；

（b）临时调任联邦通常公共服务的沙巴州、沙拉越州公共服务的公职人员；

（c）沙巴州、沙拉越州公共服务的公职人员，其服务于联邦职位或者在该州成为联邦职位的任何职位，且自愿选择成为联邦通常公共服务的公职人员。

（2）除马六甲州和槟城屿之外的各州立法机关可以制定法律，规定公共服务委员会对其州所有公职人员都有管辖权，但该项立法自其通过之日起12个月内不得生效；在无上述法律生效的州内未设立州公共服务委员会并行使其职权的，公共服务委员会按照联邦法律的规定可以管辖该州公共服务的所有公职人员。

（3）各州立法机关根据第（2）款的规定对公共服务委员会的管辖权的扩展，可以由该州立法机关制定的法律予以撤销和修改。

（4）公共服务委员会的成员由最高元首在考虑总理的建议，并与统治者会议协商后裁量确定，其成员应包括主任、副主任各一名，成员不少于4名；除非最高元首另有规定，否则其成员不得超过30名。

（5）主任、副主任应当在公共服务公职人员或者首次任命前5年为公职人员的人当中选任。

（6）公共服务的公职人员任命为主任、副主任后不得就任联邦公共服务的任何职位，但本编规定的委员会委员之职不在此限。

第140条 警察委员会

(1) 警察委员会管理所有警察人员,并按照现有法律之规定,负责任命、确认和安置永久性和可以享有养老金的职位、晋升、调任,并行使对警察的惩戒权。

但国会可以通过法律规定对警察行使惩戒权的方式和机关;如果该机关非警察委员会,则警察委员会不得行使惩戒权;且上述法律之规定,不得因与本编规定不一致而宣告无效。

(2) 联邦法律可以规定警察委员会对其他职务的行使。

(3) 警察委员会由下列人员组成:

(a) 警务部长,任委员会主任;

(b) 总警务长;

(c) 担任警务部秘书长的人员;

(d) 最高元首任命的公共服务委员会委员一名;

(e) 由最高元首任命的2—6名其他委员。

(4) 最高元首可以指定警务部长、副部长的职位,或者其认为具有相同或者更高的警察职位为特别职位;任何特别职位不得按照第(1)款进行任命,而应当在警察委员会的建议下由最高元首作出任命。

(5) 按照警察委员会的建议,最高元首根据第(4)款的规定作出任命前,应当考虑总理的建议,并可以将警察委员会的建议予以退回令其复议。

(6) 警察委员会可以就下述事项作出规定:

(a) 委员会的工作组织及其履职方式,档案和会议记录的保管;

(b) 委员会各成员的职责,包括将其权责委托给委员会的任何委员;

(c) 委员会和非委员人士的协商;

(d) 委员会处理事务的程序(包括法定人数的规定),从委员中任命副主任并规定其职责;

(e) 委员会认为必要或者有利于更好履行职责的其他事务。

(7) 本条所谓的"调任"不包括级别不变而在警察机关内部进行的调任。

第 141 条（已废除）

第 141A 条　教育委员会

（1）除第 144 条的规定外，教育委员会管理第 132 条第（1）款第（h）项规定的公职人员。

（2）教育委员会的成员由最高元首在考虑总理的建议并与统治者会议协商后裁量确定，其成员应包括主任、副主任各一名，成员不少于 4 名；除非最高元首另有规定，否则其成员不得超过 8 名。

（3）公共服务的公职人员任命为教育委员会主任、副主任后不得就任联邦公共服务的任何其他职位，但本编规定的委员会委员之职不在此限。

第 142 条　各委员会通则

（1）除第 140 条第（3）款第（a）项的规定外，国会两院和各州立法议会议员不得被任命为本编规定的委员会委员。

（2）除第（3）款的规定外，下列人员不得被任命为本编规定的委员会成员，最高元首亦得免除其职务：

（a）公职人员；

（b）地方机构或者组织（不论是否为公司），或者法律出于公共目的所设立组织和机构的官员和雇员；

（c）工会会员，或者工会附属团体和社团的成员。

（2A）除第（2）款规定的丧失资格的情形外，本编所规定的委员会主任、副主任，在其任命后 3 个月或者之后的时间内，如果成为任何组织或机构，不论法人团体或者其他，或者任何商业、实业和其他行业的董事会或者执行局成员、官员或者雇员，或者参与其事务和经营，不论其是否领取薪金、奖励、分红或者其他利润，均丧失担任主任、副主任的资格。

但当上述组织或者机构系从事福利或者志愿工作，或者其目标有益于共同体全部或者部分，或者其他具有慈善或者社会性质的工作，且该成员未领取任何薪金、奖励、分红和利润的，上述丧失资格的规定不予适用。

（3）第（2）款的规定不适用于当然成员；任何公职人员可以被任命和继续担任委员会主任、副主任；如果在退休前休假，则其可以被任命为上述委员会的成员。

（3A）当委员会主任经最高元首批准其休假，或者因离开联邦、疾病或者其他缘由不能履责时，该委员会副主任在该期间内履行主任的职务；如果副主任亦缺席或者不能履行该职务，最高元首可以任命一名委员在此期间执行主任的职务。

（4）当委员会委员经最高元首批准其休假，或者因离开联邦、疾病或者其他缘由不能履责时——

（a）如果其为任命的委员，则最高元首可以任命有资格得到任命的人在此期间代行其职务；对后者的任命方式同于所代行其职务之委员的任命方式；

（b）如果其为当然成员，则联邦法律授权代其履责的任何人，在此期间代行委员会委员的职务。

（5）本编规定的委员会出现委员出缺亦可处理事务，该委员会之议事过程不因无资格者的参与而无效。

（6）委员会委员，或者按照第（4）款的规定代行委员职务者（当然委员除外），在执行职务之前，应当根据附件六有关就职和效忠誓词，在联邦法院、上诉法院和高等法院法官面前宣誓。

第143条 委员会委员的任职待遇

（1）除第142条第（2）款的规定和当然委员外，本编所规定的委员会委员——

（a）任职5年；最高元首在考虑总理建议后，基于特殊需要可以决定缩短其任职；

（b）除非丧失资格，否则可以得到连续任命；

（c）可以随时提出辞呈；除非按照罢免法官的同等理由和方式，否则不得予以免职。

（2）国会应当立法规定委员会委员的薪金，但因担任其他职务而由联邦法律规定薪金的委员除外；薪金由统一基金担负。

（3）本编所规定委员会委员的薪金和其他任职待遇，不得在其任命后之后作不利的变动。

第144条　委员会的职能

（1）除现行法律和本宪法的规定外，本编规定的委员会对其管辖范围内的公务员，应当负责进行任命、录用、安置终身的或者可享有养老金的职位、晋升、调任和进行惩戒。

（2）联邦法律规定各委员会行使的其他职权。

（3）最高元首可以指定一部门首长或者次长或者其认为具有同等地位的官员所担任的职位为特别职位；对所指定职位的任命不按照第（1）款的规定进行，而由最高元首根据有管辖权的委员会的建议进行任命。

（4）各州统治者或者首脑可以在州内公职系统中指定一部门首长或者次长或者其认为具有同等地位的官员所担任的职位为特别职位；对所指定职位的任命不按照第（1）款的规定进行，而由州统治者或者州元首根据公共服务委员会的建议（如果该州有州公共服务委员会，则按照该委员会的建议）进行任命。

（5）在根据第（3）款、第（4）款依照委员会的建议进行任命之前——

（a）最高元首应当考虑总理的意见；

（b）州统治者或者州元首应当考虑该州首席部长的建议，并可以将其建议退回委员会由其复议。

（5A）除第（5B）款的规定外，即便第135条第（1）款规定，联邦法律以及按照联邦法律由最高元首制定的条例也可以规定本编之下各委员会管辖范围内的任何官员或者其所在机构，行使该委员会依据第（1）款授权的任何职权，但——

（a）上述法律和条例不得规定官员或者其所在机构享有首次任命终身的或者可享有养老金的职位，或者晋升的职权，但晋升代理职位的除外；

（b）任何人因该官员或者其所在机构行使惩戒权而受到侵害的，可以依据上述法律和条例规定的期限和方式,向该委员会提出申诉,该委员会应当作出其认为公正的决定。

(5B)(i)尽管第135条第(1)款、第139条、第141A条有规定,但根据第139条、第141A条所设立的公共服务委员会和教育委员会的职权,除首次任命终身的或者可享有养老金职位的职权外,可以由最高元首任命的委员会行使;

(ii)任何人因该机构行使上述职权而受到侵害,可以向最高元首任命的上诉委员会提出上诉;

(iii)最高元首可以制定条例规定依据本项所设立的机构和上诉委员会成员的任命,及其应当遵循的程序;

(iv)当最高元首根据本条第(i)项的规定设立的机构行使该项规定的职权时,只要该职权继续由该机构行使,则其不再成为该委员会所行使的职权。

(6)本编规定的委员会可以将其管辖范围内的公共服务委任任何官员或者该等官员所在机构行使第(1)款规定的各等级的服务;受委任的官员和机构应当按照该委员会的指令行使职权,并接受委员会的监管。

(6A)对属于联邦通常公共服务而受雇于武装部队和警察机关的公职人员,或者该公共服务中受雇的各级公务人员,公共服务委员会的职权按照第(5A)款、第(6)款的规定,由武装部队或者警察机关的官员所在的机构行使,如同其为联邦通常公共服务之公务人员。

(7)本条规定的"调任"不包括在政府部门内部无级别变动的调动。

(8)本编规定的委员会按照本宪法和联邦法律的规定,制定议事程序和规定法定人数。

第145条 总检察长

(1)最高元首根据总理的建议,任命具有联邦法院法官资格的人为联邦总检察长。

(2)总检察长的职责为:向最高元首、内阁、各部部长提出法律建议;执行由最高元首、内阁随时交付和指派的法律事务;履行本宪法和联邦法律规定的职务。

（3）总检察长有权决定是否对除伊斯兰法庭、原住民法庭或者军事法庭之外的犯罪提出、进行和中止追诉。

（3A）联邦法律可以授权总检察长决定设立其根据第（3）款有权提出追诉和移送案件的法院和审判地。

（4）在执行其职务时，总检察长在联邦任何法院和法庭有听审和优先出庭的权利。

（5）除第（6）款的规定外，总检察长按照最高元首的意旨任职，并可以随时提出辞呈；除非其为内阁成员，否则应当领取最高元首规定的薪金。

（6）本条生效之前出任总检察长者，应当继续任职，其任职待遇不得降低；除以罢免联邦法院法官相同的理由和方式外，不得被免职。

第 146 条　委员会报告

（1）各委员会应当向最高元首提交年度活动报告，其副本提交国会两院。

（2）公共服务委员会应当将依据本条所提出报告的副本送交对其公共服务有管辖权的州统治者和州首脑，该州统治者和州首脑应当将其送交州议会。

第 146A 条　（已废除）

第 146B 条　（已废除）

第 146C 条　（已废除）

第 146D 条　警察委员会对沙巴州、沙拉越州外调公职人员的管辖权

（1）尽管有第 134 条第（2）款的规定，但警察委员会对外调至警察机关的沙巴州、沙拉越州的公职人员有管辖权；警察委员会应视其为警察机关的公务人员。

（2）（已废除）

（3）（已废除）

第 147 条　养老金权利的保障

（1）适用于发放给公务员及其遗孀、子女、家属和个人代表的养老金、补贴和其他津贴（本条称为"奖金"）的法律，应当视为在有关日期已经施行的法律，或者对获得者无不利影响的新法律。

（2）本条规定的"有关日期"是指：

（a）对独立日之前发放的奖金，日期为奖金发放之日；

（b）独立日之后发放的奖金或者独立日之前担任公职者，日期为 1957 年 8 月 30 日；

（c）对在独立日或者之后首次成为公职人员者发放奖金的，日期为其首次成为公职人员之日。

（3）对本条的规定，当由受领奖金者选择适用有关奖金的法律时，则其选择的法律，应当视为较其未予选择的其他法律对其更有利。

第 148 条　第十编的解释

（1）除上下文另有规定外，本宪法及本编规定的委员会，系指第 138 至 141A 条规定的任何委员会。

（2）本编所称"当然委员"，包括部长和联邦法院、上诉法院和高等法院法官；"州公共服务委员会"对州而言系指对该州公职人员有管辖权，且其地位和管辖范围等同于公共服务委员会的委员会。

第十一编　针对颠覆、有组织暴乱和危害公共安全犯罪的特别权和紧急权

第 149 条　针对颠覆和危害公共秩序行为的立法

（1）如果一项国会立法详细规定联邦内外有多人采取行动或者威胁实施下述行为：

（a）导致对人身和财产有组织的暴乱，或者导致多数公民恐惧有此类暴乱的发生；

（b）煽动对最高元首或者联邦各政府的不满；

（c）挑拨不同种族和不同阶层人民之间的敌视和仇恨而可能引发暴力；

（d）挑拨在法定方式之外改变既有法律规定；

（e）妨害联邦和地区对公众提供公共服务；

（f）妨害联邦和地区的公共秩序，则旨在制止和预防该行为的法律，即使与第5条、第9条、第10条、第13条有所抵触，或者不属于国会立法权，但仍有效；第79条不适用于为制定上述法律的法案或者修正案。

（2）包含第（1）款所规定内容的法律，如果未及时废止，应当在国会两院通过废止决议时失效，但不妨碍在此之前依据该法律作出的行为，也不妨碍国会依据本条制定新法律的权力。

第150条　宣告紧急状态

（1）最高元首确认有严重紧急状态存在，致使联邦或者地区的治安、经济生活、公共秩序受到威胁时，得发布紧急状态的宣告。

（2）在威胁联邦或者地区治安、经济生活和公共秩序的事态未实际发生前，最高元首若确认其存在发生的现实危险，得依据第（1）款的规定发布紧急状态宣告。

（2A）本条授予最高元首的权力，包括基于不同缘由和不同情形发布紧急状态宣告，而不论最高元首是否根据第（1）款的规定发布宣告，也不论该宣告是否依旧生效。

（2B）当紧急状态宣告生效时，除国会两院同时处于会期外，如果最高元首确认存在特定情形使其认为有必要立即采取行动，则其随时可以在有需要时发布条例。

（2C）依据第（2B）款所颁布的条例与国会立法具有同等效力，直至根据第（3）款的规定予以撤销或者废止，或者依据第（7）款的规定停止施行；最高元首根据第（2B）款的规定得就国会可以立法的任何事项颁布条例，而不必考虑国会两院应依循的立法程序和其他程序以及票数比例的规定。

（3）紧急状态宣告和依据第（2B）款颁布的条例应当提交国会两院；如果没有及时废止，则自国会两院通过决议时废止失效，但这不妨碍在此之前依据该项宣告和条例所作出的行为，亦不妨碍最高元首按照第（1）款的规定作出新的宣告或者依据第（2B）款颁布新条例。

（4）当紧急状态宣告生效时，即使本宪法有规定，联邦行政权也应当延伸至州立法权之内的任何事项，并对州政府及其官员和机构发出指令。

（5）除第（6A）款规定外，当紧急状态宣告生效时，即使本宪法有其规定，国会基于紧急状态的需要，得就任何事项制定法律；第79条不适用于为制定上述法律的法案或者法案的修改案；本宪法或者任何成文法中有关通过法律须先获得赞同或者提前协商的规定，或者法律通过后其实施须受限制的规定，或者法案须向最高元首提出以取得其同意的规定，均不适用。

（6）除第（6A）款规定外，依据本条颁布的任何条例和在紧急状态宣告生效时国会基于紧急状态的需要制定的立法，不得以其与本宪法有所抵触而宣告无效。

（6A）第（5）款之规定不得视为将国会权力扩大至有关伊斯兰教法律、原住民习俗的事项，或者有关沙巴州、沙拉越州原住民的法律或者习俗的事项；与本宪法有关的上述事项，或者与有关宗教、公民权和语言有抵触的任何规定，不得因有第（6）款之规定而宣告有效。

（7）自紧急状态宣告停止之日起6个月届满时，根据紧急状态宣告而颁布的条例，以及该项宣告生效期间制定的条例，如果不依据本条不能有效实施的，应当停止施行；但该期限届满前已经作出或者未予作出的任何事项，不在此限。

（8）即使本宪法有规定——

（a）第（1）款、第（2A）款所规定最高元首作出的确认，具有终局效力，不得在任何法院以任何理由提出质疑。

（b）对以任何理由和方式就有关下列事项的效力问题提出的申请、质疑和程序，法院无权审理和判决：

（i）根据第（1）款发布的宣告，或者依据第（1）款在宣告中所作出的宣示；

（ii）宣告的继续实施；

（iii）根据第（2B）款颁布的条例；

（iv）上述条例的继续生效。

（9）当国会各院议员分别集会议事时，于本条视为国会两院处于会期。

第 151 条　预防性拘留的限制

（1）当法律或者条例根据本编规定预防性拘留时——

（a）如果根据该法律或者条例进行拘留，有权机关应当尽快将拘留原因和在不违反第（3）款规定的情况下将拘留的事实依据通知其本人，并应当尽快让其提出针对拘留令的陈述；

（b）除根据第（2）款设立的咨询委员会已经对根据第（1）款提出的陈述进行考虑，并在收到该陈述后 3 个月内，或者在最高元首核准的更长期限内，针对该陈述向最高元首提出建议外，不得对任何公民进行持续拘留。

（2）根据本条设立的咨询委员会，由主任和两名其他成员组成。主任由最高元首从现任和曾任或者有联邦法院、上诉法院和高等法院法官资格，或者在马来西亚日之前曾任最高法院法官的人当中选任；另两名成员由最高元首任命。

（3）本条不要求任何机关泄露其认为将危害国家利益的事实。

第十二编　通则和附则

第 152 条　国语

（1）马来语为国语，其拼写由国会立法规定，但是：

（a）不得禁止和妨碍使用、教授和学习（除国语之外的）其他语言；

（b）本款规定不影响联邦政府和各州政府对联邦内其他民族语言的使

用和研究进行扶持的权力。

（2）尽管有第（1）款规定，自独立日后 10 年内和随后直至国会立法另有规定为止，英语可以在国会两院、各州立法议会和其他一切官方用途使用。

（3）尽管有第（1）款规定，自独立日后 10 年内和随后直至国会立法另有规定为止，下列正式文本应当使用英文：

（a）向国会各院提出的法案或者修正案；

（b）国会立法和联邦政府颁布的所有辅助立法。

（4）尽管有第（1）款规定，自独立日后 10 年内和随后直至国会立法另有规定为止，联邦法院、上诉法院和高等法院所有诉讼程序应当使用英文。

但如果法院和双方律师协商同意，证人以其语言所作证言不必译为英文或者用英文记录。

（5）尽管第（1）款有其规定，除国会另有规定外，初等法院除证据取得外的所有诉讼程序应当使用英文。

（6）本条所谓的"官方用途"是指联邦和各州政府，亦包括公共机构在内的任何用途。

第 153 条　为马来人和沙巴州、沙拉越州原住民保留有关公职、许可和其他事项的定额

（1）最高元首应当根据本条规定，保证马来人和沙巴州、沙拉越州原住民的特别地位，以及其他民族的合法权益。

（2）尽管本宪法有其规定，最高元首应当按照第 40 条和本条的规定，以必要的方式执行本宪法和联邦法律规定的职责，保证马来人和沙巴州、沙拉越州原住民的特别地位，并确保公共职务（不包括州的公共职位）、奖学金、助学金和联邦给予和提供的其他教育和培训特权和设施，为马来人和沙巴州、沙拉越州原住民保留其认为适当的定额；当联邦法律规定需要获得许可、核准方可从事经营和商业活动时，应当根据该项法律和本条

规定，在许可、核准上为其保留合理比例的定额。

（3）为确保根据第（2）款给马来人和沙巴州、沙拉越州原住民在公职、奖学金、助学金和其他教育培训特权和特别设施方面保留权利，最高元首得为该目的给依据第十编规定的委员会，或者负责颁发奖学金、助学金和其他教育培训特权和特别设施的机构颁布通令，该委员会或者机构应当遵循该项通令。

（4）最高元首根据第（1）至（3）款的规定行使本宪法和联邦法律赋予的职权时，不得剥夺任何人所担任的公职，或者其应当继续享有的奖学金、助学金和其他教育培训特权和特别设施。

（5）本条并不限制第136条的规定。

（6）当依据联邦现行法律需要取得许可、核准方能从事经营和商业活动时，最高元首得行使该项法律规定的职权，以必要的方式，或者颁布必要的通令给依据该项法律负责颁发许可、核准的机构，以确保为马来人和沙巴州、沙拉越州原住民保留其认为合理定额的许可和核准，该机构应当遵循此项通令。

（7）本条并不剥夺或者授权剥夺任何个人已经获得、享有和拥有的任何权利、特权、许可与核准，或者在依照通常程序应延展和发放许可、核准时授权拒绝任何个人延展该许可和核准，或者拒绝将许可和核准发放给其继承人或者受让人。

（8）即便本宪法有其规定，当依据联邦法律需要许可或者核准方可进行经营和营业时，该项法律可以预留许可和核准的份额给马来人和沙巴州、沙拉越州原住民，但该项法律不应当为确保此种预留而——

（a）剥夺任何个人已经获得、享有和拥有的任何权利、特权、许可与核准；

（b）当根据该项法律的其他条款，在依照通常程序应延展和发放许可、核准时授权拒绝任何个人延展该许可和核准，或者拒绝将许可和核准发放给其继承人或者受让人，或者妨碍其将可转让的许可连同其他经营事业转让他人经营；

(c) 当以前从事经营和营业活动无须许可或者核准时,现授权拒绝给该法律施行之前从事该种经营和营业活动的人发放许可和核准;或者根据此项法律的其他条款,在依照通常程序应延展和发放许可、核准时,授权拒绝任何个人延展该许可和核准,或者拒绝将许可和核准发放给其继承人或者受让人。

(8A) 尽管本宪法有其规定,当大学、学院或者其他提供马来西亚文凭或者同等学力的教育机构,在其所能提供的入学名额少于有资格申请人数时,最高元首可以根据本条向有关机构发出必要的指令,以确保为马来人和沙巴州、沙拉越州原住民,在该入学名额中保留其认为适当的份额,有关机构应当遵守该指令。

(9) 本条并不授权国会为马来人和沙巴州、沙拉越州原住民的预留权而对商业和经营活动进行限制。

(9A) 本条关于沙巴州、沙拉越州"原住民"的含义规定于第161A条。

(10) 有统治者的州的宪法可以制定对应于本条(及必要修改)的规定。

第154条 联邦首都

(1) 在国会另有规定之前,吉隆坡自治市为联邦首都。

(2) 尽管有第六编的规定,国会应当有制定规范联邦首都边界的排他性权力。

(3)（已废除）

第155条 英联邦互惠

(1) 当英联邦其他地区的生效法律赋予联邦公民任何权利和特权时,尽管本宪法有规定,国会应当有权授予英联邦其他地区的公民(非本联邦公民)同等的权利和特权。

(2) 第(1)款所规定英联邦地区的公民,对联合王国和英联邦其他地区(非为英联邦国家,或者其领土由联合王国之外的英联邦国家管辖)

而言，系指联合王国及其殖民地的公民。

（3）本条适用于英联邦国家的规定，亦适用于爱尔兰共和国。

第 156 条　关于补足联邦和州财产地方税的捐款

当联邦、各州和公共机构出于公共用途而占用土地、建筑和不动产时，其无须缴纳有关的地方税，但为补足该项地方税，联邦、各州和公共机构与地方税收机关应当达成协议捐出有关款项；如果无协议，则应当由根据第 87 条设立的土地裁判所主任和双方各指定的一名成员组成的法庭予以裁决。

第 157 条　各州职能的委托

根据州法律的规定，任何两州之间可以安排，由一州机关代表他州执行有关职能；此项安排应当对该项安排下支出的费用予以规定。

第 158 条（已废除）

第 159 条　宪法的修改

（1）除本条和第 161E 条的规定外，本宪法的规定可以由联邦法律予以修改。

（2）（已废除）

（3）修改本宪法的法案（不包括本款规定作为例外的修改）和对根据第 10 条第（4）款通过的法律进行修改的法案，除非其在二读、三读时获得国会各院全体议员 2/3 的票数赞同，否则不得通过。

（4）第（3）款的规定不适用于下列修改：

（a）对附件二第三章和附件六、附件七的修改；

（b）对国会行使依据本宪法（第 74 条、第 76 条除外）所授予的立法权有附带和产生影响的修改；

（bb）按照第 161E 条，对各州加入联邦的修改，或者对以前各州加入联邦，或者并入各州者就本宪法的适用进行的修改；

（c）对依据第（a）项作出的修改有关联的任何修改。

（5）除非获得统治者会议的同意，不得通过法律修改第 10 条第（4）

款和依据该款制定的法律、第三编的规定和第38条、第63条第（4）款、第70条、第71条第（1）款、第72条第（4）款、第152条、第153条以及本条的规定。

（6）本条所谓"修改"包括增加和废止；本条和第2条第（a）项所谓"州"包括任何领土。

第159A条　《马来西亚法》过渡条款的施行

《马来西亚法》第四章的规定（包括与该法实施有关的临时和过渡条款）已并入本宪法而有效，即使本宪法因该法而修改；本宪法各条款，特别是第4条第（1）款和第159条、第161E条亦属有效。

第160条　解释

（1）独立日之前施行的《1948年解释和一般条款条例》，在附件十一规定的范围内适用于其他成文法的解释，亦适用于本宪法的解释，但该条例中的"高级专员"应替换为"最高元首"。

（2）除非上下文另有规定外，本宪法中下列表述有其固定的含义：

"原住民"意指马来半岛原住民。

"国会立法"意指国会制定的法律。

"总检察长"意指联邦总检察长。

"借款"包括通过发放年金方式筹集款项，或者通过任何安排在支付日之前要求缴纳税款、地方税、特许税、收费和其他款项，或者通过协议，由政府偿还和退还根据该协议享有的利益；"贷款"亦应作相应的解释。

"临时缺位"意指众议院或者州立法议会非解散时出现的席位空缺。

"首席部长"和"州务大臣"意指州行政会议主任，无论其称谓如何。

"公民"意指联邦公民。

"皇室经费"意指用公共基金提供最高元首及其配偶、统治者和州首脑使用的费用。

"英联邦国家"意指经最高元首确认为英联邦国家的国家；"英联邦地

区"意指任何英联邦国家、由英联邦国家管辖的殖民地、保护地和保护国或者其他任何领土。

"共同事务表"意指附件九第三表。

"债务"意指以年金方式偿还本金的债务和担保债务;"欠债"亦应作相应之解释。

"选民"意指在众议院和州立法议会选举中有投票权的人。

"法令",在附件八意指州立法机关制定的法律。

"行政会议"意指与联邦政府内阁相对应的州政府的内阁或者其他机构,无论其称谓如何,亦不论其成员是否为部长(特别包括沙拉越州最高会议)。

"现行法律"意指独立日前在联邦和部分地区施行的法律。

"联邦法律"意指:

(a) 与国会有权立法的任何事项有关,且按照第十三编的规定正在施行的现行法律;

(b) 任何国会立法。

"联邦事务表"意指附件九第一表。

"联邦用途"包括与联邦用途相关而为共同事务表列举的事项,和国会有立法权的其他事项,但第76条规定者除外。

"外国"不包括英联邦任何地区、爱尔兰共和国。

"州长"(已废除)

"法律"包括成文法、在联邦和部分地区施行的普通法,以及在联邦和部分地区生效的习俗和惯例。

"立法议会"意指州立法机关的代表会议,无论其称谓为何,特别包括沙拉越州理事会,但除附件八外亦包括立法理事会,无论其称谓为何。

"立法理事会"(已废除)

"立法机关"对州而言意指根据州宪法有权为该州制定法律的机构。

"地方税"(已废除)

"马来人"意指信仰伊斯兰教,使用马来语,依循马来习俗的人,且:

（a）在独立日之前出生于联邦或者新加坡，或者其父母出生于联邦或者新加坡，或者在独立日定居于联邦或者新加坡；

（b）上述人的子女。

"执政人员"在联邦意指担任部长、副部长、政务次长或者政治秘书的人；在各州意指担任上述职位的相应职位或者为行政会议成员（官方成员除外）的人。

"独立日"指1957年8月31日。

"有薪公职"意指全职公职，并包括：

（a）联邦法院、上诉法院和高等法院的法官职位；

（b）总审计长的职位；

（c）选举委员会的职位，第十编所规定委员（当然委员除外）的职位，或者州宪法规定的与上述委员会相应的委员职位（当然委员除外）；

（d）第132条第（3）款未规定，但由国会立法宣布为有薪公职的职位。

"养老金权利"包括退休津贴和公积金权利。

"公共机构"意指最高元首、州统治者或者州首脑、联邦政府、州政府、地方政府、联邦或州法律授权的法定机构，联邦法院、上诉法院和高等法院以外的法院和裁判所，或者任何上述人士、法院、裁判所和机构任命或者代行其职务的官员和机构。

"薪金"包括薪水和工资、津贴、养老金权利、免费或者受补贴住宅、免费或者受补贴交通，以及其他可用金钱评价的特权。

"规则委员会"（已废除）

"统治者"——

（a）在森美兰州意指根据州宪法为其本人和酋长履行职务的最高统治者；

（b）在其他各州，除第181条第（2）款和附件三、附件五的规定外，意指根据州宪法履行其统治者职务的人。

"州"意指联邦各州。

"州法律"意指：

（a）与州立法机关有权立法的事项有关的任何现行法律，且按照附件十三的规定继续施行；

（b）州立法机关所制定的法律。

"州事务表"意指附件九第二表。

"州用途"包括与共同事务表各事项和与州立法机关有立法权的事项有关的州用途。

"税收"包括关税，但不包括为地方用途而征收的地方税，或者服务收费。

"联邦"意指根据《1957年马来亚联邦协定》成立的联邦。

"成文法"包括本宪法和各州宪法。

"州首脑"意指无统治者州的州首长。

（3）除上下文另有规定外，本宪法所规定各编、条和附件系指本宪法中该编、条和附件；凡提及特定的章、条、节和款，系指该编中的章、条中的款，或者附件中各条、条中的款；凡提及一组条、款、项和项中的目，应解释为包括该款第一和最后的条、款及款中之目。

（4）依据本宪法应当宣誓者，如其本人提出请求，则应当准许其作出声明并签署以符合该规定。

（5）本宪法所指联邦和各州、联邦和各州领土，以及在联邦和联邦设立的机关和团体任职的官员，应当作如下解释：

（a）《1948年马来亚联邦协定》生效后而在独立日之前，系指依据该项协议设立的联邦和组成联邦的各州和殖民地，联邦领土或者组成联邦的各州和殖民地领土，及在该地任职的官员，或者联邦和联邦设立的机关和团体；

（b）在该协议生效之前（在上下文允许范围内），系指适用于解释该协议第135条第（2）款所规定的地区、领土、职位、机关或者团体。

（6）本宪法所指任何时期，在上下文允许的范围内，应当解释为包括始于独立日之前的日期。

（7）本宪法所指《1948年马来亚联邦协定》，除上下文另有规定外，应当解释为独立日之前施行的该协议。

第160A条 本宪法的翻印

为修订法律而根据联邦法律任命的机构，在最高元首同意后，得批准翻印本宪法和批准之日生效的修正案副本；经翻印的宪法副本应当视为与联邦宪法原本无异的副本。

第160B条 权威文本

当本宪法被译为官方语言后，最高元首得规定此官方语言文本为权威文本；如果此官方语言文本和英语文本之间存在冲突和不一致，则官方语言文本优于英语文本。

第十二编之一 对沙巴州、沙拉越州的特殊保障

第161条 沙巴州、沙拉越州英语和原住民语言的使用

（1）根据第152条第（2）至（5）款制定的终止和限制使用英语的国会立法，在马来西亚日之后10年内，对本条第（2）款有关使用英语的任何事项不予适用。

（2）第（1）款适用于：

（a）代表或者来自沙巴州、沙拉越州的议员在国会各院使用英语；

（b）在沙巴州、沙拉越州高等法院或者初等法院诉讼程序中使用英语；或者在第（4）款规定的联邦法院和上诉法院诉讼程序中使用英语；

（c）在沙巴州、沙拉越州立法议会或者为了其他官方目的（包括联邦政府的官方目的）使用英语。

（3）在不影响第（1）款规定的情形下，该款规定的国会立法及其相关规定，如果涉及沙巴州、沙拉越州高等法院的诉讼，或者在联邦法院、上诉法院根据第（4）款进行的诉讼中对英语的使用，其除非获得沙巴州、沙拉越州立法议会的立法批准，否则不得施行；该国会立法及其相关规定，如果涉及第（2）款第（b）项、第（c）项规定在沙巴州、沙拉越州

其他方面使用英语，则除非获得沙巴州、沙拉越州立法议会的立法批准，否则不得施行。

（4）第（2）款、第（3）款所规定的联邦法院、上诉法院的诉讼，系指对沙巴州、沙拉越州高等法院和法官判决提出上诉进行的诉讼；以及在沙巴州、沙拉越州高等法院和初等法院诉讼中出现的问题，根据第128条第（2）款的规定进行裁定而进行的诉讼。

（5）尽管第152条有规定，沙巴州、沙拉越州通用的原住民语言得用于原住民法庭或者任何原住民法律和习惯；除沙巴州立法议会另有规定外，议员可以在立法议会及其委员会中使用其原住民语言。

第161A条　沙巴州、沙拉越州原住民的特殊地位

（1）（已废除）

（2）（已废除）

（3）（已废除）

（4）沙巴州、沙拉越州宪法可以制定与第153条相对应（且有必要改动）的条款。

（5）第89条不适用于沙巴州、沙拉越州；第8条不得禁止沙巴州、沙拉越州法律为该州原住民预留和分发土地，或者在分发土地时给予其优先待遇，或者将其宣告无效。

（6）本条所谓"原住民"指：

（a）属于第（7）款规定在沙拉越州居住民族的该州公民，或者属于该民族的混血儿；

（b）为沙巴州原住民的子女或者孙子女，以及在沙巴州出生（不论是否在马来西亚日前后），或者出生时其父母为沙巴州居民的人。

（7）第（6）款所规定意义上的沙拉越州原住民的民族有：布吉但人、比沙耶人、杜孙人、海达雅人、陆达雅人、加达山人、加拉比人、加央人、干雅人（包括沙卜人、西平人）、加让人（包括锡班加人、吉詹曼人、拉汉南人、本南人、丹戎人、加诺威人）、鲁吉人、利森人、马来人、美兰奴人、姆律人、比南人、洗安人、达加人、达班人、乌吉人。

第 161B 条　沙巴州、沙拉越州非居民在法院执业权的限制

（1）依据国会立法制定规定撤销或者改变居住资格，而使以前未获得在沙巴州、沙拉越州法院执业资格的人享有该项权利的，该规定在该州通过法律采行之前不得施行。

（2）本条对法院执业权的限制，适用于当联邦法院、上诉法院在沙巴州、沙拉越州开庭审判和处理就沙巴州、沙拉越州高等法院和法官判决提出的上诉，或者就沙巴州、沙拉越州高等法院和初等法院诉讼程序中发生的问题依据第 128 条第（2）款进行裁决的案件。

第 161C 条（已废除）

第 161D 条（已废除）

第 161E 条　对沙巴州、沙拉越州宪法地位的保障

（1）自《马来西亚法》通过后，凡与沙巴州、沙拉越州加入联邦有关的宪法条款的修改，不得因有第 159 条第（4）款第（bb）项的规定，而免于对第 159 条第（3）款的适用；对本宪法在沙巴州、沙拉越州实施时作出的修改，除非该修改在于使该州宪法地位与马来亚各州同等或者类似，否则不得免于对第 159 条第（3）款的适用。

（2）除取得沙巴州、沙拉越州州首脑的同意外，不得对本宪法进行修改而影响到宪法对于下列事项的施行：

（a）在马来西亚日之前出生而与该州有关联的人应当获得国籍的权利，以及（除马来西亚日生效的宪法另有规定外）在其国籍方面，出生或者在该州定居的人应当与出生和定居于马来亚各州的人相同平等的待遇；

（b）沙巴州、沙拉越州高等法院的组成和管辖权，以及对其法官的任命、免职和停职；

（c）有关州立法机关可以（或者国会不得）制定法律的事项，各州对该事项的行政权，以及联邦和各州就该等事项（和相关事项）达成的财政安排；

（d）各州的宗教，在各州使用或者在国会使用的语言，以及给予各州

原住民的特别待遇;

(e) 在1970年8月底之前召集的国会会议中分配给各州的众议院议席数,按照该日分配给联邦其他成员州总数的比例计算,应不少于在马来西亚日分配给各州的数额。

(3) 如果宪法修改影响到分配给沙巴州、沙拉越州众议院的议席数,则不得视为第(1)款意义上的使该州与马来亚各州的地位平等和类似。

(4) 对于联邦法律赋予沙巴州、沙拉越州政府有关进入该州、在该州居住和其他有关事项的权利和权力,不论该法律是否在马来西亚日之前通过,除非该法律另有规定,否则第(2)款的规定应作为本宪法的一部分而予以适用,上述权利和权力应列入第(2)款第(a)项至第(e)项规定的事项。

(5) 本条所谓"修改"包括增添和废止。

第161F条 (已废除)

第161G条 (已废除)

第161H条 (已废除)

第十三编 临时和过渡条款

第162条 现行法律

(1) 除本条以下和第163条的规定外,现行法律及其根据本条进行的修改,以及按照联邦和州法律进行的修改,在独立日之后继续生效,直至被根据本宪法有废止权的机关予以废止。

(2) 当州法律修改或者废止州立法机关所制定的现行法律时,不得根据第75条的规定,以现行法律(关于国会和州立法机关有权制定法律的事项)属于第160条规定的联邦法律而使该修改和废止无效。

(3) 现行法律提及依据《1948年马来亚联邦协定》所建立的联邦及其领土,与在联邦和联邦机关和团体任职的官员(包括根据该协定第135条应解释为属于上述事项者),在独立日和以后,应当解释为系指联邦

(即依据《1957年马来亚联邦协定》所建立的联邦)及其领土,和相应的官员、机构和团体;最高元首可以发布命令宣布何种官员、机构和团体与现行法律所规定的官员、机构和团体等同。

(4)(已废除)

(5) 根据第(4)款发布的命令,可以就该命令所设事项有权制定法律的机关修改和废止。

(6) 对在独立日和之后施行的,未按照本条或者其他规定予以修改的现行法律,任何法院和裁判所在适用时可以作出必要的改动,以使其合乎本宪法。

(7) 本条所谓"改动",包括修改、调整和废止。

第163条 (已废除)

第164条 (已废除)

第165条 (已废除)

第166条　财产继承

(1)(已废除)

(2)(已废除)

(3) 任何属于马六甲州和槟城屿州的土地,依据本宪法已作为联邦用途,而在独立日之前被联邦政府、联合王国政府或者公共机构所占有和使用,则在独立日之后,如有需要作为联邦用途,应当为联邦和上述公共机构占有、使用、控制和管理,且:

(a) 未经联邦政府同意,不得为联邦用途之外的目的处置和使用;

(b) 未经州政府的批准,不得用于与独立日之前的用途不同的联邦用途。

(4)(已废除)

(5)(已废除)

(6)(已废除)

(7)(已废除)

(8) 独立日之前马六甲州和槟城屿州政府应当复归联合王国的财产，应当复归马六甲州和槟城屿州政府。

第 167 条　权利、责任和义务

(1) (已废除)

(2) (已废除)

(3) (已废除)

(4) (已废除)

(5) (已废除)

(6) 应诉讼（联邦与州的诉讼除外）一方的请求，总检察长应当证明根据本条证明书中的权利、责任和义务系指联邦或者各州的权利、责任和义务；该证明对法院具有终局效力，但不得损及联邦和各州之间的权利义务。

(7) 联邦政府应当支付依据英国女王和泰国国王 1869 年 5 月 6 日签订的有关吉达州条约第 2 条，而在独立日之前应当支付的年度款项。

第 168 条（已废除）

第 169 条　独立日之前签订的国际条约

对第 76 条的规定，

(a) 独立日之前由英国女王及其继任者、联合王国代表联邦和地区与其他国家签署的条约、协定和公约，应当视为联邦与其他国家签署的条约、协定和公约；

(b) 国际组织作出的决定，在独立日之前由联合王国代表联邦和地区予以接受的，应当视为联邦为其成员的国家组织作出的决定；

(c) 第 (a) 项、第 (b) 项的规定适用于沙巴州、沙拉越州，但以马来西亚日替换独立日，以组成该州的领土替换联邦和地区。

第 170 条（已废除）

第 171 条（已废除）

第 172 条（已废除）

第 173 条 （已废除）

第 174 条 （已废除）

第 175 条　审计局长为首任总审计长

在独立日前担任审计局长者应当在该日起担任总审计长，其服务待遇不得比独立日之前降低。

第 176 条　官员调任

（1）除本宪法和现行法律的规定外，在独立日之前在联邦从事公务的人员，在独立日之后其职权和职责不变，其工作待遇亦不变。

（2）本条不适用于最高专员和首席秘书。

第 177 条　根据本编继任职务者豁免和推迟就职宣誓

根据本编的规定，在独立日之前因担任相应职务而在联邦任公职者，除国会另有规定外，不必如其他任职者一样宣誓就职即履行其职责。

第 178 条　独立日后的薪金

总理和部长的薪金应当与独立日之前首席部长和部长的薪金相同，直至国会另有规定。

第 179 条　联合服务的承担

在独立日之前联邦和各州对第 133 条第（2）款规定的职位薪金达成的负担比例协议，在独立日之后继续有效，直至为新协议或者联邦法律取代。

第 180 条　养老金的留存

（1）《1948 年马来亚联邦协定》附件十的规定在独立日之后继续有效，但其中"最高专员"应当改为"最高元首"。

（2）本宪法视上述附件为联邦法律，除第 147 条的规定外，可以予以修改和废止。

（3）当其适用时，根据第 147 条第（2）款制定的法律规定的奖金亦包括补偿在内。

第十四编　统治者主权的保留

第 181 条　统治者主权的保留

（1）除本宪法的规定外，统治者在其领土范围内享有的主权、特权、权力和管辖权，以及森美兰州酋长在其领土范围内享有的主权、特权、权力和管辖权不受影响。

（2）除了第十五编规定的特别法院外，不得在其他任何法院向州统治者个人提出诉讼。

第十五编　针对最高元首和统治者的诉讼

第 182 条　特别法院

（1）特别法院由联邦法院首席大法官、高等法院首席法官和统治者会议任命的两名联邦法院或者高等法院的法官组成，联邦法院首席大法官任院长。

（2）任何由最高元首和统治者提起或者针对其个人的诉讼，应当在第（1）款设立的特别法院进行。

（3）特别法院享有排他性的管辖权，审判最高元首和州统治者在联邦所犯罪行，审判由最高元首提起或者针对其提出的民事诉讼，尽管其诉因已经出现。

（4）特别法院享有本宪法和联邦法律所授予初等法院、高等法院和联邦法院的同等管辖权和权力，其登记地为吉隆坡。

（5）除非国会对民事、刑事诉讼程序（包括公开听证程序）和证据规则作出相反的规定，否则初等法院、高等法院和联邦法院所适用的程序均适用于特别法院。

（6）特别法院的程序应当根据多数法官的意见予以裁决，其裁决为终审判决，不得在任何法院基于任何理由提出质疑。

（7）最高元首根据联邦法院首席大法官的建议制定其认为必要和合理

的规则，以消除任何成文法上或者根据本条所提及的成文法在履行职能、行使权力和履行职责、采取行动方面存在的疑难和模糊之处；为此目的，任何成文法均可以由规则加以修改、调适、改动、改变和修正。

第183条　非经总检察长同意不得针对最高元首和统治者提出诉讼

除非经总检察长亲自表示同意，否则不得针对最高元首和州统治者个人的作为和不作为提出任何民事和刑事诉讼。

附件一　申请公民登记或者归化的誓词

［第18条第（1）款和第19条第（9）款］

我……居住于……兹宣誓：我绝对和完全放弃对联邦之外任何国家的效忠，并宣誓忠诚效忠于最高元首陛下，并成为联邦真正、效忠和诚实的公民。

附件二

（第39条）

第一章　马来西亚日之前出生的人的国籍

［第14条第（1）款第（a）项］

第1条（1）除本宪法第三编的规定和马来西亚日之前已作出的事项外，在马来西亚日之前出生的人为当然公民——

（a）在独立日前根据《1948年马来亚联邦协定》的任何条款（无论根据法律或者其他）为联邦公民的人；

（b）在独立日之后于1962年10月之前出生于联邦的人；

（c）1962年9月之后出生于联邦，其父母当中有一人在其出生时为联邦公民或者定居于联邦，或者非因其出生而成为他国公民；

（d）在独立日或者之后出生于联邦之外，其出生时其父为公民，且出生于联邦；或者其出生时其父为公民且为联邦或者州公职人员；

（e）在独立日或者之后在联邦之外出生，其出生时其父为联邦公民，且在其出生一年内，或者于特殊情形下在联邦政府批准的较长期限内，向联邦领事馆提出登记；如果其出生于新加坡、沙拉越、文莱和北婆罗，向联邦政府提出登记者。

（2）如果出生时其父非本联邦公民，且有最高元首确认的豁免法律诉讼的外交特权，则其不能依据第（1）款第（b）项、第（c）项的规定成为公民。

第2条 除本宪法第三编的规定外，在马来西亚日经常居住于沙巴州、沙拉越州和文莱的居民，如果其在马来西亚日之前为联合王国及其殖民地的公民，则为联邦当然公民：

（a）在沙巴州、沙拉越州领土出生；

（b）在该地区登记或者归化为公民。

第二章　在马来西亚日和之后出生的人的国籍

［第14条第（1）款第（b）项］

第1条 除本宪法第三编的规定外，在马来西亚日和之后出生的下列人为当然公民：

（a）出生于联邦，出生时其父母中有一人为公民或者定居于联邦；

（b）出生于联邦外，出生时其父为联邦公民或者出生于联邦，或当其出生时其父为联邦或者州公职人员；

（c）出生于联邦外，出生时其父为联邦公民，且在其出生后一年或者于特殊情形下在联邦政府批准的更长期限内，向联邦领事馆提出登记，或者如果其出生于文莱和最高元首命令规定的地区，向联邦政府提出登记；

（d）出生于新加坡，出生时其父母之一为联邦公民，且除本条规定外非属一经出生即为公民的人；

（e）出生于联邦，且除本条规定外，非属一经出生即为其他国家公民的人。

第 2 条（1）当其出生时，其父亲非本联邦公民，且享有最高元首确认的豁免法律诉讼的外交特权，或者当其出生时其父亲为敌国人，且其出生于敌占区，则不得根据第 1 条第（a）项、第（d）项、第（e）项成为公民。

（2）第 1 条第（b）款规定的在联邦境内出生者，包括在马来西亚日之前在沙巴州、沙拉越州各地区出生的人。

（3）对第 1 条第（e）项而言，凡依据类同于该条第（c）款的其他规定，在出生后一年内获得国籍者，应当视为一经出生即具有国籍的人。

第三章　关于国籍的补充条款

（第 31 条）

第一节　部　长

第 1 条　本宪法第三编规定的联邦政府职责，应当由最高元首随时指定的政府部长履行；本附件提到的部长亦应作相应之解释。

第 2 条　联邦政府根据本宪法第三编所作出的决定，不得向任何法院提出上诉，法院也不得进行审查。

第 3 条（已废除）

第 4 条（1）部长可以委托联邦政府任何官员，或者在州统治者或者州首脑同意时，委托该州政府任何官员，履行本宪法第三编和本附件有关国籍登记和留存名册的职务，以及在决定是否根据第 25 条第（1）款第（c）项或者第 26 条发布命令之前，委托上述官员履行第 27 条规定的职务；但因部长所委托者的决定受到侵害的人，可以向部长本人提出申诉。

（2）部长在州首脑同意时可以委托沙巴州、沙拉越州的机构，履行（规定可否向部长提出申诉的条件）第 28A 条第（6）款，不必依据该条第（7）款的规定委托的部长职责。

（3）第（1）款有关国籍登记的规定，适用于依据第 19A 条第（2）款的登记事项；该款关于依据第 26 条发布命令的规定，适用于依据第 19A

条第（4）款撤销登记事项的规定。

第 5 条 （已废除）

第二节　部长职务

第 6 条　除联邦法律规定外，部长可以制定条例和表格，以执行本宪法第三编规定的职务。

第 7 条　联邦政府延长境外出生者登记期限的权力，在本宪法第三编的意义上可以在登记前后行使。

第 8 条 （已废除）

第 9 条　部长依据第 27 条发放的通知，得送达其最新的地址；当其未满 21 周岁（已婚妇女除外）时，送达其父母或者监护人最新的地址；如果地址不详，且经适当查证后依然不能确定，则依据该条发放的通知应当在政府公报公布。

第 10 条 （1）部长负责编制和保存：

(a) 公民登记册；

(b) 公民归化册；

(c) 根据第 30 条第（1）款获得公民证书人的名册；

(d) 根据本宪法第三编的规定放弃或者剥夺国籍的人的名册；

(e) （已废除）

(f) 将第（a）项至第（d）项提到的人名按照字母顺序编排索引。

（2）本条所谓经由登记或者归化成为公民之规定，应视为包含于第 28 条内，应当按照第 28 条予以解释。

第 11 条　如果部长有理由认为依据本附件第 10 条编制的名册有误，应当通知有关的人员，并在考虑其陈述后，对名册中的错误予以改正。

第 12 条　除本附件第 11 条的规定外，上述登记为有关事务的确证证据。

第 13—15 条 （已废除）

第三节 犯 罪

第16条 （1）有下述犯罪行为者，判处两年监禁，并处或者单处罚金马来西亚元1000元：

（a）故意提供虚假陈述，诱使部长批准或者拒绝批准根据本宪法第三编提出的申请，包括确定申请人是否为当然公民；

（b）伪造或者非法涂改联邦境内外出生证明，或者非法使用、持有伪造或者非法涂改后的证明；

（c）未予遵守依据本附件第6条制定的有关缴纳证明的条例；

（d）假冒他人或者妄称其持有或者非持有联邦或者其他机构颁发的证书。

（2）本条所谓"证书"意指根据本宪法第三编颁发的下列证书：

（a）公民登记或者归化证书；

（b）在联邦领事馆或者境外其他地区领取的证书；

（c）本宪法第30条规定的证书。

第四节 解 释

第17条 本宪法第三编规定的人的父亲或者父母，如果其为非婚生子，则应当解释为其生母，本附件第19条对其即不予适用。

第18条 对收养子女而言，如果其收养根据联邦现行成文法，包括独立日之前施行的类似法律进行了登记，则第15条第（3）款对其应属有效，该款所指其父应替换为收养人；该款和本章第9条所指其父母，亦应当作相应的解释。

第19条 本宪法第三编所指出生时其父之公民地位和特征，如果在其父死亡后出生，则应解释为其父死亡时的公民地位和特征；如果其父在独立日前死亡，而其出生于独立日之后，则其父在独立日后所享有的公民地位，应解释为适用于其父在死亡时的公民地位。对马来西亚日之后出生者，亦同。

第19A条 对本附件第一章、第二章而言，凡出生于登记船舶或者飞行器，应视为出生于船舶和飞行器登记地；凡出生于各国所有的未登记的船舶和飞行器，应视为出生于该国。

第19B条 对本附件第一章、第二章而言，在任何地点发现的新生弃婴，除非有相反证明，应推定其出生于其母定居地；如果该新生弃婴根据本条确定出生，则应以其被发现之日作为出生日。

第19C条 对本附件第一章、第二章而言，如果有人定居于联邦，且符合下列条件，则应当认为其在任何时间均定居于联邦：

（a）其获得根据联邦法律颁发的无限期居留证；

（b）联邦政府确认为上述目的视其为联邦永久居民。

第20条 （1）本宪法第三编在联邦境内定居的计算方式为：

（a）离开联邦不满6个月；

（b）获得部长随时颁发的许可，为教育目的而离开联邦赴他国的期限；

（c）因健康原因离开联邦的期限；

（d）因联邦或者各州公务离开联邦的期限，而该期限与其定居的连贯性之间没有冲突；

（e）因部长规定的一般或者特定缘由离开联邦的期限。

上述期限均视为定居于联邦。

（2）本宪法第三编中在联邦境内定居的计算方式为：

（a）在联邦非法居留的期限；

（b）狱中服刑的期限，或者根据联邦任何成文法被拘禁（精神病院除外）的期限；

（c）根据联邦移民法的规定，通行证或者豁免令发放机关准许其在联邦暂时居留的期限。

上述期限均不视为定居于联邦，但在第（c）项规定的时期内获得部长的同意者，不在此限。

（3）对本宪法第三编而言，如果其人在特定日期之前已居住于联邦，该日期包括在第（1）款所指离开的任何期限内，则其应当视为在该日期已在联邦居住。

（4）本条适用于马来西亚日之前联邦任何地区及其领土；对该领土而言，第（1）款第（d）项所指州公职，应当包括在马来西亚日之前任何有管辖权的政府在该地的职务；对马来西亚日以后的日期而言，第（3）款适用于作为本联邦之部分的沙巴州、沙拉越州。

第21条 本宪法第三编意义上的"联邦领事馆"包括代表联邦履行领事职务的任何机构。

第22条 除上下文另有规定外，本附件所指本宪法第三编亦包括本附件在内。

附件三 最高元首与最高副首的选举

（第32条和第33条）

第一章 最高元首的选举

第1条 （1）统治者有最高元首的选举资格，除非：

（a）其未成年；

（b）其通知掌玺大臣不愿参选；

（c）统治者会议以秘密投票方式通过决议，认定其精神或者身体虚弱或者有其他原因，不适于履行最高元首职务。

（2）根据本条所作决议须有统治者会议5名成员赞同方为通过。

第2条 统治者会议按照第4条所列选举名册，向其州在名册内排名第一且有当选资格的统治者，提请其担任最高元首职位；如果其不予接受，则应当向名册内排名第二的州的统治者提议，并以此类推，直至有统治者接受。

第3条 当统治者基于根据第2条作出的决议接受最高元首职位时，统治者会议应当宣告其当选，掌玺大臣应当将选举结果以书面方式通知国会两院。

第 4 条（1）选举名册：

（a）对首次选举而言，名册应包括有统治者的各州，并按照各州统治者互相确认的先后次序排列；

（b）对随后的选举而言，名册应当根据第（2）款的规定予以变动，直至依据第（3）款的规定重新编排位置。重新编排的选举名册，用于随后的选举时，应当按照第（4）款的规定予以变动。

（2）首次选举所使用的选举名册，应当变动如下：

（a）每次选举后，排名在当选者之前的州，应当（按照名册的次序）移至末尾，而其统治者当选的州则应当予以删除；

（b）选举名册中各州的统治者有更换时，应当将该州移至末尾（如果同日多州统治者都有更换，则各该州应按照名册的次序移至末尾）。

（3）当根据第（2）款进行变动后，名册内没有一州留存，或者在进行选举时名册内的州没有统治者有选举资格或者愿意接受最高元首的职位，则选举名册应当重新编排，以便包括有统治者的各州。其排列次序如下：凡其统治者曾任最高元首的州，依据担任最高元首的先后排列；其他州则依照重新编排前选举名册的次序排列。

（4）根据重新编排的选举名册进行的选举，该名册应当作如下的变动：

（a）排列于当选者之前的州，应当（按照名册的次序）移至名册末尾；

（b）其统治者已当选的州应排列于最末。

第二章　最高副首的选举

第 5 条　统治者具有最高副首的选举资格，除非：

（a）其不享有最高元首的当选资格；

（b）其通知掌玺大臣不愿当选。

第 6 条　当最高元首职位空缺时，统治者会议不得选举最高副首。

第 7 条　统治者会议应当向具有选举资格的统治者提议其担任最高副

首，而该统治者在最高元首逝世时应当有权被提名为最高元首的第一人选；如果其拒绝接受，则统治者会议应当向后一位提议，并依次类推，直至有统治者接受。

第三章 最高元首的罢免

第 8 条 罢免最高元首的决议，由统治者会议 5 名成员赞同方为通过。

第四章 通　则

第 9 条（已废除）

第 10 条 第 4 条第（3）款的"统治者"包括前任统治者在内。

附件四　最高元首和最高副首的就职誓词

（第 37 条）

第一章 最高元首誓词

本人……马来西亚最高元首谨此宣誓：

安拉为我作证（wallahi, wabillahi, watallahi），

依此誓词庄严宣告，本人当遵守所制定和未来随时制定的法律和宪法，公正和诚实地履行马来西亚的行政职责。本人还郑重和诚实地宣告，将时刻捍卫伊斯兰教，并保障国内的法律和秩序。

第二章 最高副首誓词

本人……马来西亚最高副首谨此宣誓：

安拉为我作证（wallahi, wabillahi, watallahi），

依此誓词庄严宣告，本人将忠实履行马来西亚法律和宪法随时规定的作为最高副首的职责。

第三章 誓词的英文译文（略）

附件五 统治者会议

[第38条第（1）款]

第1条 除本附件下列规定外，统治者会议应当由各州统治者和无统治者各州的州首脑组成。

第2条 各州统治者或者州首脑作为成员参加统治者会议的席位，可以由州宪法规定的人代替。

第3条 统治者会议应当有玉玺，并由该会议任命一人保管。

第4条 根据第3条任命的人称为掌玺大臣，其作为统治者会议秘书长，遵循统治者会议的意旨履行职务。

第5条 统治者会议过半数成员构成法定多数，除本宪法的规定外，该会议可以规定其议事程序。

第6条 经最高元首或者3名以上统治者会议成员请求召集会议时，掌玺大臣应当召集会议；在没有提出上述请求时，在最高元首任期届满前4周，以及当最高元首和最高副首职位空缺时，应当召集统治者会议。

第7条 当最高元首的选举和罢免、最高副首的选举，或者统治者的特权、地位、名誉和尊严、宗教上的行为、礼仪和典礼成为统治者会议的主题时，无统治者各州的州首脑不得出席会议。

第8条 统治者会议成员意见不一致时，应当由投票者的多数作出决定，但附件三的规定除外。

第9条 任何根据本宪法需要统治者会议作出的同意、任命和建议，应当加盖玉玺；对于拟议中的任命，如果过半数成员向掌玺大臣以书面方式表示赞同该项任命时，其应当加盖玉玺以表明统治者会议的建议，而无须召集会议。

附件六　宣誓和证词

[第 43 条第（6）款、第 43B 条第（4）款、第 57 条第（1A）款第（a）项、第 59 条第（1）款、第 124 条和第 142 条第（6）款]

第 1 条　就职和宣誓效忠

本人……经选举（或者任命）担任……之职，兹郑重宣誓（声明）：本人将竭尽全力忠实履行职责，真诚效忠马来西亚，并保障和捍卫本宪法。

（注：除联邦法院首席大法官外，在联邦法院、上诉法院和高等法院法官的誓词中，应以"担任……之法律职责"取代"担任……之职"。）

第 2 条　国会议员就职和宣誓效忠

本人……经选举（或者任命）为众议院（参议院）议员，兹郑重宣誓（声明）：本人将竭尽全力忠实履行职责，真诚效忠马来西亚，并保障和捍卫本宪法。

第 3 条　保守秘密宣誓

本人……兹郑重宣誓（声明）：除为履行职务所必要或者取得最高元首的特别许可外，本人职务上所考虑和知悉的事实，绝不直接或者间接地向任何人传播或者泄露。

附件七　参议员的选举

（第 45 条）

第 1 条（1）（已废除）

（2）各州所选举的参议员有空缺时，最高元首应当通知该州统治者或者州首脑，促请其选举参议员，该州统治者或者州首脑应当要求州立法议会尽快选举参议员。

第 2 条（1）参议员候选人应当由州议会议员提出和附议，提名人和附议人应当提交由被提名人签署的提名书，声明其愿意参选参议员。

(2) 当提名书收齐后,选举主持人应当将被提名者按照字母次序公布,并按照该次序进行投票。

(3) 出席议员有权核对候选人的投票数,该投票数应当与补选的席位相等;对每一候选人的投票应当予以记录。议员超过本款规定的票数投票的,该超过的票数无效。

(4) 选举主持人应当公布获得最高票数的候选人当选;如果两名或者两名以上候选人获得的票数相同,而候选人又多于应补选名额的,应当进行抽签。

第 3 条　尽管有第 2 条的规定,但如果因参议员任期届满而造成空缺,和因其他原因造成空缺,在同一会议中进行补选时,则应当先进行前者的选举,然后进行后者的选举。

第 4 条　选举主持人应当以书面方式向参议院秘书长确证根据本附件规定当选为参议员的姓名。

第 5 条　如果对参议员是否根据本附件规定选举的适当性提出疑问,参议院有权对此作出终局的决定,但未按照第 1 条第(2)款尽快进行选举的,不能使参议员的选举归于无效。

附件八　州宪法的应有规定

(第 71 条)

第一章　最终条款

第 1 条　统治者根据建议行使职权

(1) 统治者根据州宪法和法律,或者作为统治者会议成员身份行使职权时,除联邦宪法和州宪法另有规定外,应当根据行政会议或者其成员以行政会议名义提出的建议采取行动;统治者有权要求获得行政会议所有的有关州政府的信息。

(1A) 统治者根据州宪法和法律的规定,或者以统治者会议成员身份根据建议采取行动时，其应当接受该建议，并按照建议采取行动。

（2）统治者对下列职权的行使（包括其根据联邦宪法可以自行作出决定的职权）由其自行作出决定：

（a）任命州务大臣；

（b）不同意解散州议会的请求；

（c）请求召集统治者会议讨论关于统治者特权、地位、名誉和尊严，或者宗教行为、礼仪和典礼等事项；

（d）作为伊斯兰教首领或者有关马来人习俗的职务；

（e）任命其嗣子、配偶、摄政王或者摄政会议；

（f）册封马来人世袭爵位、头衔、荣誉和尊严及委任有关职务；

（g）制定皇家宫廷的仪规。

（3）州法律可以规定要求统治者与行政会议之外的人员和团体协商后，并按照其建议行使职权，但下列职权除外：

（a）由其自行决定的职权；

（b）州宪法和联邦宪法规定的职权的行使。

第1A条　针对统治者的诉讼

（1）在依据联邦宪法第十五编设立的法庭对统治者根据任何法律提出犯罪起诉，则统治者应当停止履行州统治者的职权。

（2）统治者根据第（1）款的规定停止履职期间，应当依据州宪法规定任命代理统治者或者代理会议，以行使州统治者的职权。

（3）凡统治者在特别法庭被控有罪，且监禁一日以上，除非其获得无条件赦免，否则应当停止行使州统治者的职权。

第2条　行政会议

（1）统治者任命行政会议。

（2）行政会议的任命，规定如下：

（a）统治者应当首先任命其认为能获得多数议员信任的州议员为州务大臣，主持行政会议；

（b）统治者应州务大臣的建议，从州议员中选任4—8名议员为行政会议成员，但如果在州立法议会解散时进行任命，则可以任命上届议会议员，其任期至下届州立法议会首次召集时为止，除非其本人依然为新一届议会议员。

（3）尽管本条有其规定，凡归化或者按照联邦宪法第17条登记为公民者，不得被任命为州务大臣。

（4）统治者在任命州务大臣时，如果认为有履行本条规定的需要，则可以自行决定免除州宪法规定其选择州务大臣的约束。

（5）行政会议集体对立法议会负责。

（6）如果州务大臣不再获得州立法议会多数议员的信任，除非统治者根据请求解散州立法议会，否则其应当提出行政会议总辞职。

（7）除第（6）款的规定外，州务大臣之外的行政会议成员依循统治者的意旨行使职权，但行政会议成员可以随时提出辞职。

（8）行政会议成员不得从事与本人职责和本部门有关的营业、经营和职业；当其从事有关的营业、经营和职业时，不得参与行政会议中关于该项营业、经营和职业的决定，或者参与作出可能影响其经济利益的决定。

第3条 州立法机关

州立法机关由统治者和一院制的立法议会组成。

第4条 州立法议会的组成

（1）州立法议会由该立法机关以法律规定的若干议员组成。

（2）（已废除）

第5条 州议员的资格

年满21周岁居住于该州的公民均有该州立法议会议员的当选资格，除非根据联邦宪法和州宪法，或者联邦宪法附件八第6条规定的法律而失去当选州议会议员的资格。

第6条 州议员资格的丧失

（1）除本条的规定外，下列人员丧失州议员当选资格：

（a）被认定为神志不清者；

（b）宣告为破产者；

（c）担任有薪金公职者；

（d）曾被提名为国会两院或者州立法议会议员候选人，或者曾为提名候选人的选举代理人，但未在法律规定的期限内按照规定的方式提交有关选举费用的报告者；

（e）曾被联邦（或者马来西亚日之前在沙巴州和沙拉越州之领土，或者在新加坡）法院判处一年以上监禁，或者2000元以上罚金且未获得无条件赦免者；

（f）按照有关国会两院和州立法议会选举法被判有罪，或者在有关选举诉讼中认定其行为构成上述犯罪而丧失资格者；

（g）自愿取得外国国籍，或者在外国行使公民权，或者宣誓效忠外国者。

（2）统治者可以撤销根据本条第（1）款第（d）项、第（e）项对当选资格的取消。如果统治者未予撤销，则从第（d）项规定的提交报告之日起，或者从第（e）项规定的监禁中释放之日、罚金缴纳之日起满5年，其所丧失的资格得以恢复。不得因为在其成为公民之前的行为而根据第（1）款第（g）项的规定剥夺其当选资格。

（3）尽管本条前款有其规定，但州议员根据第（1）款第（e）项、第（f）项之规定丧失当选资格的——

（a）其资格的丧失于下述日期的第14日之后生效：

（i）前述第（e）项规定的判决和监禁之日；

（ii）前述第（f）项规定的被判决有罪或者被认定有罪之日。

（b）在第（a）项规定的14日内，对有关判决和监禁、有罪认定提出上诉和诉讼，则其资格的丧失从法院处理完上诉或者诉讼之日起14日后生效。

（c）在第（a）项规定的期限内或者在第（b）项规定的处理上诉和诉讼的期限内，如果提出赦免的申请，则资格的丧失应当自申请处理之日起生效。

（4）第（3）款不适用于州议员的提名、选举或者任命；对此而言，在第（1）款第（e）项、第（f）项所规定事项发生后，立即产生丧失资格的效果。

（5）任何辞去州立法议会议员身份的人，自辞职生效之日起 5 年内，丧失州议会议员的当选资格。

第 7 条　防止双重议员的规定

任何人不得同时成为跨选区的州立法议会议员。

第 8 条　裁决丧失资格

（1）当对州立法议会议员是否丧失资格有疑问时，应当由州立法议会作出终局的裁决；但本条不妨碍州立法议会推迟裁决，而使得影响裁决的诉讼（包括撤销资格丧失的诉讼）得以进行。

（2）当州立法议会议员根据第 6 条第（1）款第（e）项、第（f）项所指的法律而丧失资格，前款即不予适用，其根据第 6 条第（3）款丧失资格，不再成为立法议会议员，其席位即属于空缺。

第 9 条　州立法议会的召集、闭会和解散

（1）统治者应当随时召集州立法议会，前后两个会期之间的期限不得超过 6 个月。

（2）统治者得下令州立法议会闭会或者解散。

（3）除非立法议会提前解散，否则其自首次集会起满 5 年后解散。

（4）立法议会解散后应当在 60 日内举行全州大选，新议会应当自解散之日起 120 日召集。

（5）选举委员会确认州议会有缺位时，应当在 60 日内予以补选；但如果确认该缺位的日期在州议会依据本条第（3）款解散的两年内，则该临时缺位不予补选，除非议长以书面方式通知选举委员会议会多数党的力量将因该缺位而受到影响，该缺位应当自接到通知之日起 60 日内补选。

第 10 条　立法议会议长

（1）立法议会应当随时选举议会确定的一人为议长，当议长出缺时，立法议会除选举议长外不得进行其他事务。

（1A）除非其为议员或者具有议员当选资格，否则不得选举为议长。

（1B）非议员选举为议长者——

（a）在其履责之前应当在议会宣誓就职；

（b）因为其职务而成为立法议会当选议员之外的议员。

但第（b）项在第 2 条意义上无效，任何人不得依据该项而在议会就任何事务投票。

（2）议长得随时提出辞职和离职：

（a）当大选后立法议会首次召集时；

（b）当其不再成为议会议员时（议会解散的除外），或者当其仅根据第（1B）款第（b）项的规定成为议员，而不再具有议员资格时；

（c）根据第（4）款的规定丧失资格时；

（d）议会作出上述决议时。

（3）当立法议会开会时议长缺位，根据议会议事规则确定的人应当代其进行活动。

（4）被选为议长的议员，在当选后 3 个月或者之后的时间内，如果成为任何组织或机构，不论法人团体或者其他，或者任何商业、实业和其他行业的董事会或者执行局成员、官员或者雇员，或者参与其事务和经营，不论其是否领取薪金、奖励、分红或者其他利润，均丧失担任议长的资格。

但当上述组织或者机构系从事福利或者志愿工作，或者其目标有益于共同体全部或者部分，或者其他具有慈善或者社会性质的工作，且该议员未领取任何薪金、奖励、分红和利润的，上述丧失资格的规定不予适用。

（5）当根据第（4）款对议长是否丧失资格有疑问时，立法议会应当作出终局的决定。

第 11 条　立法权的行使

（1）立法机关立法权的行使，由立法议会通过法案并由统治者签署。

（2）除州行政会议成员外，不得在议会提出和动议涉及由州统一基金担负开支的法案或者修正案。

（2A）统治者应当在法案呈交其之后 30 日内签署。

（2B）如果统治者在第（2A）款规定的期限内未予签署，则法案在所规定期限届满后自动成为法律，如同统治者已签署。

（3）法案经统治者签署或者根据第（2B）款的规定成为法律，但未予公布的不得生效；这并不妨碍立法机关可以推迟法律的施行或者制定溯及既往的法律。

财政条款

第 12 条　非经法律授权不得征税

除依据法律的授权，不得由州或者为了州用途而征收任何税或者地方税。

第 13 条　由统一基金担负的开支

（1）除根据州宪法其他条款或者法律规定应当由州统一基金担负的补助金、薪金或者其他款项外，下列款项由统一基金担负：

（a）统治者的皇室经费、立法议会议长的薪金；

（b）州的所有债务；

（c）任何法院和法庭判决应当由州偿还的款项。

（2）本条规定的债款，包括利息、偿债基金、偿还或者分期偿还债务，以及关于使用统一基金担保以筹集债款和偿还该债务而发生的所有支出。

第 14 条　年度财政报告

（1）除第（3）款的规定外，统治者在每一财政年度应当促请向州立法议会提出州收支预算报告；除州立法议会对年度另有规定外，此报告应当在年度开始之前提出。

（2）开支预算应当分别列明：

（a）应由统一基金担负的支出总款项数；

（b）除第（3）款的规定外，拟由统一基金担负作为其他用途的支出总款项数。

（3）该报告列明的预算收入，不包括伊斯兰教义捐、开斋节施舍、伊斯兰教财务机关和类似的收入；第（2）款第（b）项规定的款项不包括：

（a）州为特定用途借债所得的款项，和依据该款授权借债的法律拨付作为该特定用途的款项；

（b）州为信托收取的款项和利息，且按照该信托的条件加以使用的款项；

（c）取得或者拨付给根据联邦或者州法律所设信托基金，而由州保管的任何款项。

（4）上述财政报告应当尽可能列明州在上一财政年度终结时的资产和负债额度，其资产的投资和持有情况，以及为偿还债务的一般项目。

第 15 条 供应法案

除联邦宪法附件八第 14 条第（3）款第（a）项、第（b）项规定的额度外，由州统一基金支付但不由州统一基金担负的开支，应列入供给法案之中，它规定由州统一基金所需的款项以供支出，并将该款项拨付供给法案规定的用途。

第 16 条 追加和超额开支

如果在任何财政年度出现：

（a）由供给法案拨付做任何用途的款项数额不足，或者因某项用途而有开支的需要，但供给法案未予拨付的；

（b）为任何用途支出的款项超出供给法案所拨付该项用途的数额的，则应向州立法议会提出追加预算，列明所需和所付款项；上述开支的用途亦应列入供给法案之中。

第 17 条　由统一基金支取款项

（1）除本条下述规定之外，不应由统一基金支取款项，除非其属于：

（a）应由统一基金担负的；

（b）供给法案授权拨付的。

（2）除按照联邦法律规定的方式，不得由统一基金支取款项。

（3）第（1）款不适用于联邦宪法附件八第 14 条第（3）款第（a）项、第（b）项、第（c）项规定的任何款项。

（4）州立法机关在任何财政年度可以在供给法案通过之前，授权该年度部分时间的开支，以及由统一基金拨付所需款项。

对州雇员的公平待遇

第 18 条　对州雇员的公平待遇

为各州服务的同等级别的雇员，不分种族，应当按照其雇用条件受到同等对待。

宪法的修改

第 19 条　宪法的修改

（1）本条的下述规定对州宪法的修改有其效力。

（2）有关统治者王位的继承、统治者首长的地位和马来人世袭爵位的类似规定，州立法机关不得予以修改。

（3）除本条下列条款的规定外，其他条款可由州立法机关通过立法方式加以修改，但不得通过其他方式予以修改。

（4）修改州宪法的法案（不包括本条规定为例外的修改）除非在二读、三读时获得立法议会全体议员 2/3 以上多数的赞同，否则不得通过。

（5）下列修改不适用于第（4）款的规定：

（a）对联邦宪法附件八第 4 条、第 21 条所指法律产生影响的修改；

（aa）根据联邦宪法第 2 条通过的法律（州立法议会和统治者根据该

条已经表示同意）因改变州境而对州领土范围所进行的修改；

（b）其效力在于使州宪法符合本附件规定的修改，但该项修改只限于州议会在根据本附件第 4 条进行选举后提出。

（6）本条不妨碍州宪法规定对影响到下述事项的条款进行修改时需要取得有关人员的同意：

（a）关于州王位继承人、统治者配偶、摄政王或者摄政会议成员的任命和尊号；

（b）统治者及其继承人的罢免、废黜和逊位；

（c）统治者首长、其他马来人的类似爵位，宗教或者习俗咨询会议和其他类似委员会的任命和尊号；

（d）马来人世袭爵位、职衔、荣誉和封赏的设定、管理、录用和取消，持有人尊号和宫廷的管理。

（7）本条所谓"修改"包括增加和废止。

关于马六甲州、槟城屿州、沙巴州、沙拉越州首脑的规定

第 19A 条　州首脑

（1）州首脑由最高元首在咨询首席部长后自行任命。

（2）州首脑任期 4 年，可以随时以书面方式向最高元首提出辞呈；最高元首根据州立法议会全体议员 2/3 以上多数通过的决议而免除州首脑的职务。

（3）州立法机关可以立法授权最高元首在与首席部长协商后任命一人在州首脑因疾病、缺位或者其他原因不能视事时，代行其职权；但此人应系具有担任州首脑资格者，否则不得任命。

（4）根据第（3）款得到任命的人，可以在根据第（3）款行使州首脑职权期间，代替州首脑作为统治者会议成员。

第 19B 条　州首脑的资格

（1）非公民或者归化成为公民，或者根据联邦宪法第 17 条登记为公

民者，不得被任命为州首脑。

（2）州首脑不得担任任何领薪公职，且不得积极参与商业活动。

第 19C 条　州首脑的薪金

立法机关应当通过法律规定州首脑的薪金，其薪金由统一基金担负，在其任职期间不得减少。

第 19D 条　州首脑就职宣誓

（1）州首脑在履责之前应当在高等法院首席法官和法官面前宣誓并签署誓词：

"本人被任命为州首脑，兹郑重宣誓（声明）：愿竭尽全力忠实履行职责，并愿意忠诚效忠……州和马来西亚联邦，并保障和捍卫马来西亚联邦宪法和州宪法。"

（2）根据第 19A 条第（3）款制定的法律应就本条第（1）款的规定作出相应的规定（必要的修改）。

第二章　替换本附件第一章的临时规定

第 20 条　行政会议（作为第 2 条的替换规定）

（1）统治者应当任命行政会议。

（2）行政会议的任命如下：

（a）统治者应当首先任命其认为能获得多数议员信任的州议员为州务大臣，主持行政会议；

（b）统治者应州务大臣的建议，从州议员中选任 4—8 名议员为行政会议成员。

（3）尽管有本条的规定，但凡归化或者按照联邦宪法第 17 条登记为公民者，不得被任命为州务大臣。

（4）统治者在任命州务大臣时，如果认为有履行本条规定的需要，则可以自行决定免于受州宪法规定的在其选择州务大臣方面的约束。

（5）行政会议集体对立法议会负责。

（6）州务大臣应当自任命之日起3个月后停止任职，除非在任期届满前州立法议会通过信任案；若州务大臣不再获得州立法议会多数议员的信任，除非统治者根据其请求解散州立法议会，否则其应当提出行政会议总辞职。

（7）除第（6）款的规定外，州务大臣之外的行政会议成员依循统治者的意旨行使职权，但行政会议成员可以随时提出辞职。

（8）行政会议成员不得从事与本人职责和本部门有关的营业、经营和职业；当其从事有关的营业、经营和职业时，不得参与行政会议关于该项营业、经营和职业的决定，或者参与作出可能影响其经济利益的决定。

第21条　州立法会议的组织（作为第4条的替换规定）

（1）州立法议会由下列人员组成：

（a）立法机关以法律规定的若干名议员；

（b）统治者任命的应不少于民选议员的议员，直至作出其他规定，民选议员数应当为联邦宪法第171条规定的人数。

（2）尽管有联邦宪法附件八第6条的规定，但任何人不得因其担任领薪公职而丧失被任命为议员的资格。

第三章　第一章、第二章中有关马六甲州和槟城屿州的改动

第22条　本附件第一章和第二章适用于马六甲州和槟城屿州时，规定中的"统治者"应当替换为"州首脑"。下列诸条款项应当删除：第1条第（2）款第（c）项至第（g）项，第（1A）条，第2条第（4）款，第19条第（2）款、第（6）款，第20条第（4）款，第14条第（3）款"第（b）项规定的款项"之前的表述，第19条第（3）款首次出现的"其他"。

第23条　本附件第一章适用于沙巴州和沙拉越州，一如其适用于槟城屿州和马六甲州。

附件九 立法事务表

(第74条和第77条)

第一表 联邦事务表

第1条 外交事务,包括:

(a) 与其他国家签订的条约、协定和公约,以及联邦和其他任何国家发生的一切事务;

(b) 履行与其他国家签订的条约、协定和公约;

(c) 外交、领事和商务代表;

(d) 国际组织,参加国际组织并执行其决定;

(e) 罪犯引渡、逃犯通缉、进入联邦,向外移民和驱逐出境;

(f) 护照、签证、出入境证件、检疫;

(g) 域外司法管辖权;

(h) 在马来西亚境外地区朝觐。

第2条 联邦任何地区的防御,包括:

(a) 海、陆、空军和其他武装力量;

(b) 附属联邦武装力量,或者协同其行动的武装力量,来访军队;

(c) 防御工事,军事和保护区域,海、陆、空军基地,营房、机场和其他工事;

(d) 军事演习;

(e) 战争和和平,外敌和敌国人,敌对财产,与敌人通商,战争损害,战争保险;

(f) 武器、枪炮、弹药和爆炸物;

(g) 国民役;

(h) 民防。

第3条 国内治安包括:

(a) 警察、犯罪侦查、犯罪登记、公共秩序;

(b) 监狱、感化院、看守所、拘留所、缓刑、少年犯；

(c) 预防性拘留、限制居住；

(d) 情报服务；

(e) 国民登记。

第 4 条 民事和刑事法律、司法程序和管理，包括：

(a) 伊斯兰法庭以外其他法院的组成和组织。

(b) 所有上述法院的管辖权和权力。

(c) 法官和上述法院主持者的薪金和其他特权。

(d) 在上述法院有权执业的人。

(e) 除第（ii）目规定外，包括——

(i) 合同、合伙、代理和其他特殊合同，雇主和雇员，旅馆和旅馆业者，可起诉的过失，财产及其转让、抵押（土地除外），无主财产，衡平法和信托，婚姻、离婚和婚生子女，已婚妇女的财产和地位，联邦法律的解释，票据，法定声明，仲裁，商业法，商业登记和商号，法定成年，婴儿和未成年人，收养，遗嘱继承和非遗嘱继承，遗嘱检验和遗产管理证书，破产和无力偿还，宣誓和确认，时效，判决和裁定的相互执行，证据法；

(ii) 第（i）目规定的事项，不包括有关伊斯兰教徒婚姻、离婚、监护、抚养、收养、婚生子女、家庭法、赠与、遗嘱继承和非遗嘱继承等属人法律。

(f) 国家秘密、贪污行为。

(g) 使用或者展示不属于州的徽章、军徽、旗帜、标记、制服、勋章和装饰。

(h) 违犯联邦事务表和联邦法律所规定事项的罪行。

(i) 对联邦事务表和联邦法律所规定事项的赔偿。

(j) 海事管辖权。

(k) 出于联邦法律的目的而对伊斯兰法律和其他属人法律的确证。

(l) 投注和彩票。

第 5 条　联邦国籍和归化、外国人。

第 6 条　政府机关组织，除州事务表的规定外，包括：

（a）国会两院和州立法议会的选举和其他有关事务；

（b）军事委员会和联邦宪法第十编设立的各种委员会；

（c）联邦公务，包括设立联邦和各州共同的公务；两州或者两州以上共同的公务；

（d）养老金和退休补助金、津贴和工作待遇；

（e）吉隆坡、纳闽、布城等联邦辖区的政府和行政管理，包括州事务表第 1 条规定的伊斯兰教法，州事务表第 13 条关于沙巴州、沙拉越州补充部分所规定的纳闽联邦辖区、原住民的法律和习俗；

（f）联邦政府合同；

（g）联邦公共机关；

（h）为联邦用途购买、征用、持有和处理财产。

第 7 条　财政，包括：

（a）通货、法定货币和硬币；

（b）国民储蓄和储蓄银行；

（c）由联邦统一基金担负的借款；

（d）各州、公共机构和私人企业的借贷；

（e）联邦债务；

（f）财政和会计程序，包括联邦和各州公款的征集、保管和支付的程序，以及联邦和各州除土地之外公产的购买、保管和处分；

（g）联邦、各州和其他公共机构的账目稽核；

（h）税收、联邦首都的地方税；

（i）联邦事务表内各事项或者由联邦法律所规定事项的规费；

（j）银行、贷款、典当、信贷规制；

（k）票据、支票、期票和其他类似文件；

（l）外汇；

（m）资本筹集，股票和商品交易。

第 8 条 贸易、商业与工业,包括:

(a) 物品的生产、供应和分配,价格管制和食品管制,食品和其他物品的添加剂;

(b) 联邦进出口;

(c) 市政公司以外的公司(但包括联邦首都的市政公司)的设立、规制和停业清理,外国公司的规制,对联邦产出或者出口产品的补贴;

(d) 保险,包括强制保险;

(e) 专利、设计、发明、商标和商业标记、著作权;

(f) 设立标准度量衡;

(g) 设立联邦内制造品或者出口货品的质量标准;

(h) 拍卖和拍卖商;

(i) 工业、工业的管理;

(j) 除州事务表第 2 条第(c)项的规定外,矿物开发,矿场、采矿和矿石,石油和油田,矿物和矿石的购买、销售、进出口,石油产品,矿场和油田工人的劳动和安全管理;

(k) 工厂、压力容器和机器、危险性行业;

(l) 危险和易燃品。

第 9 条 航运、航行和渔业,包括:

(a) 在公海、浅海和内水上的航运和航行;

(b) 港口、码头和海滩;

(c) 灯塔和其他航行安全标志;

(d) 海上和河口捕鱼和水产,不包括海龟;

(e) 灯塔税;

(f) 船舶失事和救援。

第 10 条 交通运输,包括:

(a) 公路、桥梁、轮渡和其他联邦法律规定的交通方式;

(b) 铁路,不包括槟城屿州的缆车;

(c) 航空运输,飞机和航行;民航机场;飞行安全设施;

(d) 海、陆、空交通管制，但海港区以外的州内河流除外；

(e) 海、陆、空旅客和货物运输；

(f) 机动车辆；

(g) 邮政和电信；

(h) 无线电、广播和电视。

第 11 条　联邦工程与电力，包括：

(a) 为联邦用途的公共工程；

(b) 自来水供应，河流和运河，但州内河流或者有关各州达成协议管理的河流除外，水电生产、分配和供应；

(c) 电力、燃气和燃气工程、电力和能源生产和分配的其他工程。

第 12 条　调查与研究，包括：

(a) 人口普查；出生死亡登记；婚姻登记；除根据伊斯兰教法和马来亚习惯之外的收养登记；

(b) 联邦调查；社会、经济和科学调查；气象机构；

(c) 科学技术研究；

(d) 调查委员会。

第 13 条　教育，包括：

(a) 初等、中等和大学教育；职业和技术教育；教师培训；教师、校长和学校的登记和规制；特殊学习和研究的推进；科学和文学协会；

(b) 图书馆；博物馆；古代和历史纪念馆和档案；考古场地和遗物。

第 14 条　医药和健康（包括联邦首都的卫生设施），包括：

(a) 医院、诊所和药房，医疗职业，产科和儿童福利，麻风与麻风病医院；

(b) 精神病和神经疾病，包括收容和治疗所；

(c) 毒品和危险药品；

(d) 麻醉药品和酒精，药品的生产和销售。

第 15 条　劳动与社会保障，包括：

(a) 工会；劳资争议；劳动福利，包括雇主提供劳工住宅；雇主责任和对工人的赔偿；

（b）失业保险、健康保险、寡妇儿童和老人的抚恤金、产妇补贴、公积金和慈善基金、退休金；

（c）慈善业和慈善团体；慈善信托和信托人，不包括伊斯兰教徒的永管产业；印度教徒的赠与。

第16条 原住民福利。

第17条 未明确列举的职业。

第18条 除州假之外的假期，时间标准。

第19条 非法人团体的社团。

第20条 农业虫害的管制和预防，植物疾病的防治。

第21条 报纸、出版物、出版社、印刷和印刷社。

第22条 检查制度。

第23条 除州事务表第5条第（f）项的规定外，剧院、影院、影片、公共娱乐场所。

第24条 （已废除）

第25条 合作社。

第25A条 旅游。

第26条 除共同事务表第9A条的规定外，救火，包括消防和消防队。

第27条 与联邦辖区有关的事务，包括州事务表第2条、第3条、第4条、第5条，以及对于纳闽辖区而言，州事务表第15条、第16条、第17条对沙巴州和沙拉越州补充部分所列举的事务。

第二表 州事务表

第1条 除吉隆坡、纳闽和布城等联邦辖区外，伊斯兰教法和个人和家庭之法律，包括伊斯兰教法中涉及遗嘱继承和非遗嘱继承、订婚、结婚、离婚、嫁妆、赡养、收养、婚生子女、监护、赠与、可分摊和非慈善性质的信托、教徒的永管产业、慈善和宗教性质信托的界定和规定、委托信托人和将州内的伊斯兰教和慈善赠款、机构、信托、慈善业和慈善机构组成公司；马来人习俗；伊斯兰教义捐；开斋节的施舍物和财务机构和类似性质的宗教收入；伊斯兰教堂和公共祈祷场地，制定和处罚伊斯兰教徒触犯伊斯兰教义罪，但联邦事务表有关的事项除外；伊斯兰教法庭的组织和诉讼程序；伊斯兰教法庭对伊斯兰教信徒和本条所规定的各事项有管辖权，对一般犯罪，除联邦法律授予的权力外，不享有管辖权；对伊斯兰教信徒传教和信仰的管制；裁定有关伊斯兰教法、伊斯兰教教义和马来人习俗的事项。

第2条　除吉隆坡、纳闽和布城等联邦辖区的土地外，土地包括：

（a）土地保有权，业主与租户关系；土地契约和契据登记；垦殖；土地改良和土壤保持；租金限制；

（b）马来人保留地，或者沙巴州和沙拉越州原住民保留地；

（c）探矿许可，采矿租约和证书；

（d）土地强制征用；

（e）土地流转、抵押、租赁和负担，地役权；

（f）土地复归，文物以外的埋藏。

第3条　除吉隆坡、纳闽和布城等联邦辖区的农业与林业外，农业和林业包括：

（a）农业和农业贷款；

（b）森林。

第4条　除吉隆坡、纳闽和布城等联邦辖区外的地方政府，包括：

（a）地方行政机关；市政公司；地方、城乡管理局和其他地方当局；地方政府职务、地方税、地方政府选举；

（b）地方当局辖区内对有害职业和妨害公众的管制。

（c）（已废除）

第5条　除吉隆坡、纳闽和布城等联邦辖区外，其他地方性服务包括：

（a）（已废除）

（b）宿舍和旅馆；

（c）墓地和火葬场；

（d）牲畜栏和牛只侵入；

（e）市场和集市；

（f）剧院、影院和公共娱乐场所的许可。

第6条 州工程和水流：

（a）为州用途的公共工程；

（b）除联邦事务表之外的公路、桥梁、渡口，和对在公路行驶车辆的重量和速度的管理；

（c）除联邦事务表之外的水流（包括江河，但不包括自来水供应），泥沙管理，河岸权益。

第7条 除联邦事务表的规定外，州政府机制还包括：

（a）王室经费和州承担的养老金；

（b）州排他性的公共服务；

（c）州统一基金担保的借款；

（d）为州用途的借款；

（e）州公债；

（f）州事务表内各事项或者由州法律处理的各事项的规费。

第8条 州假日。

第9条 违犯州事务表或者由州法律所处理的各事项的罪行，有关州法律和相关行为的证据，或者出于州法目的之事项的证据。

第10条 为州用途而进行的调查，包括调查委员会和对州事务表或者州法律所处理事项之数据的收集。

第11条 对州事务表或州法律所处理事项的赔偿。

第12条 捕龟和河中捕鱼。

第12A条 联邦法律规定以外的图书馆、博物馆、古代和历史纪念馆和档案、考古地点和遗留物等。

第二表之一　沙巴州和沙拉越州事务表的补充规定

[第95B条第（1）款第（a）项]

第13条　原住民法律和习俗，包括有关婚姻、离婚、监护、赡养、收养、婚生子女、家庭法、赠与或者继承、遗嘱继承和非遗嘱继承的属人法；根据原住民法律和习俗进行收养登记；决定原住民法律和习俗的事务；原住民法院的构成、组织和程序（包括在该法院出庭的权利）；该法院的管辖权，限于本条所规定的事项，而不涉及其他犯罪，除非联邦法律赋予其该种管辖权。

第14条　根据州法律直接成立公司和其他机构，所成立公司的规制和停业清理。

第15条　除按照联邦法律规定为联邦所有之外的港口和渡口；对州内河流港口和渡口交通的管理，但联邦港口和渡口上的交通除外；海滩。

第16条　地籍测量。

第17条　（已废除）

第18条　沙巴州铁路。

第19条　（已废除）

第20条　除联邦事务表规定的外，自来水供应和服务。

第二表之二　（已废除）

第三表　共同事务表

第1条　社会福利；除第一表、第二表之外的社会服务；妇女、儿童和青少年的保护。

第2条　奖学金。

第3条　野生动物和鸟类的保护，国家公园。

第4条　畜牧业、防止虐待动物、动物医疗服务、动物检疫。

第5条　除联邦首都之外的城乡规划。

第 6 条 流动人口和流动摊贩。

第 7 条 公众卫生、卫生设施（不包括联邦首都的卫生设施）和疾病预防。

第 8 条 水渠和灌溉设施。

第 9 条 矿地和水土流失的复垦。

第 9A 条 建筑物消防安全设施和防火。

第 9B 条 文化和运动。

第 9C 条 住房和有关住房设施的提供，发展信托。

第 9D 条 除联邦事务表外，自来水供应和服务。

第 9E 条 传统的维护。

第三表之一 沙巴州和沙拉越州共同事务表的补充规定

[第 95B 条第（1）款第（b）项]

第 10 条 有关婚姻、离婚、监护、赡养、收养、婚生子女、家庭法、赠与或者遗嘱继承，或者非遗嘱继承的属人法。

第 11 条 食品和其他物品的添加剂。

第 12 条 登记吨位在 15 吨以下船舶的航运，包括以该船舶运送旅客和货物；海上和河口捕鱼和捕鱼业。

第 13 条 水力和水电的生产、分配和供应。

第 14 条 农业和林业研究，农业虫害的控制和防治；农业疾病的防治。

第 15 条 州内慈善事业和慈善信托和机构（即全部在州内创设和活动）及其信托人，包括州内信托机构的设立、管理和停业清理。

第 16 条 剧院，影院，影片，公共娱乐场所。

第 17 条 非直接选举期间州立法议会的选举。

第 18 条 沙巴州直至 1970 年年底（不包括沙拉越州）的医药和卫生，包括联邦事务表第 14 条第（a）项至第（d）项规定的各项事务。

第三表之二 (已废除)

附件十 补助金和各州税源的划分

[第109条、第112C条和第161C条第（3）款]

第一章 人口补助金

第1条 （1）每一财政年度应当支付各州人口补助金，计算方式如下：

(a) 开始的10万人，每人72元；

(b) 其次的50万人，每人10.20元；

(c) 再次的50万人，每人10.80元；

(d) 剩余的人，每人11.40元。

该州的人口，应当以联邦政府最近一次人口普查所计算出的该州常年人口评估数为根据，如果人口普查完成于财政年度开始前一年，则该年度的补助金应当以人口普查所确定的人口为根据。

（2）（已废除）

第二章 州公路补助金

第2条 对马来亚各州每一财政年度公路补助金的计算方式为：

(a) 联邦政府在咨询全国财政理事会后确定的维持州公路每英里最低标准的平均成本，乘以，

(b) 各州符合领取补助金条件的州公路里程。

第3条 对第2条——

(a) 一州公路里程数，为截至上一财政年度12月31日的里程数，该条第（a）项所规定平均成本，应指该州在上一财政年度计算所得的平均成本；

(b) 州公路的维护，是指对最初建设和之后改进的州公路和构成公路局部或者与其紧密相连的路旁设施、桥梁、天桥、水渠予以养护和维护。

第 4 条　州公路如果由州公共工程局按照第 2 条第（a）项规定的最低标准或者超过该标准进行实际养护，以及在地方当局辖区内州公共工程局认为该公路符合质量标准，并按照第 2 条第（a）项规定的最低标准或者超过该标准进行维护，有权得到补助金。

第 5 条　本章所谓"州公路"系指联邦公路之外的公路，或者联邦公路以外公众有权进入的其他道路。

第 6 条　（1）支付沙巴州和沙拉越州的公路补助金：1964 年、1965 年对沙巴州以 1151 英里计算，每英里 4500 元；对沙拉越州，按照联邦政府和该州政府达成的协议数额计算。

（2）支付州公路补助金的第 2 至 5 条在适用时作如下修改：

（a）第 2 条第（a）项所规定最低标准为该州公路的最低标准；

（b）由该州支付费用而由地方当局维护的公路，视为由该州公共工程局维护。

第三章　分配各州的税种

第 1 条　棕榈酒商店的税收。

第 2 条　由土地、矿产和森林所征收的税款。

第 3 条　除自来水供应和服务、机动车、发电设备和商业登记以外的许可税款。

第 4 条　娱乐税。

第 5 条　联邦法院之外的法院诉讼费。

第 6 条　州政府部门提供特别服务的规费和收入。

第 7 条　市政局、市议会、乡村会议等地方当局的收入，但不包括：

（a）按照自治市条例设立的市机关的收入；

（b）市政局、市议会、乡村委员会、地方议会等地方当局按照成文法有权保留其收入和控制的支出。

第 8 条　有关原水的收入。

第 9 条　州公产租金。

第 10 条　州盈余的利息。

第 11 条　土地和州公产销售的收益。

第 12 条　联邦法院以外法院的罚款和没收。

第 13 条　伊斯兰教义捐、开斋节的施舍等类似性质的伊斯兰教收入。

第 14 条　埋藏物。

第四章　对沙巴州、沙拉越州的特别补助金

第 1 条　(1) 对沙拉越州每年的补助金为 580 万元。

(2) 对沙巴州 1964 年和之后 4 年的补助金分别为 350 万元、700 万元、1150 万元、1600 万元和 2100 万元；之后的补助金，按照联邦宪法第 112D 条规定的审查进行确定。

第 2 条　(1) 在下列情形下，对沙巴州每年拨付的补助金相当于联邦从沙巴州所得的净收入 2/5 的数额，其数额超过 1963 年联邦从沙巴州所得的净收入：

(a)《马来西亚法》在该年度已经实施；

(b) 1963 年的净收入进行计算时不考虑马来西亚日前后各种税费的变动。

(净收入系指扣除联邦拨付给该州领取的收入后联邦应得的收入。)

(2) 对沙巴州 1968 年之前的年度公路补助金若不足 5179500 元，则应当予以补足。

(3) 对沙巴州、沙拉越州，在 1974 年之前的年度和在 1974 年初各州立法机关有权就陆路旅客和货物运输或者陆上机动车辆制定法律，则在其立法权持续期间，应有等同于该年度州公路运输局费用的补助金。

第五章　分配给沙巴州、沙拉越州的附加税种

第 1 条　石油产品进口税和出产税。

第 2 条　木材和其他林木制品出口税。

第 3 条　如果对缴纳出口税的矿物（不包括锡，但包括石油）征收的

特许税以其价格计算不足10%，则各州享有矿物出口税，或者足以使特许税和矿物出口税达到以其价格计算的10%的部分出口税。

第4条　对沙巴州，如果医药和卫生仍为共同事务表的项目，而其开支由州担负，则除第1条、第2条、第3条规定的收入外，该州还享有关税收入的30%。

第5条　1974年之前的各年度，和在1974年初各州立法机关有权就陆路旅客和货物运输或者陆上机动车辆和牌照制定法律，则在其立法权持续期间，应享有车辆牌照的规费。

第6条　1974年之前的各年度和在1974年初各州立法机关有权就机动车登记制定法律，则在其立法权持续期间，应享有机动车登记的规费。

第7条　州销售税。

第8条　除联邦港口和码头外的港口和码头的收费。

第9条　自来水供应和服务的收入，包括水费。

第10条　与自来水供应和服务有关的许可收入。

附件十一　《1948年解释和一般条款条例》

（1948年马来亚联盟条例第7号）适用于本宪法的解释（从略）

附件十二（已废除）

附件十三　选区划分规定

（第113条、第116条和第117条）

第一章　选区划分的宣告和原则

第1条　众议院和各州立法议会选举的选区，在按照本附件的规定改动之前，应当为根据本宪法和马来西亚法的规定，进行众议院和各州立法议会首次选举的选区。

第2条 根据本宪法第116条、第117条将审查单位划分为选区时,应当尽可能考虑到以下原则:

(a) 使全体选民可以适当便利地投票,选区的划分不得超过州界,还须顾及州选区跨越联邦选区界线时将造成的不便;

(b) 顾及在选区内设立必要的登记和投票设施方面的管理便利;

(c) 州内各选区的选民人数大致相同,但应顾及乡村选区选民联系上的困难和其他不便,而对其选区的面积须进行加权处理;

(d) 顾及选区变动会造成的不便,顾及地方关系的维系。

第3条 本章规定的选民人数,应当为现有选民名册所载选民数。

第3A条 对本章规定而言,在对众议院选举的选区进行审查时,吉隆坡、布城、纳闽等联邦辖区应当作为州对待。

第二章 选区划分的程序

第4条 当选举委员会临时根据本宪法第113条第(2)款之规定提出对选区划分有影响的建议时,其应当通知众议院议长和总理,并在政府公报和该选区发行的至少一家报纸上发布公报说明——

(a) 其所提建议的效果,并在该选区指定地点张贴其建议副本供公众查阅,但其建议对该选区没有作出任何改动的除外;

(b) 在公报刊行后一个月内,公众可以向选举委员会提出有关意见,选举委员会应当考虑公众根据该公报提出的意见。

第5条 当选举委员会根据第4条刊行拟修改选区的公报后,选举委员会从下列来源收取任何反对拟议修改建议的意见表达:

(a) 州政府和地方当局,其辖区全部和部分位于该选区之内而受该改动建议的影响;

(b) 100人或者100人以上,其姓名载于选区现有选民名册之上,选举委员会应当就该选区进行调查。

第6条 选举委员会根据第5条进行的任何调查,其享有《1950年调查委员会法》规定的所有权力。

第 7 条　当选举委员会根据第 4 条刊行公告后对其建议予以修改，则应当按照该规定刊行修改之后的建议，但选举委员会可以就其建议不必进行两次以上的实地调查。

第 8 条　在完成本章规定的程序后，选举委员会应当向总理提交选区的报告，阐明：

（a）建议每个审查单位应当划分的选区，以符合第 2 条规定的原则；

（b）建议各选区的名称，或者阐明其认为为符合上述原则而不必改变选区。

第 9 条　选举委员会根据第 8 条向总理提交报告后，总理应当将报告（除该报告阐明没有对选区作出任何改动的外），连同一份按照第 12 条拟定的法令草案提交众议院，无论有无修改，使该报告包含的建议生效。

第 10 条　如果第 9 条提到的法令草案在众议院表决时获得全体议员过半数的同意，则总理应当将该法令草案呈递最高元首。

第 11 条　批准第 9 条所提及法令草案的动议如果被众议院拒绝，或者因众议院准予而撤回，或者没有获得众议院全体议员过半数的赞同，则总理在其认为有必要与选举委员会协商后，可以修改该法令草案，并将修改后的草案提交众议院；如果该修改后的草案获得众议院全体议员过半数的赞同，总理应当将该修改后的草案呈递最高元首。

第 12 条　当根据本章规定将法令草案呈递最高元首后，最高元首应当按照所呈递法令草案颁布命令，则该法令在指定日期生效；但上述法令的生效，不影响众议院和州立法议会的选举，直至该规定日期或者以后国会或者州立法议会解散。

（孙谦、韩大元主编：《世界各国宪法·亚洲卷》，中国检查出版社 2012 年版）

（杜强强　译　陈国飞　校）

第二部分
主要政党内部规章制度

马来民族统一机构章程

条例1　名　称

组织以马来民族统一机构（英文）命名。

条例2　机构宗旨

团结——忠诚——服务

条例3　原则和方向

马来民族统一机构是一个为实现人民、宗教和国家利益而奋斗的政党。

3.1　维护和保护国家独立和主权。

3.2　维护和保护国家宪法和君主立宪制。

3.3　维护、保护和传播伊斯兰教为官方宗教，尊重信仰自由。

3.4　通过实施民主的议会制度，发展马来人、土著人以及统称的马来西亚人民经济来维护人民主权和社会正义。

3.5　维护民族语言（马来语）为唯一官方语言的地位，维护以马来文化为基础的民族文化。

3.6　在人权、马来人和其他土著人权利的基础上，建立种族合作，以便于创造一个强壮团结的马来民族。

条例4　党员种类

4.1　机构党员分为两种：

4.1.1　普通党员；和

4.1.2　附属党员

4.2　普通党员是马来族人或者土著人，公民要求18周岁或以上。

4.3　附属党员是同意与马来民族统一机构合作并且接受最高委员会制定的制度的政党。

条例5　党员注册

5.1　每一个马来人或者土著人都有权利加入机构，成为一个遵守宪法和规章的党员。

5.2　要求注册成为普通党员的申请必须上交给被要求接受和同意此类申请的支部委员会。

5.3　党员资格的注册表必须由申请人以及一个来自申请人申请加入的所在支部的提案人的签字，并附上按照条例25.1得出的注册总结以及费用。

5.4　如果申请人在一个月之内还未注册成功，可以向区会委员会上报，区会委员会将责令支部委员会批准申请人加入。

5.5　如果区会委员会未按照条例5.4执行，或者支部委员会仍然拒绝服从区会委员会的指令，申请人在一个月之内上报最高委员会，最高委员会依照条例5.6，命令支部委员会将此申请人注册成为会员。

5.6　任一党员都可以将任一被认为不合适成为党员的申请人上报给最高委员会，并给出理由。

5.7　最高委员会有权对任何党员注册申请，或者申请进度（包括撤销注册）做决定，并且此决定将为最终结果。

5.8　任何希望成为附属党员的组织必须发送一份由其名誉主席和秘书长签字的书面申请至马来民族统一机构的总秘书长处。

5.9 马来民族统一机构的最高委员会有权对注册表、注册总结和党员费用做决定。

条例6 党员义务和权利

6.1 每一个党员都有如下义务：

6.1.1 坚决维护党的原则，贯彻目标。

6.1.2 除非有被最高委员会认可的原因，每个党员必须注册成为选举人，并为每一次选举投票。

6.1.3 参加所有会议，参与所有党的活动。

6.1.4 实现政党职责，服从党的道德守则、命令和纪律。

6.1.5 支持进入选举的党内候选人。

6.1.6 为人民服务。

6.1.7 准备并且愿意与党的敌人做斗争。

6.2 每一个党员有如下权利：

6.2.1 在党内会议中发言，发表看法和投票。

6.2.2 选举，被选举，被指定担任党内任一职位。

6.2.3 参加选举，接受党的提名成为候选人。

6.2.4 被提议中止或驱除出党的成员保留党员权利。

6.2.5 如果能达到条例9.5和条例15.5下的要求，不是分区代表团会议或者大会的代表的党员可以被提名并在相关阶段进行竞选。

6.2.6 没有出席支部会议的党员通过提交书面同意书，可以被提名并竞选任何职位或者区会代表团的代表。

6.3 党员没有如下权利：

6.3.1 成为一个以上支部的成员。

6.3.2 委托他人投票。

6.3.3 如果未缴纳宪法分配的党费，不能使用条例6.2下的权利。

6.3.4 如果触犯了1966年社团法令，或者被处以条例20.9和20.10下的纪律处分，不能使用条例6.2下的权利。

6.3.5 除非有最高委员会的书面同意,不能成为1个支部或者分区的常任主席、代理常任主席、审计师或委员会成员。

6.3.6 在被选举为常任主席、代理常任主席或者审计师时,不能担任同级别的委员会成员,反之亦然。

6.3.7 不能在自身所在的支部和区会之外的支部会议和区会代表团内参加演讲,投票,选举和被选举活动。

6.3.8 如果已经在前一个所属的支部或者区会中使用过参加演讲、投票、选举和被选举的权利,同一年里,此党员不能在他加入的任何新的支部或者区会中进行这些活动。

条例7 马来民族统一机构的机构和管理

7.1 党的机构组成,权力支部如下:

7.1.1 中央——大会或者最高委员会

7.1.2 联络——国家和联邦领土联络委员会

7.1.3 区会——区会代表团或者区会委员会

7.1.4 支部——支部会议或者支部委员会

条例8 大 会

8.1 大会是党的最高权力机关,党在其权利和依照马来民族统一机构的宪法和规章制定的命令的基础上运行。

8.2 每年年度大会一年举行一次,举行日期由最高委员会决定,举行日期从上一届年度大会日期算起不超过18个月。

8.3 年度大会的职能:

8.3.1 决定党的政策。

8.3.2 评估最高委员会完成的工作。

8.3.3 依照条例9.3,选举最高委员会成员。

8.3.4 选举常任主席、代理常任主席,在最高委员会任期内任命审计师。

8.4 年度大会应包括

8.4.1 常任主席和代理常任主席。

8.4.2 最高委员会成员。

8.4.3 年度区会代表团选举的代表，每个代表代表 500 个已经缴纳党费的党员，任何区会的代表总数不能超过 7 人。只要区会能够正确维持区会代表团运行，即使被中止的区会也包括在内。

8.4.4 区会主管，区会代理主管，区会副管理人员，已经成立区会代表团，并已按照宪法规定缴纳党费的区会青年团主席和区会妇女团主席。以上人员同时为最高委员会成员的，有权利从区会常任主席，副主席或者区会委员会成员中选择他们的替代人员。

8.4.5 由各团部大会选举的代表，青年团不能超过 10 个，妇女团不能超过 10 个。

8.5 当满足如下三个要求中任一要求的条件，必须召开特别大会：

8.5.1 总统要求。

8.5.2 2/3 最高委员会成员的书面要求。

8.5.3 在同等条件下，已经召开过特别代表大会的区会中至少 1/2 的区会有书面要求。

8.6 根据以上提到的条例 8.5.3，总秘书长应召开特别大会。若总秘书长在收到区会申请后的 14 天内未召开特别大会，常任主席或代理主席应召开特别大会。若常任主席或代理主席在收到原始申请后的 28 天内未召开特别大会，提出申请的区会在邀请到所有的代表的情况下可以召开此次特别大会。

条例 9　最高委员会

9.1 最高委员会是在大会权利和命令下运行马来民族统一机构管理事宜的机构。最高委员会有权代表大会采取任何措施，但是必须报备给大会。

9.2 最高委员会由以下部分组成：

9.2.1　总统

9.2.2　代总统

9.2.3　6 名包括青年团主管、妇女团主管和女青年团主管在内的副总统

9.2.4　总秘书长

9.2.5　财务部长

9.2.6　情报部长

9.2.7　由大会推选的不超过 25 人

9.2.8　由总统任命的不超过 12 人，包括至少有青年团 1 人，妇女团和女青年团各 1 人

9.3　大会每三年必须选举总统、代总统、3 个副总统和 25 个最高委员会成员。

9.4　青年团主管和代理主管，妇女团主管和代理主管，女青年团主管和代理主管，须由其所在大会每 3 年选举 1 次。青年团、妇女团和女青年团主管的权利等同于副总统。

9.5　竞选最高委员会内职位的候选人至少应被以下人员提名：

（a）总统

（b）代理总统

（c）副总统

9.6　总秘书长、财务部长和情报部长，由总统任命，除非辞职或被撤职，在最高委员会任期内任职。

9.7　马来民族统一机构官员：

9.7.1　总统

9.7.2　代理总统

9.7.3　6 名副总统

9.7.4　总秘书长

9.7.5　财务部长

9.7.6　情报部长

9.8 最高委员会官员职责：

9.8.1 总统

9.8.1.1 主要领导人，负责确保党内平稳运行。

9.8.1.2 任命总秘书长、财务部长、情报部长、国家和联邦领土联络主席和代理主席。

9.8.1.3 召开并主持最高委员会会议。

9.8.1.4 根据条例9.2.9，任命不超过12名最高委员会成员。

9.8.2 代理总统

9.8.2.1 协助总统完成职责。

9.8.2.2 总统未出席时，主持最高委员会会议。

9.8.3 副总统

9.8.3.1 协助总统完成职责。

9.8.3.2 总统和代理总统未出席时，主持最高委员会会议。

9.8.4 总秘书长

9.8.4.1 对总统负责。

9.8.4.2 对最高委员会和大会的平稳运行负责。

9.8.4.3 准备向最高委员会报告的解释党内年度工作和进展情况的报告。

9.8.5 财务部长

9.8.5.1 对总部财政正确运行负责。

9.8.5.2 准备账本便于由最高委员会任命的审计员检查。

9.8.5.3 向最高委员会报告年度财政收支估算。

9.8.5.4 向最高委员会报告经由审计员检查和验证的报告和账本细节。

9.8.5.5 至少每年向最高委员会报告1次马来民族统一机构不动产和受托人的情况。

9.8.6 青年团长，妇女团长，和女青年团长：

9.8.6.1 除了条例9.8.3规定的日常职责外，青年团长、妇女团长、女青年团长的职责由各自团内规章决定。

9.8.7　情报部长

9.8.7.1　负责情报活动的平稳进行，并向最高委员会报告。

9.8.7.2　在总部管理情报局，并组织局内官员职能。

9.9　若总统辞职，在根据条例9.3举行大会选举新任总统以前，代理总统必须代理总统，并根据条例9.8.1代理总统事务。

9.10　若代理总统辞职，在根据条例9.3举行大会选举新任总统以前，最高委员会选举1位副总统代理，并根据条例9.8.1代理总统事务。

9.11　若最高委员会成员同时辞职，常任主席和代理常任主席必须在60天内举行特别大会，建立最高委员会，大会还须决定此新建最高委员会的任期。

9.12　当特别大会有资格与会的党员中不少于2/3票数通过，最高委员会成员的职位，包括总统、代理总统可以被撤职，最高委员会可以被解散。

9.13　最高委员会至少每2个月召开一次会议，或

9.13.1　应总统要求的任何时间。

9.13.2　应最高委员会中1/3成员的书面要求。

9.14　根据条例9.13.2，若总秘书长在被要求召开会议之日起40天内未召开会议，则要求召开会议的成员可以在邀请到所有最高委员会成员的条件下召开会议。

9.15　最高委员会中1/2成员组成会议的构架。

条例10　最高委员会职责

10.1　开展与其他机构与马来民族统一机构目标相一致的政治事务或其他事务的合作活动。

10.2　根据条例25.2和26.1，接受支部和区会缴纳的年费，根据条例25.2和25.3决定费用交纳日期。

10.3　在根据最高委员会制定的规章制度，与各自的国家联络机构和

区会委员会讨论后，选举参加众议院和国家立法院竞选的候选人。

10.4 实现1966年社团法令下的所有必须条件。

10.5 每年向大会报告由审计员审核过的年度报告和年度财务报告。

10.6 在大会召开至少7天前，向区会发送年度报告和财务报告。

10.7 （根据条例5.7），决定党员注册进度，中止或者开除党籍。

10.8 在注册中心的同意下，组建联络机构、区会和支部，处理它们的运营情况，或者解散它们和/或它们各自的委员会，以及已被中止或解散的重组成员和委员会成员。

10.9 在最高委员会2/3成员同意的情况下，有权利拒绝所有未按条例25.1和25.2缴纳费用的区会代表参加大会。

10.10 在任何条件下剥夺任何区会和支部联络机构委员会成员的职位。

10.11 任命公务员。

10.12 决定经费，任命签署支票的人员，决定资金去向。

10.13 任命受托人并随时解雇。

10.14 决定区会代表会议的召开日期，在条例15.3下，仍然有权在选举委员会成员的区会代表会议中做决定。

10.15 对委员会成员组成，执行制定规章制度，控制和监督各级别职位的竞选，组建其他小委员会。

10.16 为党的正确运行采取除上述以外的任何措施。

10.17 最高委员会有权休止最高委员会、区会和支部级别的选举。此休止从选举应进行之日起不能超过18个月。

条例11 总秘书长办公室

总秘书长办公室即注册地，位于 the 38th Floor, Menara Dato' Onn, UMNO Complex, Jalan Tun Ismail, 50480 Kuala Lumpur, 或者位于最高委员会指定，注册中心认可的任何地点。

条例12 联络机构

12.1 联络机构可由在每个州和联邦辖地的最高委员会组建。

12.2 联络机构应该包括：

12.2.1 主席

12.2.2 代理主席

12.2.3 秘书

12.2.4 财务部长

12.2.5 情报部长

12.2.6 区会主管

12.2.7 分别由各自团长任命的2名来自国家和联邦辖地的青年团代表；2名来自国家和联邦辖地的妇女团代表；2名来自国家和联邦地域的女青年团代表。

12.3 秘书、财政部长、情报部长由主席任命，除非辞职或被撤职，在最高委员会任期内任职。

12.4 若区会主管不能出席，区会代理主管有权代替区会主管出席联络机构委员会的会议。

12.5 联络机构的主席和代理主席由总统任命，在最高委员会任期内各司其职，但可以随时辞职或被总统免职。

12.6 最高委员会的代表可以出席或者参加任何联络机构的会议，但是无投票权。

12.7 联络机构应每2个月召开一次会议，或

12.7.1 主席要求的任何时间。

12.7.2 在其1/3党员的书面要求下。

12.8 若秘书未按照条例12.7.2在收到申请的14天内召开会议，申请的党员在邀请到所有党员的情况下，可以召开会议。

12.9 联络机构1/2的党员组成会议的构架。

12.10 联络机构每年至少应召开1次有区会代表参加的国家和联邦辖

地级别的会议。最高委员会有权决定会议的条款和其他事宜。

12.11 在此联络机构的会议中，若主席和代理主席缺席，在场的任一党员均可被选举为主席。

12.12 联络机构官员职责

12.12.1 主席

12.12.1.1 任命秘书，情报部长和财务部长。

12.12.1.2 召开并出席联络机构的会议。

12.12.1.3 对每一位官员和联络机构办公室的人员负责。

12.12.2 代理主席

12.12.2.1 协助主席的职责。

12.12.2.2 主席缺席时，出席联络机构会议。

12.12.3 秘书

12.12.3.1 直接对主席负责。

12.12.3.2 对联络机构会议和办公室的正确运营负责。

12.12.3.3 根据条例 12.7 召开会议。

12.12.4 财务部长

12.12.4.1 对财政的正确运行负责。

12.12.4.2 向联络机构提交财政报告。

12.12.4.3 每年至少 1 次向联络机构报告马来民族统一机构的不动产和受托人情况。

12.12.5 情报部长

12.12.5.1 对情报及其传播负责。

12.12.5.2 向联络机构报告国家级情报工作状况。

12.13 联络机构的责任，权利和义务

12.13.1 在国家和联邦辖地内安排和协调区会的运营。

12.13.2 选举党员在国家和联邦辖地级别的组织和权力机构内作为党的代表。

12.13.3 决定开支，任命签署支票的人员，决定安保资金的去处。

12.13.4 任命受托人,并可随时将其解雇。

12.13.5 实现 1966 年社团法令中要求的所有条款。

12.13.6 应最高委员会的要求解决区会和支部出现的任何问题。

12.13.7 向最高委员会提交年度报告和由审计员检查和认可的年度财务报告。

条例 13 联络机构秘书办公室

联络机构秘书办公室应位于国家马来民族统一机构管理中心或国家联络机构决定,注册中心认可的任何位置。

条例 14 区 会

14.1 最高委员会有权在众议院的每个选民区组建区会。

14.2 根据马来民族统一机构的宪法和会议章程,区会运行将在区会代表团的权利和指令上进行。

14.3 区会代表会议应每年举行 1 次,距离大会举行日期至少 60 天。最高委员会可根据条例 10.14 给出日期跨度。

14.4 区会代表团包括

14.4.1 常任主席和代理常任主席。

14.4.2 区会委员会成员。

14.4.3 已经举行过支部会议和已经向区会上交当年费用的支部主管,同时为区会委员会成员的支部主管有权从支部常任主席、代理常任主席和委员会成员中任命其继任者。

14.4.4 由支部会议任命的代表,每个代表代表 50 个已根据条例 25.1 和 25.2 缴纳费用的党员的,但是任何一个支部的代表团成员数不得超过 5 个。

14.4.5 若能举行会议,被区会建议中止或撤销的支部,已被最高委员会中止的支部委员会可以派送代表。

14.4.6 由各自的区会代表团选举的代表，青年团不超过 10 人，妇女团不超过 10 人。

14.5 区会代表团职责

14.5.1 根据条例 15.3，选举区会委员会成员。

14.5.2 向大会推选区会代表。此后区会代表团未推选的代表或者任何更改将无效。不能出席会议的代表不能任命替代者。

14.5.3 商讨将呈交大会的党的政策。

14.5.4 举荐竞选最高委员会职位的候选人。

14.5.5 根据条例 28.2，任命常任主席、代理常任主席和 2 名审计员。

14.6 在以下任一要求下，特别区会代表团必须举行会议

14.6.1 有至少 2/3 的区会委员会成员的书面要求。

14.6.2 在所有支部中的 1/2 支部的书面请求下，前提是这些支部都已经举行过特别会议讨论相同事宜。

14.6.3 最高委员会的要求下。

14.7 区会秘书长应当召开特别区会代表会议。如果区会秘书未在距收到支部最后一次申请的 14 天内召开会议，最高委员会应该召开会议。

14.8 特别区会代表会议应当按照区会代表团的规章举行，除非有人员更替，否则只有参加过上一年的区会代表会议的党员才能参加会议。

条例15 区会委员会

15.1 区会委员由以下组成

15.1.1 主管

15.1.2 代理主管

15.1.3 包括青年团长、妇女团长和女青年团长在内的 4 名副主管

15.1.4 秘书

15.1.5 财务部长

15.1.6 情报部长

15.1.7 区会代表团推选的不超过20人

15.1.8 主管任命的不超过7人，其中包括青年团1人，妇女团1人

15.2 同时为众议院成员和国家立法机构成员的区会党员，并非根据条例15.1被推选或被任命的，有权参加每一届区会委员会会议，但无投票权。

15.3 根据条例15.1.7，主管、代理主管、副主管、青年团、妇女团和女青年团的团长和代理团长，应该每3年选举1次。但是，根据条例10.17，最高委员会可以休止这种选举一段时间，时长从选举原定举行之日起不能超过18个月。

15.4 除非相应的区会委员辞职或者被撤职，秘书、财务部长、情报部长和区会主管指定的党员在此届区会委员会任期内任职。

15.5 竞选区会委员会职位的候选人提名情况应至少如下：

（a）主管

（b）代理主管

（c）副主管

（d）委员会——根据条例17.5.7，被区会认可的从所有支部中推选出的2名成员。除非有区会的支部超过150个，候选人若竞选主管，需要30个支部的支持，竞选代理主管需要20个支部的支持，副主管需要10个支部的支持即可。

15.6 根据条例15.4，由于成员可以被任命为官员，所以区会委员会成员的职位不会出现空缺。

15.7 若区会主管辞职或者被撤职，代理主管代替其位成为执行主管，如果执行主管辞职或者被撤职，委员会可以从副主管中任命1人代替其职，成为执行主管，或者在副主管缺席的情况下，根据条例15.3，从委员会中推选1人任其职直到举行区会代表会议。

15.8 如果区会委员会同时辞职，最高委员会将举行特别区会代表会议重建区会委员会，并决定其任期。

15.9 区会委员会每2个月应召开一次会议，或

15.9.1 在主管要求的任意时间，或

15.9.2 在1/3委员会成员的书面要求下。

15.10 根据条例15.9.2，若区会秘书未在申请之日7天内召开会议，申请召开会议的成员可以在邀请到所有的委员会成员的情况下召开会议。

15.11 1/2的委员会成员足够召开会议。

15.12 区会官员和委员会的职能：

15.12.1 区会主管

15.12.1.1 对区会和区会下辖的支部的正确运行负责。

15.12.1.2 对所有区会办公室内的官员和职员负责。

15.12.1.3 召开并主持区会委员会会议。

15.12.1.4 任命秘书、财政部长和情报部长，对他们正确履行职能负责。

15.12.1.5 任命7名区会委员会成员。

15.12.2 代理区会主管

15.12.2.1 协助区会主管的职责。

15.12.2.2 在区会主管缺席情况下主持区会委员会会议。

15.12.3 副主管

15.12.3.1 协助区会主管的职责。

15.12.3.2 在区会主管和代理主管缺席情况下，主持区会委员会会议。

15.12.4 秘书

15.12.4.1 直接对区会主管负责。

15.12.4.2 对于区会委员会会议和代表团的正确运营负责。

15.12.4.3 准备马来民族统一机构的区会年度报告。

15.12.5 财务部长

15.12.5.1 对区会财政正确运营负责。

15.12.5.2 准备向区会委员会呈交的经审计员审计的年度财务报告。

15.12.5.3 至少每年1次向区会委员会报告区会不动产和受托人的

情况。

15.12.6　情报部长

15.12.6.1　在区会级别行使情报职能。

15.12.6.2　向区会报告其职能。

15.12.7　青年团长、妇女团长和女青年团长

15.12.7.1　青年团长、妇女团长和女青年团长的职能由其规章决定。

15.13　区会委员会的责任、权利和义务

15.13.1　向大选推举候选人，向市议会、镇议会、区和地方议会推举党代表。

15.13.2　监督支部运行，解决支部面对的问题。

15.13.3　向区会代表团呈交年度报告和经由审计员审核的财政报告。

15.13.4　接受支部缴纳的年费。

15.13.5　向总秘书长发送呈交给区会代表团的区会年度报告和财政报告。

15.13.6　在与支部委员会协商后决定支部会议的举行日期。

15.13.7　实现社会法1966项下的所有条款。

15.13.8　根据条款25.1和25.2，在区会委员会2/3成员的同意下，若发现有支部未缴纳党费，有权否决其全部支部委员会成员。

15.13.9　与最高委员会和支部协作准备可以参加支部会议的成员名单。

15.13.10　决定支出，任命可以签署支票的人员，决定资金安保项的去处。

15.13.11　任命受托人并随时可以将其解雇。

条例16　区会秘书办公室

区会秘书办公室可在区会委员会决定并由注册中心认可的任何地段。

第二部分　主要政党内部规章制度

条例 17　支　部

17.1　在与相应区会委员会商讨和提及之后，最高委员会有权组建、中止、解散支部。

17.2　根据宪法和马来民族统一机构的会议章程，支部运行是基于支部会议的权利和指令之上的。

17.3　根据条例 15.13.6，支部会议应每年召开 1 次，但要距区会代表团会议举行之日 14 天前。

17.4　支部会议应由以下组成

17.4.1　常任主次和代理常任主席。

17.4.2　支部委员会成员。

17.4.3　马来民族统一机构的，根据机构宪法条例 25.1 和 25.2 已经缴纳年费的党员。

17.5　支部会议的职责

17.5.1　协商在区会代表团会议上呈交的党政。

17.5.2　检查支部委员会的工作。

17.5.3　为公众利益制定工作计划。

17.5.4　根据条例 18.2，推选委员会成员。

17.5.5　根据条例 18.2，推选常任主席、代理常任主席和 2 名审计员。

17.5.6　向区会代表团推选代表。未在支部会议上被推选或此后的任何变动均无效。

17.5.7　推选竞选区会委员会成员的候选人。

17.5.8　根据条例 8.4.3，提名 7 人被选为马来民族统一机构的区会代表参加马来民族统一机构的大会。

17.6　特别支部会议应当在 1/2 成员的书面要求下召开。若秘书未在 14 天内召开会议，区会委员会必须召开会议。

条例18 支部委员会

18.1 支部委员会应由以下组成

18.1.1 主管。

18.1.2 代理主管。

18.1.3 青年团长、妇女团长、女青年团长。

18.1.4 秘书。

18.1.5 财务部长。

18.1.6 情报部长。

18.1.7 会议推选的不超过15人。

18.1.8 支部主管任命的不超过5人,包括青年团1人,妇女团1人,女青年团1人在内。

18.2 根据条例18.1.7所述的主管,代理主管和15名支部委员会成员应每3年由支部会议选举1次。青年团长,妇女团长,女青年团长应由其团会每3年选举1次。但是最高委员会可以休止选举,休止之间不超过原定选举之日的18个月。

18.3 秘书、财务部长和情报部长和支部主管根据条例18.1.8推选的不超过5名成员,除非委员会辞职或者被撤职,否则在委员会任期内任职。

18.4 根据条例18.3,成员可以被任命为官员,所有支部委员会成员职位不会空缺。

18.5 支部委员会应至少每2个月召开1次会议,或

18.5.1 在主管要求的任意时间,或

18.5.2 有1/3支部委员会成员的请求信。

18.6 根据条例18.5.2,若秘书在申请之后7天内没有召开会议,申请会议的成员可以在邀请到所有支部委员会成员的情况下召开会议。

18.7 1/2的委员会成员可以召开会议。

18.8 如果被推选的委员会成员不再任职,此空缺不能被填补。

18.9 如果支部主管辞职或者被撤职,代理主管成为执行主管,如果

执行主管辞职或者被撤职，任一委员会成员可以被指定成为执行主管。

18.10　若主管或者代理主管不能参加委员会会议，任一与会成员可以被指定为主持人。

18.11　支部办公室职责

18.11.1　主管职责

18.11.1.1　对支部的正确运行负责。

18.11.1.2　任命秘书、财政部长和支部情报部长，对他们正确履行职责负责。

18.11.1.3　对所有的官员和支部办公室职工负责。

18.11.1.4　召开并主持支部委员会会议。

18.11.1.5　根据条例18.1.8，任命5名支部委员会。

18.11.2　代理主管职责

18.11.2.1　协助支部主管的职责。

18.11.2.2　若主管缺席，主持支部委员会会议。

18.11.3　秘书职责

18.11.3.1　直接对支部主管负责。

18.11.3.2　管理支部办公室的运行，成为公务员。

18.11.3.3　向支部主管报告所有有关管理支部办公室的措施。

18.11.3.4　对支部委员会会议和支部会议的正确运行负责。

18.11.3.5　准备支部年度报告。

18.11.3.6　根据条例18.5，召开会议。

18.11.4　财政部长职责

18.11.4.1　对支部财政的正确运行负责。

18.11.4.2　准备并向支部委员会呈交由审计员审核的年度财务报告。

18.11.4.3　每年至少1次向支部委员会报告马来民族统一机构的不动产和受托人情况。

18.11.5　情报部长职责

18.11.5.1　管理和部署由支部组织的情报和传播计划。

18.11.5.2 对支部组织的情报和传播负责。

18.11.5.3 向支部委员会报告在本支部开展的马来民族统一机构的情报工作。

18.11.6 青年团长妇女团长和女青年团长职责

18.11.6.1 青年团长妇女团长和女青年团长的职责由其团规决定。

18.12 支部委员会职责

18.12.1 开展由最高委员会和区会委员会制定的党的命令。

18.12.2 在党员中培养兄弟之情,提高互帮互助。

18.12.3 接受成员党费。

18.12.4 为通过区会委员会成为最高委员会成员学习并提交申请。

18.12.5 向支部会议提交年度报告和经由审计员审核的财务报告。

18.12.6 实现社会法 1966 项下的所有条款。

18.12.7 至少在支部会议前 7 天向成员发送年度财务报告。

18.12.8 通过区会向最高委员会提请撤销或中止某成员党籍。

18.12.9 决定开支,任命可以签署支票的人员,决定资金去向。

18.12.10 任命 1 名受托人并随时将其解雇。

18.12.11 同意成员加入组织的申请,并向区会委员会和最高委员会报告。

条例 19 支部秘书办公室

支部秘书办公室可以位于支部委员会同意并由注册中心认可的任何地方。

条例 20 纪 律

20.1 最高委员会有权组建纪委会,制定其规章、权利,对违反宪法和其他任何违反马来民族统一机构成员道德准则或其他任何法规的行为实施惩罚。

20.2 纪委会成员必须由最高委员会指定，最高委员会由不在党内任职的和在选举中没有既定利益的成员组成。

20.3 最高委员会可以把纪检权利交给国家和区会联络机构的任何委员会。

20.4 在不动用最高委员会权利的情况下，国家和区会联络会机构的纪检会在听证后，对于违反宪法或者马来民族统一机构的道德准则的行为，可以实施最高委员会规定的相应的任何惩罚。

20.5 每个党政级别都应向纪委会检举任何一个党员的违反党纪的行为，以获取下一步行动的指令。

20.6 任何一个党员或者组织，若对于对其实行的纪检处罚不满，都可以向最高委员会申诉。

20.7 在未遵循党规的情况下，任何党员向法庭提起党政事务或者党员权利，都自动解除党籍。

20.8 所有的马来民族统一机构成员都必须热爱党，并且

（a）遵循宪法和道德准则。

（b）遵守党规。

（c）贯彻实施党的政策。

（d）遵守并尊重党的决定。

（e）保守党的秘密。

（f）维护党的声誉和尊严。

（g）任何时候都能行为得体，礼貌待人。

20.9 任何违反宪法或者马来民族统一机构道德准则的成员可被施以以下所述的任意惩罚：

（a）警告。

（b）中止在党内的权利。

（c）禁止在党内竞选任何职位，或者由最高委员会决定在某一时期内禁止其在国家选举或大选作为候选人。

（d）开除党籍。

(e) 根据宪法实施任何其他合理惩罚。

20.10 任何作为独立候选人或者反对党候选人竞选的党员将被开除党籍并永远不准入党。

20.11 除了受过条例20.10下处分的党员，受过处分的党员，可以申诉：

20.11.1 自受罚之日起2年后撤销中止权利。

20.11.2 自受罚之日起3年后撤销解除党籍。

20.12 最高委员会有权制定有关马来民族统一机构成员道德准则的指令和规章，在所有选举中，禁止滥用职权和金钱，为自己或任何其他党派或者为不投票给其他人，意图拉票或争取支持或者影响任何选举活动。

条例21 青年团、妇女团和女青年团

21.1 马来民族统一机构在所有级别都可以建立青年团、妇女团和女青年团，最高委员会有权为它们制定规章制度。

条例22 马来民族统一机构的徽章和标志

22.1 最高委员会可以为党员制作徽章和标志。

22.2 徽章和标志只能由总秘书办公室发布。

22.3 根据条例23.1，马来民族统一机构的徽章形状与马来民族统一机构的旗帜相同，在右边角落处添加马来民族统一机构的马来语小字，在左边角落添加马来民族统一机构的英文字。

22.4 马来民族统一机构的标志是全称的马来语缩写，垂直排列（从上到下），排版美观对称。

22.5 最高委员会有权制定与徽章和标志有关的所有规定。

条例23 马来民族统一机构的旗帜

23.1 旗帜形式如下：

红色在白色之上，宽度相等，中心有黄色圆圈，圆圈中心是一把绿色的出鞘的格里斯剑。

23.2 最高委员会有权制定旗帜的规定和使用。

23.3 旗帜形式和式样的任何改变都应由最高委员会认可。

条例24　资金来源

24.1 马来民族统一机构的资金从以下渠道获得

24.1.1 注册金额和费用。

24.1.2 捐款。

24.1.3 最高委员会认可的其他各级别的倡议。

24.2 马来民族统一机构的财政年度从1月1日到12月31日。

24.3 支部、区会和联络机构的秘书办公室，必须向总秘书长办公室发送经由审计员审核的1个财政年度的财政报告。

条例25　马来民族统一机构的费用

25.1 普通党员必须自费通过支部或区会向总部办公室缴纳一笔总数为1个林吉特（RM1）的注册金额，以及1个林吉特（RM1）的年费或者100林吉特（RM100）的终身费用。

25.2 以上根据条例25.1制定的缴费，根据条例24.2，除非已经缴纳终身费用，这笔费用必须在最高委员会规定的日期前缴纳。

25.3 对于每年缴费的党员，由最高委员会决定支部和区会向总部办公室缴费的日期。

条例26　如何安排和使用马来民族统一机构的资金

26.1 根据条例26.6，联络机构、区会委员会和支部委员会各级别可以决定收集、安排和使用马来民族统一机构资金的方式。

26.2 除了手头的现金，马来民族统一机构的资金必须储存在商业银行或者储蓄银行。

26.3 银行的支票和取现表格必须由各级别的至少 2 个成员签字。

26.4 最高委员会有权处理联络机构和属于被撤销联络机构内的区会的所有的资金和不动产。

26.5 区会委员会有权处理已被撤销的支部的所有不动产，现金或者银行储蓄资金，或者为此支部储蓄的资金。

26.6 最高委员会有权为马来民族统一机构有关的各级别财政制定规定。

条例27 动产和不动产

27.1 每一份不动产，意即土地和马来民族统一机构总部办公室大楼，必须登记在马来民族统一机构名下，属于联络机构、区会和支部的不动产可以登记在各自名下。

27.2 每一份动产必须登记和保有在受托人名下。最高委员会和其他所有级别可以制定任意成员或者公司为受托人，也可随时将其解雇。

27.3 最高委员会享有决定马来民族统一机构的购买、收费（为了个人或者其他党政的利益）、出卖、转变、抵押或者租赁地产和楼房的权利。对于属于联络机构、区会和支部的不动产，它们各自享有相同权利。

27.4 最高委员会有权制定规章制度以贯彻执行条例27 的意志，即可以将注册的所有人名称转给根据条例27.1 可以成为所有人的政党。

条例28 审计员

28.1 年度大会必须指定一家由政府认可的审计公司来检查党的财政和财产。

28.2 联络机构会议、区会代表会议和支部会议必须推选 2 人成为审计员，检查各自从属的联络机构、区会和支部的账目。

28.3 最高委员会、联络机构、区会委员会和支部委员会必须指定审计员替代在职审计员以防在职审计员辞职。

28.4 最高委员会在任何时候都有权对联络机构、区会和支部的资金开展检查,区会有权检查支部的资金和财产账目。

28.5 最高委员会有权制定有关联络机构、区会和支部资金的所有规章制度。

条例29　大会规定

29.1 最高委员会有权制定由注册中心认可的大会会议规定。

29.2 大会会议规定应为各级别党的会议服务。

条例30　宪法修正

30.1 宪法或宪法的任一部分可以用不少于2/3党员通过的法令修正或撤销,这些党员应有资格参加特殊大会,从决定修正宪法之日起28日内,此决定必须呈交到注册中心。

30.2 最高委员会提起的修正宪法的建议,特别大会会议的成员可以在大会举行之日起14日内,书面向秘书长提请的情况下,修改此建议。

条例31　组织马来民族统一机构的临时权利

此部宪法生效之日从注册中心认可之日起,但是任何先于此宪法的马来民族统一机构的法规和著作,即使它们不适用或者与宪法规定不符,依然有效。

条例32　解　释

在宪法或者规范大会行为的规章制度中有不同解释的矛盾事件发生时,最高委员会给出的解释为最终结果。

(马来民族统一机构章程出处:http://www.umno-online.my/)

(张萌萌　译)

马来西亚华人公会章程

第一章

名称

1. 本党定名为马来西亚华人公会。

2. 本章程称为马来西亚华人公会（马华）章程。

党总部及其他办事处

3. 本党总部或是进行党务的主要地点，设在吉隆坡安邦路163号，邮区编号：50450；或中央委员会随时决定之其他地点。此总部或此处进行党务的其他地点称为马来西亚华人公会总部。

党旗帜、标志、图案及徽章

4. 本党之旗帜、标志、图案及徽章必须采用蓝底配以黄色十四角之星形图样，或任何其他中央委员会随时规定之图样。

5. 中央委员会可以就党旗帜、标志、图案及徽章之大小，用途以及其他有关之事项，制订条款加以管制。

第二章

宗旨和目标

6. 本党之宗旨及目标如下：

6.1 确保和防卫马来西亚之独立及主权。

6.2　确保和维护马来西亚宪法。

6.3　确保和维护一个以多元种族为基础的国会制度和民主政府。

6.4　争取和维持人权之行使,纠正不公平之现象,并扶助贫困之人士。

6.5　确保马来西亚宪法内马来西亚华裔人士之合法权利和利益,以及所有其他民族的合法权利和利益,获得承认和保护。

6.6　维持、培养和促进马来西亚各种族公民之间之亲善与和谐,以确保一个强大及团结的国家在和平中进步与成长。

6.7　以合法及符合宪法之方法,促进、维护,及争取马来西亚华裔人士在政治、社会、教育、文化、经济与其他方面之利益。

6.8　考虑、援助和处理有关全体党员之各项事宜,并为他们的福利和进展采取所需之步骤。

6.9　促进本国经济资源之充分发展与利用,以造惠本国全体公民。

6.10　促使本国全体公民获得充分与平等就业机会。

6.11　加强与改善国家生产力,以提升高度之生活水准。

6.12　加强和维持我国每一位公民的社会正义、经济保障及平等机会。

6.13　鼓励、建立和发展合作运动。

6.14　与马来西亚境内注册且具有与本党相同宗旨和目标之其他政治团体共同工作,以促进政党政治之健全发展。

6.15　促进、保存与维护华语、华文之应用与学习,并确保它在马来西亚宪法第152条明文规定下之应用、教授及学习不会被禁止和阻挠。

6.16　进行以上各条款以外之事项,以谋求本党和党员之一般利益。

第三章

党员

7. 党员分为下列三种:

7.1　普通党员;

7.2 永久党员；与

7.3 荣誉党员。

8. 一名荣誉党员，是由普通党员或永久党员中选出者，即他是在中央委员会会议中，经出席者以至少 2/3 多数票通过的议决案所选出。除非具备下列资格，普通党员或永久党员不能被选为荣誉党员：

8.1 被选之前的过去 7 年内，为本党党员。

8.2 不论在任何时间内，均未曾遭受本党采取纪律行动对付者。

8.3 对本党有忠诚及卓越之服务者。

党员资格

9. 另受第 14 条款约束以外，除非具备下列条件，任何人不能被接受为党员；或如果他曾经被接受成为党员，也不能继续成为党员：

9.1 他是一名马来西亚华裔公民。

9.2 他的年龄至少达 18 岁。

9.3 他同意和遵守随时为党员而制订之规则、条例、细则和条件，并遵守本章程，且支持本党之各项计划、原则及政策。

9.4 他不是其他政党之党员或附属党员。

附属关系

10. 本党可授予或撤除附属关系给任何团体。

11. 任何团体不能被接纳为附属团体，除非符合下列条件：

11.1 接受并同意支持本党之计划、原则及政策。

11.2 同意遵守本章程、代表大会常规及随时为附属团体而制订之所有规则、条例、细则及条件。

11.3 提呈其章程及政治计划而被本党中央委员会所批准者。

11.4 缴交代表大会随时决定之年捐（如有的话）。

11.5 接受和支持代表大会所制订的附属关系之条件，且同意遵守有关条件。

申请入党、手续及会费

12. 入党之申请、批准入党、会费之缴交以及其他有关事项，必须填妥规定表格以待中央委员会之核准。

13. 党员须在入党时或以后缴交之会费，规定如下：

13.1 普通党员：以每年12月31日为止的一年或不足一年的会费为两令吉，或是由中央委员会随时决定的数额。

13.2 永久党员缴交之会费，其数目可由中央委员会随时决定。

13.3 附属团体：以每年12月31日为止或不足一年的会费为一百令吉，或是由中央委员会随时决定的数额。只有缴足会费者，才能被视为有效党员。

14. 如果属于以下情形者，不能被接纳为党员，即使已被接受，其党籍亦将受停止：

14.1 在1996年社团法令下，丧失担任政党职委或失去参加政党资格者；

14.2 曾被援引1959年马来亚防止犯罪法令（1983年修正）登记者，或在马来西亚其他州类似法律下被登记者。

14.3 曾在1996年社团法令第66节第4项或马来西亚其他各州类似法律下被处罚之人士。

14.4 是一名党籍已被开除，或退党的前党员而还未获得中央委员会之书面批准恢复党籍者。

党员权利

15. 除非本章程内另有规定，一名党员，凡不曾因任何理由被停止党籍者，有权享受下列各项：

15.1 出席他有权参加之所有会议并发言。

15.2 在他有权出席之所有会议上投票。

15.3 在本党担任他当选或被委任之职位。

15.4 可享受本党供给之设施及作合理之应用。

16. 任何党员未缴清所欠会费则丧失作为党员之权利，包括出席会议或在会议上投票或担任职位之权利。

17. 附属团体除接受代表大会之请求以委派代表列席具有特定或一般

性宗旨的代表大会或任何委员会或小组委员会之外,不能享受任何权利,它所委派之上述代表无投票权。

党员退党

18. 普通党员或永久党员欲退出党籍,必须以书面知会总秘书或其支会秘书。支会秘书须将有关退党事向支会委员会、区会委员会和总秘书报告。荣誉党员须以书面向总秘书通知有关退出党籍事宜。

19. 附属团体须以书面通知总秘书有关其退出党籍事宜。总秘书须将有关退出党籍事宜报告中央委员会。

第四章 总部组织和行政

党职员

20. 选出或委任下列党职员:

20.1 总会长。

20.2 署理总会长。

20.3 总秘书。

20.4 6位副总会长,包括马青总团长和全国妇女组主席在内

20.5 总财政。

20.6 组织秘书长。

20.7 副总秘书

20.8 副总财政

20.9 副组织秘书长

20.10 33位中央委员会委员。

21. 总会长、署理总会长以及除马青总团长、全国妇女组主席两位副会长以外之另四位副会长和25名中央委员会委员,须在代表大会之代表中选出,除非离职,将担任其职务至下届代表大会选举党职员时为止,但上述各职位可以被重选连任。

21A. 任何人担任总会长,或在本章程第40条款下当选,或受委为总

会长，其任期不得超过 9 年。

22. 总秘书、总财政和组织秘书长须由总会长征询中央委员会之意见后委任之。

22A. 副总秘书、副总财政及副组织秘书长须由总会长从中央委员会委员之中，经征询中央委员会之意见后而委任之。

23. 另受第 40 条款的约束之外，当任何被选出之党职员，不管任何理由而致其职位悬空，中央委员会委员有权填补该职位，至下届代表大会选举时为止。

总部行政

24. 总秘书必须被视为党的法定代表以符合 1996 年社团法令第 9 条（C）项的需求。

25. 总会长负责党总部的适当行政、管理和控制。会长理事会认为需要时，可以随时制订规则、条例以及细则，俾加强党总部行政、管理和控制之效率。

26. 党总部聘用之雇员，其聘用之人数，条件将由总会长征询会长理事会后决定之。

第五章　代表大会

组织、职务和权力

27. 根据本章程和代表大会常规，本党最高权力操在代表大会。但执行所有职务之权力由中央委员会负责。

28. 代表大会至少每年必须举行一次。

29. 代表大会，必须不迟过每年 8 月 31 日举行，除非总会长展延开会日期，但展延不能迟过常年代表大会应召开的该年的 12 月 31 日。代表大会在选举党职员之前，必须先行选出一名议长和副议长。议长将是代表大会的主席，他将继续保持此职位（除非他因去世，退党或被代表大会撤职），一直到下届代表大会选举时为止。但他有资格被重选连任。

30. 特别代表大会须在下列情况下随时举行：

30.1　由总会长指示。

30.2　由中央委员会至少 1/3 的委员以书面正式要求。

30.3　如果章程第 33 条款下的代表大会成员中的至少 1/3 以书面提出正式要求。

30.4　根据章程第 41 条款召开。

31. 在本章程第 30.2 或 30.3 所作出的正式要求、信件须提呈总秘书或党总部及须说明要求召开特别代表大会的理由，以及不超过三名提出正式要求者的姓名，以代表全体要求者，俾总秘书或党总部可就有关的要求，与这三人联络。总秘书在接获正式要求之后，就必须发出适当的通知书给本章程第 33 条款下组成代表大会的全体成员，通知书里须说明召开特别代表大会的日期、时间和地点。召开特别代表大会的日期不能迟过收到正式要求日期后的 30 天。该通知书里也须详细列出要求者要召开特别代表大会的理由及该特别代表大会的适当议程。不管基于什么理由，如果在收到该正式要求的五天内没有发出召开特别代表大会的通知书，则该代表全体要求者的三名代表或任何其中一人，将能发出所需的开会通知书给所有的代表。

如果总会长自己认为被要求召开的特别代表大会是极为迫切的，他可训示总秘书发出不少过 7 天的较短期限的开会通知书。

同时，任何这种较短期限的开会通知书，须获得代表大会的议决案加以核准。

32. 代表大会的 1/3 代表可以构成根据章程第 30.2 或 30.3 条款下要求召开特别代表大会的足够法定人数。如果在根据章程第 30.2 或 30.3 条款下召开特别代表大会的日期、时间和地点，在会议规定开会时间后的 30 分钟内，还没有足够的法定人数，那么，该所要求召开的特别代表大会，必须视为流产会议。但该不足够法定人数将不能导致有足够法定人数时所进行的会议程序无效。

33. 代表大会包括以下成员：

33.1 现任的中央委员会委员。

33.2 根据第67条款区会大会所选出之代表。

33.3 国会议员和州议员。

33.4 所有州联络委员会主席（如未在前述职位内）。

33.5 所有区会主席（如未在前述职位内）。

34. 本党之州秘书、区会秘书、支会主席和支会秘书，如果不是代表大会的代表，可以申请以观察员身份列席代表大会，不过没有其他权利。

35. 如果得到至少2/3的出席代表，在代表大会上投票批准，代表大会可以革除任何党职员（不论是由代表大会所选出或是委任者）。

36. 另受章程第32条款约束以外，任何时刻至少有200名或1/3的代表出席会议，以数目低者为根据，可构成召开代表大会的足够法定人数。

37. 代表大会在不损害本章程所授予的一般性职权之下，除了拥有中央、区会及支会委员会的各项权力外，还可拥有以下权力：

37.1 管制其本身之开会程序，指挥、管理及控制党务，并代表党行事。

37.2 准许具有与本党相同宗旨之任何团体成为本党之附属团体，并在基于本党利益而认为需要时加以撤销之。

37.3 如果它认为适当的话，它可增加、废除、修改、替换或改变任何本章程内之条文。

37.4 推动或反对立法和其他措施，与政府当局及其他类似机构联络处理一切影响本党党员的事务，或与其他机构或团体在这些事项上取得合作。

37.5 除了修改本章程之权力外，可依照其认为适当之条件，将其全部或部分权力，包括可转授或不可转授之权力，授予中央委员会、会长理事会或任何其他委员会或小组委员会。

37.6 拟定任何规则、条例或细则以管制、指挥、管理及控制党、各级委员会、各级小组以及其他任何在章程下所成立组织之事务。

37.7 处理与本党或党员有关之所有其他事项。

第六章　中央委员会

组织、职务和权力

38. 中央委员会由下列各成员组成：

38.1　总会长。

38.2　署理总会长。

38.3　总秘书。

38.4　副总会长。

38.5　总财政。

38.6　组织秘书长。

38.7　副总秘书。

38.8　副总财政。

38.9　副组织秘书长。

38.10　25 名委员，从代表大会的代表中选出。

38.11　不超过 8 名由总会长委任之委员。

39. 在代表大会的授权和指示下，中央委员会负责管理本党之事务。中央委员会可以代表党代表大会采取任何行动，包括普通或特殊之事项，但是它必须尽速的向代表大会报告其活动之情况。

40. 不论总会长因任何理由停职，将由署理总会长出任总会长职位，一直到下届代表大会选举党职员时为止。而署理总会长的空缺将由其余的中央委员会委员中选出一人填补。他将担任署理总会长职位，直到下届代表大会选举党职员时为止。

41. 如果超过 2/3 或更多的中央委员会委员同时停职，剩下的委员将在该事件发生的 3 天内，在他们当中选出一人，在最短的时间内，即最迟不能超过该事件发生后的 30 天内，召集一项特别代表大会以选出一个新中央委员会。其余的中央委员会委员必须负责管理党务，直到新中央委员会选出为止。但不能阻止任何前中央委员会委员被重选连任。

42. 任何中央委员会委员辞职，须以书面具备理由向总秘书提出。在接获辞职信后召开的会议中，中央委员会必须考虑其辞职。当被选出的任何中央委员会委员在任何理由下停职时，中央委员会可委派他人填补其空缺，至下届常年代表大会选举时为止。

43. 中央委员会必须至少每两个月举行会议一次，或随时由总会长之指示召开，或由至少 1/3 的中央委员会委员提出正式要求召开。

44. 中央委员会开会之足够法定人数在任何时候至少有 12 名才生效。

45. 在不损害本章程所赋予的一般性权力，同时须受章程第 37 条款之约束外，中央委员会拥有下列权力：

45.1 拟订一般原则、政治计划及政策，包括有关经济、教育、福利与社会政策在内。

45.2 随时成立它认为适合之委员会或小组委员会，以考虑和处理任何特定事务。

45.3 托付该委员会或小组委员会其认为适合之工作条件，以及制订所需要之条例，以推行任务。

45.4 随时制订它认为需要之选举委员及职委细则，或为达致本党目标所需要之细则，以推行各级之党务。但此种细则不能违反章程。

45.5 推动、准备，并实现达致本党目标之计划。

45.6 在影响本党或党员的利益的任何问题上，代表本党提出意见。

45.7 聘任所需要之职员、书记及职工，并确定他们的责任及职务，作停职或革职之决定，或必要时，分配其工作，以及根据情况需要，决定他们的薪俸、津贴金、奖励金或其他特别的利益。

45.8 为达致本党之宗旨，筹募、鸠收或接受任何捐款、金钱或物品之捐献。

45.9 另受限于章程第 150 条款规定之外，从事购买、租用、租出，或以其他方法获得任何种类之动产或不动产，及售卖、交换、按押，或以其他方法脱售，或处理任何动产或不动产，进行有抵押或无抵押借款，包括按押，以及处理银行来往户口、存款户口及任何透支等，并为此等用途抵押党动产和不动产。

45.10 从事印刷及出版报纸、期刊及小册，以传播与本党宗旨有关事项之讯息。

45.11 接受、处理或执行被认为可促进本党宗旨之任何信托基金或赠物。

45.12 在顾及州联委会的推荐下，推荐上议院议员及甄选国会及州议会选举的候选人，并分配候选人选区。

45.13 管制、督促与决定一切有关国会与州议会选举的事项。

45.14 与在马来西亚境内或境外，或马来西亚任何一州的其他机构共同合作、工作和安排推行不致抵触本章程条文之政治事务或其他事项。

45.15 挑选党员代表本党参与任何议会或类似之机构。

45.16 覆准区会或支会之成立，并确保其活动符合本章程。

45.17 督促与管制州联络委员会、区会及支会的活动，俾促进其党务。

45.18 进行调解本党内部或附属团体内部或两者之间可能发生之任何纠纷。

45.19 向代表大会建议解除任何中央委员会委员之职务。

45.20 向代表大会会议提呈一份常年报告书，列述过去一年之活动及进展，同时提呈已被中央委员会稽查及核准的财务报告。

45.21 适时寄发有关代表大会会议的所有文件给州联络委员会、区会和支会。

45.22 履行本章程规定之外的会议常规、规则、条例及细则，与执行代表大会之议决案。采取党纪律，及所有需要之步骤，以确保遵守这些规定，包括暂停或开除党员或附属团体之党籍，或暂停或解散州联络委员会、区会或支会。

45.23 依照它认为适当之条件，将全部或部分权力，包括能转授或不能转授之权力，授予任何指定之个人或团体，以进行普通或特定事务。

45.24 采取它认为适当的任何纪律行动，以对付任何党员、小组委员会、委员会、支会、区会、州联络委员会，任何党负责人或雇员。如果该名党员是根据章程第 20 和 38 条款在代表大会中被选出之党职员，中央委员会则不能暂停或开除其党籍，除非出席会议的 2/3 的中央委员会委员同意暂停或开除其党籍。

45.25 采取本条款没有特别列入的所有其他步骤，以便有效的执行本章程的条款或党的一般利益。

第七章 会长理事会

组织、职务和权力

46. 会长理事会由中央委员会委员组成，此会长理事会包括总会长、署理总会长、一位或多位副总会长、总秘书、总财政、组织秘书长，以及在总会长绝对权限内所委任的不超过十名的委员，总会长可以在他认为适当时终止这项委任。

47. 在不妨碍本章程所赋予的一般性权力之下，会长理事会在代表大会和中央委员会的授权和指示下负责本党的行政事务，它必须被视为已获授予及转授及赋予章程第 37.5 条款下代表大会，以及第 45.23 条款下中央委员会的权力。它有权转授和处理一般和个别事务，但它必须向中央委员会下一次会议报告其活动。当总会长提出要求时，会长理事会必须召开会议，所给予的开会通知，必须不少过廿四小时。

特别任务局

48. 本党可在总部设立一个或多个特别任务局，每一个特别任务局之组织及权力，将在其成立之际，以书面规定之。

第八章 临时委员会及小组委员会

组织、职务和权力

49. 在不妨碍本章程所赋予的一般性权力之下，代表大会或中央委员会可以随时成立临时委员会或小组委员会，每一个临时委员会或小组委员会之组织、职务及权力，必须在其被委任时以书面规定之。

第九章 元老理事会

组织、职务和权力

50. 总会长可以随时与中央委员会磋商后委任党员组成元老理事会，如果总会长认为适当时，也可以随时停止该委任。

51. 元老理事会之任务是就本党重要事务向总会长提供意见。

第十章 州联络委员会

组织、职务和权力

52. 中央委员会须在马来西亚各州内，成立一个州联络委员会，拥有督察该州内之区会及支会的特定权力。

53. 州联络委员会包括下列各成员：

53.1 州主席。

53.2 州署理主席。

53.3 州副主席六位，其中四名由州主席与州联络委员会磋商后自委员中央委员会委员任之，其余两名为马青州团长及州妇女组主席。

53.4 州秘书。

53.5 州财政。

53.6 州组织秘书。

53.7 州副秘书。

53.8 州副财政。

53.9 州副组织秘书。

53.10 州内之区会主席，如果他没有担任前述条文所列的职位。

53.11 州内之国会议员及州议员。

53.12 州主席所委任之委员，其数目不能超过20名。

54. 州主席必须由总会长委任。

55. 州署理主席、州秘书、州财政和州组织秘书必须由州主席在与州联络委员会磋商后委任之。

55A. 州副秘书、州副财政及州副组织秘书必须由州主席从州联委会成员之中，经过与州联委会磋商后而委任之。

56. 州联络委员会至少每两个月举行一次会议，或由州主席、总会长或者至少1/3的委员以书面正式提出要求的任何时刻召开。

57. 州联络委员会会议之足够法定人数为1/3委员。

58. 当州联络委员会举行会议时，如果州主席缺席，州署理主席将主持会议，如果两者皆缺席，必须由出席的委员当中，选出一人主持会议。

59. 州联络委员会之任务、权力及责任如下：

59.1　监督及协调州内区会及支会之活动。

59.2　作为中央委员会和州内各区会之联络机构，以处理中央委员会指定的任何事务。

59.3　协助州内各区会处理有关县议会、市议会和市政厅以及其他地方议会和任何其他公共职位人选之委任或选举。

59.4　解决因县议会、市议会和市政厅以及其他地方议会和任何其他公共职位人选之委任或选举事项所引起之任何争执。

59.5　在不违反本章程条款，并在中央委员会事先书面批准之下，与任何机构在政治或其他事项方面合作。

59.6　提名党员代表本党参加州级或县级的任何法定部门组织或类似之机构。

59.7　处理党内区会或支会的任何纠纷。

59.8　向纪律委员会提呈及建议对州内区会的党员采取开除、暂停或任何其他行动，或是建议对州内的区会或支会采取暂停、解散或其他行动。

州联络委员会办事处及秘书处

60. 州联络委员会之州秘书处必须设于州办事处。

61. 州办事处必须设在该州内之首府或州联络委员会批准之其他地点。

62. 州秘书将是州秘书处的行政职员。

63. 州主席负责管理州秘书处的有效工作，并与州财政联合负责维持该州办事处。

64. 未获得州主席之许可，州秘书处不能聘请受薪职员。

第十一章 区 会

区会之成立

65. 有关州联络委员会，在中央委员会的批准之下，必须在每一个国会选区成立一个区会，同时以选区之名称命名之。

除非中央委员会认为不必要坚持此条款或作修改。

66. 每一个区会必须在任何时期，拥有至少 100 名党员，而他们必须是截至上一年 12 月 31 日止已缴清会费之有效党员。

67. 每一个区会必须按照以下方式选出代表，若有区会妇女组，其中一名必须由区会妇女组大会选出：

67.1　区会党员名册内的首 500 名有效党员中选出 3 名代表。

67.2　区会党员名册内的另 1500 名有效党员中，每 300 名选出 1 名代表。

67.3　区会党员名册内的另 3000 名有效党员中，每 500 名选出 1 名代表。

67.4　区会党员名册内的另 1 万名有效党员中，每 1000 名选出 1 名代表。

67.5　区会党员名册内的另 6000 名有效党员中，每 3000 名选出 1 名代表。

67.6　区会党员名册内剩余的有效党员中，每 5000 名选出 1 名代表，一直到根据本条款选出的中央代表大会代表总数达最高限额的 30 名代表为止。

67.7　每一区会必须为区会妇女组保留一名代表，该代表必须由区会妇女组大会选出。如区会妇女组大会未能选出该代表，该代表额必须悬空。如该区会没有妇女组，区会大会必须根据第 67.1 条款，选出所有代表。

68. 另受本章程与代表大会之任何会议常规约束外，区会之权力归属区会代表大会，所有职务之行使，必须在区会代表大会授权与指示之下，由区会委员会执行。

69. 区会代表大会必须每年举行一次，于该年之 6 月在区会办事处召开，除非中央委员会另作决定。召开区会大会必须发出至少 14 天的开会通知。

70. 区会特别代表大会可在下列情况下随时举行：

70.1　区会主席之指示。

70.2　区会委员会至少 1/3 的委员以书面提出正式要求。

70.3　区会代表大会至少 1/3 的代表在章程第 94 条款下选出代表，以书面提出正式要求。

71. 在本章程第 70.2 或 70.3 条款下所作出的正式要求，必须提呈予区会主席或区会秘书或区会秘书处，并且必须说明要求召开区会特别代表大会的理由，以及不超过三名提出正式要求者的姓名，以代表全体要求者，俾区会主席或区会秘书可就有关要求，与这三人联络。区会主席或区会秘书或区会秘书处在接获正式要求之后，必须发出适当的通知书给所有在本章程第 94 条款之下选出的全部代表，通知书列明召开区会特别代表大会的日期、时间和地点。召开区会特别代表大会的日期不能迟过收到正式要求日期后的 21 天。该通知书里也须详细列出要求召开区会特别代表大会的理由及列明该区会特别代表大的适当议程。不论基于什么理由，如果在收到该正式要求的五天内没有发出召开区会特别代表大会的通知书，则代表所有要求者的三名人士或其中任何一人，将能发出所需的开会通知书给所有区会代表大会的代表。

倘区会主席自己认为该被要求召开区会特别代表大会是极为迫切的，他可以训示区会秘书发出不少过 7 天的较短日期的开会通知。

同时，任何这种较短日期的开会通知，必须获得有关区会代表大会的议决案加以核准。

72. 1/3 的区会代表大会代表，将构成召开一项区会特别代表大会的足够法定人数。如果在根据章程第 70 条款，召开的区会特别代表大会的日期、时间和地点内，于规定区会特别代表大会以及在构成法定人数所需的任何时间内，没有足够的出席人数，该被要求召开的区会特别代表大会，必须视为流产会议，但不足够法定人数将不能导致有足够法定人数时所进行的会议程序无效。

73. 区会大会必须包括下列成员：

73.1　根据章程第 94 条款，支会大会所选出的所有代表。

73.2　区会所在地的国会议员和州议员。

另受章程第 72 条款的约束之外，区会代表大会会议开始的足够法定人数必须是出席区会大会的 50 人或 1/3，以少者为准。

74. 县议员、市议员、市政厅议员或其他地方议会议员，其选区及所属区域或管辖范围是在有关区会内者，惟不是在章程第 94 条款下被选的代表，只能申请以观察员身份出席区会代表大会，而没有其他权利。

75. 如果有至少 2/3 出席区会代表大会的代表在区会代表大会上投票通过，便可解除区会委员会任何一名委员的职位。

区会委员会

76. 区会委员会包括下列各成员：

76.1　区会主席。

76.2　区会署理主席。

76.3　区会秘书。

76.4　六名区会副主席，包括马青区团团长及区会妇女组主席。

76.5　区会财政。

76.6　区会组织秘书。

76.7　区会副秘书。

76.8　区会副财政。

76.9　区会副组织秘书。

76.10 不超过十名区会委员,他们必须由区会代表大会的代表中选出。

76.11 不超过五名委任委员,他们由区会主席委任。

76.12 所有区会属下之支会主席,如果他没有担任前述条文所列的职位。

76.13 区会所在地的国会议员、州议员、市议员及县议员,如果他没有担任前述条文所列的职位。

77. 除了马青区团团长及区会妇女组主席、两名区会副主席及在第76.3、76.5、76.6、76.7、76.8、76.9、76.11、76.12 和 76.13 条款有列述者外,所有区会委员会之委员必须由区会代表大会的选举中选出。

78. 区会秘书、区会财政和区会组织秘书必须由区会主席委任,其任期将至其辞职或被区会代表大会以任何理由解除其职位或区会主席本身停职时为止。

78A. 区会副秘书、区会副财政及区会副组织秘书必须由区会主席从区会委员会成员之中作出委任;其任期期限将至其辞职或被区会代表大会以任何理由解除其职位或区会主席停职时为止。

79. 任何被选出之区会委员,不论基于任何理由而停职,区会委员会将委任其他党员填补该空缺,至下届召开选举党职员的区会代表大会时为止。

80. 当区会主席停职,区会署理主席将担任区会主席职位,至下届召开选举党职员的区会代表大会时为止。区会署理主席遗下的空缺,则由区会委员会在其余的委员当中,选出一人填补,他将担任区会署理主席职位,至下届召开选举党职员的区会代表大会时为止。

81. 任何区会委员会委员要辞职,必须以书面具备理由,向区会主席提出,区会委员会必须在接获该辞职信件后的下一次区会委员会会议中考虑其辞职。

82. 区会委员会必须负责推动区会之党务,并获授权代表区会大会执行所有职务,惟必须尽速向区会代表大会报告其活动。

83. 区会委员会至少每个月举行一次会议，或在区会主席之指示下，或 1/3 的委员以书面提出正式要求时于任何时期召开。

84. 出席区会委员会会议的足够法定人数必须是 7 名或 1/3，以少者为准。

85. 当区会委员会举行会议时，如果区会主席缺席，区会署理主席将主持会议，如果两者皆缺席，必须由出席的委员当中，选出一人主持会议。

区会委员会之权力和职务

86. 区会委员会之职务、权力及责任如下：

86.1 准备区会范围内的县议会、市议会，或市政厅，或其他地方议会，以及任何其他公共职位竞选（如有的话）之宣言，以及遵照中央委员会的指示制订其政策。

86.2 建议区会范围内的县议会、市议会或市政厅，或其他地方议会，以及任何其他公共职位之委任或候选人人选或竞选事项，以便中央委员会考虑。

86.3 推荐某人成为某县议会、市议会或市政厅，或其他特定的地方议会议员，或任何其他特定的公共职位成员或候选人。

86.4 除第 86.2 条款的规定之外，通常也处理和决定与区会范围内有关的县议会、市议会、市政厅以及其他地方议会及公共职位的委任与选举事项等的任何问题。

86.5 在中央委员会事先书面批准下，与区会内任何政党或机构进行不违反本章程的政治或其他事项的合作。

86.6 向纪律委员会提呈和建议对区会内任何党员采取开除、暂停或其他任何活动，或是建议对区会内的任何支会采取暂停、解散或其他任何行动。

86.7 委任党员代表本党参与任何有关选区内之部门组织或类似之机构。

86.8 如有需要，向中央委员会建议在其区会内成立支会，并协调其活动，以符合本章程之规定。

86.9　进行调解区会内可能发生之任何党纠纷。

86.10　向区会代表大会建议解除任何区会委员会委员之职务。

86.11　把过去一年区会活动和进展的常年报告书，提呈给区会代表大会，及提呈一份由区会委员会正式稽查和通过的截至上一年12月31日为止的账目报告。

86.12　把有关区会代表大会的任何会议文件，适时寄发给中央委员会、党总部及有关的州联络委员会、该区会内的所有支会主席和所有支会秘书及区会党员名册中所列出的每一名党员。这些文件包括上一年的区会活动和进展报告，以及区会委员会所正式稽查和通过的截至上一年12月31日为止的账目报告。

86.13　遵照和履行本章程的条款、会议常规、规则、条例和细则，并采取适当行动贯彻此目标。

区会办事处及秘书处

87. 区会委员的区会秘书处必须设于区会办事处。

88. 区会办事处可设于由区会委员会批准之该区内任何地方。

89. 区会秘书，必须是区会秘书处之行政职员。

90. 区会主席、区会署理主席、区会副主席、区会秘书、区会财政、区会组织秘书、区会副秘书、区会副财政及区会副组织秘书须共同负责维持该区会秘书处。

91. 除非本章程另有规定或中央委员会另作指示，在未获得区会主席的批准下，不能聘请区会秘书处受薪职员。

第十二章　支　会

支会之成立

92. 在征询区会之后，以及在中央委员会批准下，至少需有50名党员，可在有关地区成立支会。

93. 支会之成立必须经中央委员会之正式覆准及承认。

94. 每一个支会必须按照以下方式选出代表，若有支会妇女组，其中一名必须由支会妇女组大会选出：

94.1 在支会党员名册内的首 50 名有效党员中选出 3 名代表。

94.2 在支会党员名册内的另 150 名有效党员中，每 25 名选出 1 名代表。

94.3 在支会党员名册内的另 300 名有效党员中，每 50 名选出 1 名代表。

94.4 在支会党员名册内的另 900 名有效党员中，每 100 名选出 1 名代表。

94.5 在支会党员名册内的另 600 名有效党员中，每 300 名选出 3 名代表。

94.6 在支会党员名册内剩余的有效党员中，每 500 名选出 1 名代表，一直到根据本条款选出的区会大会代表总数达最高限额的 30 名代表为止。

94.7 每一支会必须保留一名代表给支会妇女组，该代表必须由支会妇女组大会选出。如支会妇女组大会未能选出该代表，该代表额必须悬空。

如该支会没有妇女组，支会必须根据第 94.1 条款，选出所有的代表。

95. 另受本章程及会议常规之约束外，支会权力归属支会大会，所有执行职务必须由支会委员会在支会大会授权与指示下推行。

96. 支会大会必须每年举行一次，于该年之四月在支会办事处召开，除非中央委员会另作决定。召开支会大会必须发出至少 14 天之开会通知。

97. 支会特别大会可在下列情况下随时举行：

97.1 支会主席之指示；

97.2 支会委员会至少 1/3 的委员以书面提出正式要求；

97.3 支会大会至少 1/3 党员提出书面要求。

98. 在本章程第 97.2 和 97.3 条款下所作出的正式要求，必须提呈予支会主席或支会秘书或支会秘书处，并且必须说明要求召开支会特别大会的理由,以及不超过三名提出正式要求者的姓名,以代表全体要求者,俾支会主席或支会秘书可就有关要求,与这三人联络。支会主席或支会秘书或支会秘书处在接获正式要求之后,必须发出适当的通知书给所有在支会党员名册中的所有有效党员,通知书里列明召开支会特别大会的日期、时间和地点。召开特别支会大会的日期不能迟过收到正式要求日期后的21天。该通知书也须详细列出要求召开支会特别大会的理由及列明该支会特别大会的适当议程。不论基于什么理由,如果在收到该正式要求的5天内没有发出召开支会特别大会的通知书,则代表所有要求者的3名人士或其中任何一人,将能发出所需的开会通知书给支会党员名册中所有的有效党员。

倘支会主席自己认为该被要求召开的支会特别大会是极为迫切的,他可以训示支会秘书发出不少过7天的较短日期的开会通知书。

同时,任何这种较短日期的开会通知,必须获得有关支会特别大会的议决案加以核准。

99. 支会党员名册的1/3有效党员,将构成召开一项支会特别大会的足够法定人数。如果在根据章程第97条款,召开的支会特别大会的日期、时间和地点内,于规定支会特别大会开始后的30分钟内,还没有达到足够的法定人数,以及在构成法定人数所需的任何时间内,没有足够的出席人数,该被要求召开的支会特别大会,必须视为流产会议。但不足够法定人数将不能导致有足够法定人数时所进行的会议程序无效。

100. 支会大会必须包括有关支会党员名册中所有已缴清会费之有效党员。在受本章程第99条款的约束以外,任何支会大会会议开始的足够法定人数,必须是有关支会党员的25名或1/3,以少者为准。

101. 如果有至少2/3出席支会大会的党员在支会大会上投票通过,便可解除支会委员会任何一名委员的职位。

支会委员会

102. 支会委员会包括下列成员:

102.1 支会主席。

102.2 支会署理主席。

102.3 支会秘书。

102.4 三名支会副主席,包括马青支团团长和支会妇女组主席。

102.5 支会财政。

102.6 支会副秘书。

102.7 支会副财政。

102.8 不超过十名或不少过五名委员,他们是在支会大会选举中,由党员中选出。

102.9 不超过五名委任委员,他们由支会主席委任。

103. 除了马青支团团长及支会妇女主席、两名支会副主席及在条款第102.3、102.5、102.6、102.7 及 102.9 条款之下之委员外,所有支会委员会之委员必须由支会大会的选举中选出。

104. 支会秘书和支会财政必须由支会主席委任,其任期将至其辞职或被支会大会以任何理由解除其职位或支会主席本身停职时为止。

104A. 支会副秘书和支会副财政必须由支会主席从支会委员会成员之中作出委任;其任期期限将至其辞职或被支会大会以任何理由解除其职位或支会主席停职为止。

105. 除被委任之委员之外的任何支会委员会委员,不论基于任何理由而停职,支会委员会将委任其他党员填补该空缺,至下届支会大会选举时为止。

105A. 当支会主席停职,支会署理主席将担任支会主席职位,至下届召开选举党职员的支会大会时为止。支会署理主席遗下的空缺,则由支会委员会在其余的委员当中,选出一人填补,他将担任支会署理主席,至下届召开选举党职员的支会大会时为止。

106. 任何支会委员会委员要辞职,必须以书面具备理由,向支会主席提出。支会委员会必须在接获该辞职信件后的下一次支会委员会会议中考虑其辞职。

107. 支会委员会必须负责推动支会之党务,并获授权代表支会大会执行所有职务，惟必须尽速向支会大会报告其活动。

108. 支会委员会必须至少每个月举行一次会议，或在支会主席之指示下，或1/3的委员以书面提出正式要求时于任何时期召开。

109. 出席支会委员会会议的足够法定人数必须是7名或1/3，以少者为准。

110. 当支会委员会举行会议时，如果支会主席缺席，支会署理主席将主持会议，如果两者皆缺席，必须由出席的委员当中，选出一人主持会议。

支会委员会之权力和职务

111. 除非区会委员会另作其他之授权或指示，支会委员会之职务、权力及责任如下：

111.1 在区会委员会事先书面批准下，与任何政党或社团进行不违反本章程的政治或其他事项的合作。

111.2 向支会大会建议解除任何支会委员会委员之职位。

111.3 把有关支会大会的任何会议文件，适时寄发给区会委员会及支会党员名册中的每一名有效党员。这些文件包括上一年的支会活动和进展报告，以及支会委员会所正式稽查和通过的截至上一年12月31日为止的账目报告。

111.4 向区会代表大会建议有关本章程或会议常规之任何修正案，或建议支会委员会，为配合当前政治、社会、经济和文化局势需要展开的政策与计划。

111.5 向纪律委员会提呈和建议对支会党员采取开除、暂停或其他行动。

111.6 遵照和履行本章程的条款、会议常规、规则、条例和细则或代表大会的指示，并采取适当行动贯彻此目标。

支会办事处及秘书处

112. 支会委员会之支会秘书处必须设于支会办事处。

113. 支会办事处可设于支会委员会所批准之任何地点。

114. 支会委员会秘书必须是支会秘书处之行政人员。

115. 支会主席、支会署理主席、支会副主席、支会秘书、支会财政、支会副秘书和支会副财政必须共同负责维持该支会秘书处。

116. 未取得支会主席批准，不可聘请支会秘书处受薪职员。

第十三章 代 表

代表之选派

117. 一名出席代表大会之代表，年龄不能小于 21 岁，且须具有在选举日期时不少过 3 年党员之党龄。

118. 两名由附属团体委派之观察员，必须为该机构之合格会员或职委。

119. 无论选出党内任何等级之代表，其代表之身份，在该级中不能超过一个。

第十四章 参加竞选之候选人

无资格当候选人之党员

120. 任何一位党员在下列情况下没有资格成为党、国会、州议会或地方政府选举之候选人及/或受委担任任何公职。

120.1 如果他党龄不足三年。

120.2 如果他在退党后重新入党，受到中央委员会所规定的期间约束。

120.3 如果他在本章程任何条款下，丧失资格。

120.4 如果他为本党全职受薪职员。

121. 基于特别理由，总会长有权力使党员不受第 120 条款的限制，但此特别理由必须提呈给中央委员会。

122. 党员只有在获得总会长签署的提名证件后，才能成为国会、州议会或地方政府选举之候选人，因此才能得到党及任何与党合作的组织所支持。

第十五章　党纪律

纪律委员会、其权力及规章等

123. 本党必须成立一个纪律委员会，由中央委员会所委任的五名成员组成，以便向会长理事会针对党纪事项提供意见。

123A. 纪律委员会所采取的行动程序必须由会长理事会提出或根据章程第59.8、86.6 或 111.5 条款而进行。会长理事会提出或根据章程第59.8、86.6 或 111.5 条款的投诉必须以书面提呈；而纪律委员会在接获有关的书面投诉或要求之后，必须对有关的投诉进行询问与调查。

123B. 纪律委员会主席可以邀请任何负责法律事务责任的局主任或任何人士出席，以协助该委员会的所有程序。

124. 在不影响本章程第 123 条款的一般权限之下，纪律委员会必须处理以下事项：

124.1　暂停、开除党籍或采取任何其他行动对付任何党员，基于其言论、行动或行为上有违反、损害、不利或影响本党政策或利益，或任何以党利益为前提的理由。

124.2　暂停、解散或以任何其他行动对付任何小组委员会、委员会、支会、区会或州联络委员会，基于其行政无方、违反章程，或对于本党的宗旨和政策有妨害，或任何以党利益为前提的理由。

124.3　暂停、开除或以任何其他行动对付党负责人或党雇员，基于其失职、欺诈、无能、违抗训令、拒绝遵行中央委员会的决定，或任何以党利益为前提的理由。

125. 纪律委员会必须把它所作的调查结果和提出的意见，以书面提呈予会长理事会。会长理事会在考虑纪律委员会的调查结果和意见之后，必须决定所要采取的适当纪律行动。在纪律委员会向会长理事会提呈其报告书时，它也必须把一份副本交给受到该调查结果和意见所影响的党员或有关的组织。

126. 暂停、开除或解散的谕令，必须由总秘书签署。

126.1 在接获被开除令后，该名党员必须终止成为本党的一名党员。

126.2 在接获暂停令或解散令之后，受该命令影响的组织必须停止其活动。如果是解散令，总会长必须训示如何处理该组织的债务和资产以及结束事宜。在受到要求下，该组织的职委必须将所有记录、文件、邮票、印章、现款、家具和任何形式的资产呈交给总会长或他所正式委任的代表。

127. 对纪律委员会的调查结果和作出的意见不服时，可以书面向会长理事会提出申诉，但必须在会长理事会对纪律委员会所提出的调查结果和意见作出决定之前，及总秘书已经在该名党员或组织已收到或被视为已收到平邮寄出的根据章程第 125 条款下的报告书之后的 14 天内接到申诉的要求。

127A. 受影响的党员或组织的任何职委，对会长理事会的决定不服，可以向中央委员会提出书面上诉，但总秘书必须在受影响的党员或组织职委收到或被视为已收到平邮寄出的会长理事会决定后的 14 天内，接到该项上诉要求。

128. 中央委员会对有关纪律事项所作出的决定，将是最后和决定性的，不能向任何法庭提出诉讼。

129. 一位党员或组织的职委在受到纪律行动制裁时，不能对采取行动的中央委员会、会长理事会或纪律委员会的任何成员，向任何法庭提出诉讼。

第十六章 党员名册、党员证及党徽

党员名册、委员会及大会等

130. 各区会及支会秘书处必须保存各自区会及支会所有党员之名册。

党员名册必须分别称为"区会党员名册"及"支会党员名册"。

131. 党总部必须保存一份本党全体党员名册，此名册称为"本党党员总名册"。

任何党员可向总秘书申请检查党员总名册、区会党员名册和支会党员名册，如其申请是诚意的话，必须获得批准。

132. 每一个支会秘书处必须负责每年及随时修正支会党员名册，使党员的地址和其他详情切合现况，以此确保区会秘书处和党总部也相应拥有详情相符的区会党员名册与本党党员名册。

党员证

133. 每一名有效党员有权获得一张党员证。

134. 中央委员会有权力随时针对党员证制订条规、条例或细则。

党徽

135. 每一名党员有权购买一枚党徽。

136. 中央委员会有权力针对党徽制订条规、条例或细则。

第十七章　财政及产业

经费之来源

137. 本党之经费必须由下列方式获得：

137.1　会费；

137.2　捐款；及

137.3　由本党中央委员会随时核准的其他经费来源。

138. 财政年度由1月1日至12月31日。

139. 各支会、区会及州联络委员会秘书处必须向总部提呈其常年报告书及经过稽查与被通过的账目报告书。

140. 在总财政的要求下，每一州、区及支会财政必须将其州联络委员会、区会或支会之半年收支报告表及资产负债表呈交总财政。

141. 一名党员必须通过其支会将代表大会随时决定之会费寄交总部，

此会费可根据由中央委员会随时决定之间隔期限缴纳。

142. 国会议员、州议员或其他各级议会议员或担任由中央委员会委任职位的本党党员，必须按时缴交由中央委员会所规定的款项，如果该党员拒绝或没有缴纳，中央委员会有绝对之权力采取适当之行动。

143. 在第137条款下收到的会费的全部或部分，可由总部随时遵照中央委员会批准之办法和数目分配予各州联络委员会、区会或支会。

144. （撤销）。

145. 为特殊目的，代表大会可通过议决案向党员征收特别捐或费用。

本党资产和本党款项之保管

146. 另受限于章程第150条款之规定和党内各级组织有权自由使用它所获得的资产，所有各种产业将属本党或本党各级有关的组织拥有，并依其决定处理之。所有的不动产必须由本党或本党各级有关的组织拥有并注册于它们的名下。除非获得中央委员会的书面批准，才能进行这些不动产的买卖。

目前所有由信托人拥有或注册在信托人名下的不动产，必须转为注册于本党或本党各级有关的组织名下，日期由中央委员会另行决定。

147. 所有党内钱财，除了零用钱之外，必须存入有执照之金融机构，或者国家储蓄银行。总部之户口，所有支票或支款表格，须由至少两名经中央委员会授权之人士签署。在州联络委员会、区会及支会名义下之户口，则由各有关州联络委员会、区会或支会委任两名人士签署。

148. 现有的支会、区会或州联络委员会的现款及其他动产，必须按本党或本党各级有关的组织随时所做的决定处理。现有的信托人及/或目前掌管这些现款或其他动产的人士，必须遵循本党或本党各级有关的组织所做的决定，把现款或其他动产移交给有关人士或按它们所决定的其他方式处理之。不过，当支会、区会或州联络委员会暂停活动时，这些现款及其他动产由中央委员会掌管。

149. 支会、区会或州联络委员会被解散后或因任何理由而不复存在，它所有的款项、土地、建筑物及其他产业必须归中央委员会所有。

信托委员会

150. 党总部、任何州联络委员会、区会或支会，可根据有关的交易法律，以购买或其他方式获取或处理土地、建筑物与其他产业，不论是动产或不动产，也可以以抵押、转让或以其他方式处理这些土地或建筑物或其他产业。如果属于不动产的买卖，必须符合第 146 条款的规定。但是，党总部在抵押它所拥有的土地、建筑物或其他产业，所要获取的贷款总额和/或所负之债额，其数额不能超过代表大会预先批准之限额。

151. 依据各级组织内所需要处置的产业，中央委员会、州联络委员会、区会委员会或支会委员会可以委任超过 21 岁的本党党员为产业信托人。所有被委任的信托人，除中央委员会本身所委任者外，必须获得中央委员会的核准。

152. 本党必须保障第 151 条款下被委任之信托人，他们执行职务非恶意所遭致之损失，党须补偿之。

153. 每位信托人将任职至他逝世、辞职或被有关委任他的组织以任何理由解除其职位时为止。当任何信托人停止其职务时，必须据实呈报给有关委任他的组织，以便采取填补其空缺之行动。

稽查

154. 中央委员会必须委托一间拥有专业机构注册的会计公司以查核总部之账目。

155. 州联络委员会、区会代表大会及支会大会各须委任两名委员查核其账目。账目报告书须连同稽查报告书提呈中央委员会。受委任之稽查须继续担任其职直到自行辞职或被委任他的组织停止其职为止。

156. 中央委员会可随时检查州联络委员会、区会或支会之账目。

第十八章　普通条款

各种会议之缺席及其他

157. 支会、区会、州联络委员会或中央委员会的任何一名委员，开会一连三次缺席，此行为事实上已具停止成为委员会成员之意，除非他在他所缺席的第三次委员会会议召开后的7天内，向其所属的委员会提出书面上诉，说明他缺席的理由，以便委员会考虑。上述委员会在本条款下针对此事项所作出的决定，将是最后和决定性者，即不可在法庭提出诉讼。有关空缺，将被当作是辞职一般而加以填补。

158. 在本章程下被授权或负有责任办理任何事项之人士，如果由于任何原因不能或不愿或疏于完成其任务，授权当局或有关组织（或无此委员会者，则中央委员会）可以自行负起该任务或另委任它认为适当之人士取代担任之。

本党债务之限制

159. 未经中央委员会书面批准及授权，本党不负责用党名义所达致之任何合同或招致之债务。中央委员会可以授权或以书面授权其认为适当之人士，批准其以本党名义负债。

会议之足够法定人数

160. 除非另有规定，任何召开会议之足够法定人数，必须是有权参加会议党员的1/3。除非另有规定，在本党组织内的任何会议，倘于会议规定的开始后30分钟尚无足够之法定人数，该会议将展延一星期而按照开会通知书所列明的同样地点与时间举行，该展延的会议将不管是否有足够法定人数而照样进行，会议不会再因不足法定人数的理由而被视为无效。

会议常规

161. 任何代表大会会议常规将被视为本章程的一部分，而且具有同等的意义和效力。

162. 会议常规在必须时可由中央委员会议决案制订之，而现有常规可经中央委员会加以修订或作废。

163. 任何代表大会的常规可被州联络委员会会议、区会代表大会或支会大会采用。

制订条文、召开会议、委任及罢免委员的一般权力

164. 任何党职员、职委、委员会或小组委员会的决定或行动与中央委员会的决定或行动有不一致或抵触时,则必须以中央委员会者为准。中央委员会对决定或行动有不一致或抵触的党职员、职委、委员会或小组委员会所作出的决定,必须是最后和决定性者,不能将此决定在任何法庭提出诉讼。

165. 代表大会议长,任何大会、联络委员会、临时委员会或小组委员会主席,必须是有关会议的主持人,因此,可召集所主持的会议,但是,总会长可召开党组织内任何之会议。上述会议之通告将以书面列出会议议程。除非本党章另有规定,不然,发出开会通知书的期限必须根据下列规定:

165.1　任何代表大会的召开,至少要有 21 天之通知。

165.2　任何区会代表大会或支会大会,至少要有 14 天之通知。

165.3　任何委员会(不论中央委员会、州联络委员会、区会委员会或支会委员会)与临时委员会或小组委员会,至少要有 7 天之通知。

除非总会长或有关之主席,基于紧急原因,并认为有需要,可以在本条款规定下给予较短的通知时间。但不能少过所规定的时间之一半。

同时,除非该召开会议的较短时间通知获得会议议决案加以核准。

166. 除非在本章程另有规定,获得章程授予委任权的任何人或团体,也有终止该项委任的权力。

党员、职员及顾问之任期及先决条件

167. 除非在本章程另有规定,所有被选出或被委任的党职员和职委在章程下将留任至取代他们职位的新党职员或职委正式被选出或被委任为止。每一支会、区会和代表大会将每 3 年举行一次选举。如果任何支会或区会在本章程规定的日期里没有举行选举,总会长或其委任之一名成员,将有权力召开会议进行选举。如果代表大会不能在所规定时间召开,代表大会的 15 名成员,各来自 15 个不同的区会,可以书面要求总秘书召开会议进行选举，给予至少 30 天的开会通知，并列明开会的地点、日期及时间。

倘若出现即将举行全国大选的迹象，有超过 2/3 的中央委员会成员认为党必须为全国大选而作好准备工作，则中央委员会就可以议决展延党内各级的选举至大选结束后不超过 3 个月的时间内进行。除非政府宣布闪电全国大选，中央委员会只能在上届全国大选举行后的 42 个月，议决展延党选。在此情况下，所有在本章程下选出或委任的党职员将留任至展延后的党选正式选出或委任有关新任党职员为止。

任何在中央委员会决定展延党选之前正式选出的党选成绩，皆维持有效，并将成为党选恢复举行的部分成绩。

167A. 卸任的党职员必须在各级选举举行后的 7 天内，将党的一切产业、文件及账簿移交予新届的党职员及其委员会。

党选的成绩正式公布之后，卸任的党职员立即停止代表党各级发出或签署任何支票或文件或处理任何党的事务。

章程之修改

168. 本章程第 37.3 条款下代表大会权力之行使，须由出席之代表以至少有 2/3 多数票通过的一项议决案执行之；但是：

168.1 该建议的修正条文必须在中央委员会或区会代表大会上通过。

168.2 必须在召开代表大会日期前的不少过 14 天，把建议的修改条文，以书面通知总秘书。

总秘书在收到该项通知书后，必须在召开代表大会日期前不少过 7 天，把建议的修改条文，通知代表大会的所有代表。代表大会所通过的任何条文，由社团注册官批准该日起生效。

投票

169. 在本党组织内任何会议的投票，必须是以举手表决。每一名党员只能有一票，唯有会议主席可以投下额外的一票。如果出席者有至少 1/3 投票通过，则必须进行秘密投票。在本章程规定下之投票，所有废票或空白选票，不能计算为一票。

170. 如根据章程条款的任何程序或行动而需要发出通告书，有关程序或行动之有效性，不能只因应被通知之任何党员未能接到该项通知而受影响，除非该项遗漏已影响到有权投票的党员人数达致四分之一以上，或是故意安排而严重地影响开会的程序或行动的结果。

复决投票

171. 不论本章程其他条款如何规定，中央委员会可以要求全体党员以复决投票方式决定任何事项。

文件之寄发

172. 依据本章程及本章程的条文、会议常规、规则、条例及细则，任何需要寄给党员或机构的文件，将以普通或挂号邮寄，或电子邮件给本党党员或寄至党员名册内的地址，以此种方式送出或寄发将被当作已经寄到。

诠译

173. 除非与主题及内容不符合，本章程内的：

173.1 "党员"必须解释为已登记为本党的普通党员、永久党员或荣誉党员，其名字列入于存在本党总部的党员总名册内。

173.2 "职委"必须解释为任何委员会、联络委员会、临时委员会、小组委员会和会长理事会的成员，同时包括中央代表大会的代表。

173.3 "党职员"必须解释为在本章程第20条款下，被选出或被委任的成员。

173.4 "州"必须解释为马来西亚任何一州或代表大会可决定的同等地区。

173.5 "国会议员"必须解释为国会上议院或下议院之议员。

173.6 单数字义可包括复数字义，男性字义也可包括女性字义。

174. 如果对本章程或会议常规、规则、条例及细则于诠释上或文字上有任何争论，中央委员会之决定将是最后之决定，不能在法庭提出诉讼。

175. 任何党员，在未诉诸由本章程所提供的所有途径或补救之前，就本党或本党授权的任何人士，或由本章程或依据本章程制定的任何规则或条例授权，对本章程、规则或条例或有关本党任何事务的诠释所作的决定，而通过法庭针对本党采取任何法律行动、诉讼或控诉，必须立即终止成为本党的一名党员，并被视为已被立即终止被选及/或受委出任的任何公职或党职。

第十九章　马青团及妇女组成立

176. 本党可分别成立马青团与妇女组，其组织、职务与权力将依据中央委员会在本章程第162及163条款下所随时制订及通过之会议常规、规则、条例与细则而定。

第二十章　过渡性条文

党职员和党职委

177. 在本章程生效以及直至根据本章程所选出的党新职员和职委生效之前，在1970年章程下的现有党职员和职委，将仍然在所有规定下被视为有能力和适合负起任何委员会、联络委员会、临时委员会、小组和会长理事会的个别或集体的任务。

（马来西亚华人公会章程出处：http://www.mca.org.my/en/about–us/about–mca/introduction–of–mca/party–constitution–objectives/）

第二部分 主要政党内部规章制度

马华党员行为守则

2005 年 1 月 20 日中委制定

2007 年 1 月 23 日中委会修正

每一位党员都有义务和责任维护党的形象和良好声誉。惟其如此，党才能发挥其作为政党的最大功能。因此，每一名党员务须时刻自觉自律地确保党纪不被破坏。为了确保党的威信和尊严，每一名忠贞爱党的同志，必须严守以下守则：

1. **整体规范**

1.1 所有党员必须严守党的章程及党员行为守则；

1.2 所有党员必须尊重并执行党的政策；

1.3 所有党员必须参与、协助及全力推行党所推动的活动；

1.4 所有党员必须捍卫党的良好声誉与形象；

1.5 所有党员不能泄漏党内会议的机密议题；

1.6 所有党员不得道听途说毫无根据地抨击党、党领袖及其他党员；

1.7 所有党员必须遵守及尊重党的决定，不得公开违背或向传媒发表不同的意见或立场；

1.8 所有党员必须通过党内管道处理及解决党内纠纷或不满；

1.9 凡持有外国永久居民地位的党员，不能出任国州议员候选人、上议员或县、市议员；

1.10 为了防止金钱政治，党领袖、党员、其代理人和支持者，不得以金钱、宴会、旅游、送礼或承诺委以党职、官职或以争取勋衔等利诱，来争取党员支持。

2. 财务及资产管理

2.1 担任党各级组织之执委必须妥当地管理党的财务及资产；

2.2 党各级组织的所有户口，必须由财政及主席/秘书联署，成为户口签署人；

2.3 党各级组织，每年必须向总财政提呈财务及资产报告；该报告书必须由财政及主席/秘书签署；

2.4 在党选成绩宣布后，卸任的党职员不得支出该组织户口内的任何银额，同时必须在党选后 7 日内将党的资产、户口及其他文件移交给新一届执委；

2.5 所有党的资产及款项的保管，必须严格遵守党章程第 17 章所有条文的规定。

3. 党选守则

凡合格党员都享有党章赋予的竞选权利；任何党员不得妨碍、阻止，或企图妨碍或阻止其他合格党员履行这项权利。所有党员必须遵守下列守则：

3.1 党员本身在参选或为助选展开任何竞选运动时，必须确保选举在公正和健康的情况下进行；

3.2 竞选期间的文告、言论或其他宣传（包括网站、手机短信、电子邮件等）内容必须以竞选者过去或现在的政绩表现、对将来的政策、计划或行动纲领为依归。任何人不得诉诸破坏性、捏造课题、歪曲事实及误导性的言论；

3.3 党员在党选年，出席或参与党总部的任何集会或宴会，必须按照及遵从党总部所作的膳宿、交通等一切安排；

3.4 因选举所引起的任何纠纷，必须呈交党总部选举指导委员会处理以寻求解决方案，不得向媒体发表或对外公开。

4. 全国大选守则

4.1 所有党员可以通过党内管道表明其有意提名为候选人的意愿；

然而，一旦党为该国州席位候选人作出决定后，全体党员必须全力支持党的决定；

4.2 所有党员在竞选期间，不得以任何身份或形式支持反对党，比如：沿户访问、筹募竞选经费、为反对党悬挂布条、印刷宣传品等；

4.3 所有党员不得参与或支持反对党举办的任何活动。

（马华党员行为守则出处：http://www.mca.org.my/cn/about–us/about–mca/introduction–of–mca/mca–code–conduct/code–conduct–for–mca–members/）

马华国州议员守则

2004 年 7 月 19 日中委制定

2007 年 1 月 23 日中委会修正

1. 职责与义务

1.1 党的全体国州议员，必须一律遵守国民阵线和党制订、公布的议员行为守则。

1.2 必须出席议会会议，保持高度出席率，并须熟谙议会常规，按议会常规发言行事。

1.3 国州议员是代表人民参与议会立法的代议士，必须对所有将提呈议会通过的法案、修正案或任何动议做好功课，以便在议会参与辩论，表达符合国家人民利益，同时符合国阵及党立场、政策的意见。

1.4 必须遵守已签署的宣誓书，尤其守秘的部分。

1.5 选区拨款，必须严守政府有关拨款的指南，同时必须在每年财政年度结束后的一个月内将有关拨款的报告提呈给总会长。

2. 选区服务

2.1 必须在选区设立服务中心。

服务中心须聘请专职人员，定时开放，接受选区人民的投诉和提出的问题，并作好记录，妥善处理。可指定助理或选区内的党代表协助处理，而议员本身必须监督其效率并跟进。

2.2 必须定期访问选区，确保和选民有密切联系。

2.3 必须熟悉选区内的问题（如民生、基建、卫生、医药、教育设施等问题），了解政府行政、政策与选区问题的关系，以便有效实践国民阵线的大选承诺。

2.4 必须策划和拟定未来五年的选区工作及计划,包括处理选区民生问题的方案和选区各项发展的计划,并在中选后的三个月内,提呈给党中央设立的委员会。

3. 忠党

3.1 除了遵守国民阵线和党的议员行为守则,也必须遵守党中央制订、公布的《党员行为守则》,以维持党的良好形象与纪律。

3.2 作为中央代表大会的当然代表,选区所属的州联委会当然成员、区会当然代表和区会委员会的当然成员,必须出席上述各组织层次的会议,参与议程讨论,最低限度了解会议的决议。

3.3 须支持党中央、州联委会的决策和推行的计划,也应积极参与区会委员会会议决定的各项重要活动。

3.4 必须与选区的党区会及州联委会维持良好的互动关系,不应存有选区事务与党的州、区组织和领导无关的态度。

3.5 必须认清,所有的议席、官职,都是党的议席和官职,而不是私人拥有的,党有权力在适当时更换人选,必须遵照决定并给予配合。

(马华国州议员守则出处:http://www.mca.org.my/cn/about – us/about – mca/introduction – of – mca/mca – code – conduct/code – conduct – for – mca – elected – representatives/)

沙巴团结党党章

(1998年修订版)

第一章 名称，注册地址，标志、徽章及旗帜

第1条 名称

本组织定名为"沙巴团结党"（PBS），英文名为"SABAH UNITED PARTY"，以下简称"党"。

第2条 注册地址

在党总部的注册地址应为 Block M, Lot 4, Third Floor, Donggongon New Township, Penampang, Sabah, 或由最高委员会决定的地址。在事先没有得到社团注册官书面同意的情况下，注册地址不得修改。

第3条 标志和徽章

（1）党的标志和徽章应是：在沙巴州绿色的地图上，双手紧紧握在一起，外围是醒目的褐色边框，里面是褐色方格，下方写有党的名称"PARTI BERSATU SABAH"（沙巴团结党）。"握手"表示沙巴州人民之间的团结、友谊和合作；"绿色"象征财富，并表明沙巴州以农业为基础的性质；褐色表示其土壤肥沃，"方格"外形象征着所有沙巴州人民心中的平等与正义。

（2）最高委员会可规定标志和徽章及其相关事物的使用。（参考附录"A"）

第4条 党旗

（1）党旗应当：

（a）最靠近绳子的部分为红色以表示勇气；

（b）中央为白色并伴有党的标志和徽章以表示纯洁和阶级，并且

（c）尾部为蓝色，以表示和平和宁静。（请参考附录"B"）

（2）最高委员会可规定党的旗帜及其相关事物的使用。

第4A条 格言

党的格言为"团结"以表示党的基础及其追求的目标并达到目标。

第二章 宗旨和目标

第5条 宗旨和目标

党的宗旨和目标为：

（1）支持，保持并保证议会民主制的延续并对其进行适当推动和实践。

（2）支持人的尊严。

（3）促进友好并朝和平、进步、和谐和互相理解前进以保证各马来西亚，尤其是沙巴州各事业联合团结的进程。

（4）在马来西亚联邦中保持并保护沙巴州的权益。

（5）保护并保卫土著的权力及特殊权益和其他在沙巴州的马来西亚公民的合法权益。

（6）保护、保留并促进所有沙巴州人民的传统习俗和文化。

（7）无条件地保证并支持宗教自由。

（8）促进作为马来西亚人的国民意识以及对国王和祖国的忠诚。

（9）支持并维持马来西亚的国家原则①的真正内涵以及高贵精神。

（10）与其他有相似目标的、在马来西亚注册的政治组织一道，保证并鼓励党派政治的健康发展；并尽一切所能朝着以上目标，建立一个公平、稳定、和谐和繁荣的社会。

---

① 原文为马来文：Rukunegara，即"信奉上苍、忠于君国、维护宪法、尊崇法治、培养德行"。——译者注

第三章 党　员

第 6 条　党员资格

（1）任何居住在沙巴州或纳闽岛联邦领土的不小于 18 岁的马来西亚公民，并接受和同意党章、政治方案、政策和原则，且不是任何其他政党成员者，都可以成为本党党员。

（2）任何党员：

（a）有任何意图申请或表明自己为其他政党，或伪装、表现为该情况者不管有任何表明有意参加我党或任何区部的情况，都应停止其入党手续。

（b）证明有授予、利用或接受金钱、礼品或其他任何收益，或者以同样手段产生任何有意的行为不当，或者试图以此在党内任何职位的竞选中为自己或他人维持或者获得支持，应该停止其党员资格，日期自其被党的纪律委员会发现有罪之日计。

第 7 条　党员申请

任何有意成为党员者应递交符合规定格式的申请，并支付入党费和本党章条款指定的费用给其申请的支部书记处。

第 8 条　党费

（1）每名党员应通过其党支部向党总部缴纳每年的党费。

（2）每位党员每年的党费为 RM1.00。

（3）入党费为 RM2.00。

（4）除根据第 7 条规定的新党员的第一年年费外，所有每年的党费应于每财政年度的第一个月缴纳。

（5）根据本条第（2）款和第（3）款所缴纳的入党费和党费应由支部书记，一般应在收到款项后的一个月内，交至总财政处。

（6）最高委员会应决定每个区部和支部留存的党费比例，作为区部和支部资金以满足其开销。

（7）一般应在最高委员会的同意下，由总财政分配给区部和支部该党费之比例以满足其各自的开销。

第 9 条　批准入党

（1）支部书记应尽早提交其相关所有申请，给支部委员会会议待其考虑。

（2）支部委员会可决议通过投票同意或反对该申请的方式来决定是否批准，或在无任何指定决议理由情况下延期考虑。

（3）任何被支部委员会拒绝入党的申请人，可先向区部委员会上述申请后并由最高委员会（the Supreme Council）做最后决议。

（4）在没有最高委员会提前同意的情况下，被开除或党员身份被撤销的方式解除的党员不能被再次批准入党。

第 10 条　党员的权利

（1）除本党章其他条例证明之党员外，任何未终止党员身份者，享有以下权利：

（a）参加在所有批准其参加的会议并发言；

（b）在所有会议给所有有权投票者投票；

（c）在党内主持其被正式选举或任命主持的机关；并且

（d）有权使用，并合理使用我党提供之设施。

（2）若无任何恰当理由未在一个月内缴纳每年应付党费者，在缴纳党费前其党员权利应被剥夺，且其党员身份不被承认。

第 11 条　党员注册

党员应通过向支部书记处提交书面通知以注册其党员关系，支部书记处应向支部委员会报告该注册。

不论是否收到该党员的注册通知，注册信的复印件应由支部书记处分别转至区部书记处和秘书长，以保证在党员因第 6 条终止党员关系的情况下应被认为在我党注册。

第四章　注册和党员证

第 12 条　党员注册

（1）每个区部和每个支部的办公室都已保留一份其所有党员的注册资料。

（2）党总部应保留一份所有党员的注册资料。

（3）最高委员会可规定党员注册的相关事宜。

第 13 条　党员证

（1）每个党员应拥有一本党员证。

（2）党员证应由秘书长签发。

（3）一个党员不应被承认除非其持有党员证并每年支付年费。党员在能证明上述情况下应被承认并视为其有能力证明其是一名党员。

（4）最高委员会可规定党员证的相关事宜。

第五章　总部组织及行政

第 14 条　执行委员会

（1）应存在一个由下列干部组成的执行委员会：

（a）主席（President）；

（b）3 名署理主席（Deputy Presidents）；

（c）7 名副主席（Vice Presidents），包括青年运动领袖和妇女运动领袖。

（d）秘书长（The Secretary-General）；

（dd）秘书长助理（The Assistant Secretary-General）；

（e）总财政（The Treasurer-General）；

（ee）总财政助理；

（f）首席宣传官（Chief Publicity Officer）；以及

（g）首席宣传官助理。

(2) 主席、3 名署理主席以及除青年运动领袖和妇女运动领袖外的 5 名副主席，应在选举所在年份的年度代表大会从普通党员中选出。

(3) 本条之第（1）条关于（d），（dd），（e），（ee），（f）和（g）的正式分工应由主席在与最高委员会商议后任命，且应在下次年度代表大会党的干部选举之前或其辞职或因任何原因由最高委员会撤销或由主席交出其职位时保留该机关。

(4) 根据本党章第 63 条的规定，参加第 14 条第 2 款以及第 21 条 f 款的职位竞选的候选人的名单，应该由各自所在党的区部委员会提名，并且获得有不少于 3 个分部，且通过书面形式表示同意。

代表大会或者年度总会的选举，应该尽可能地根据简单多数的原则进行。

第 15 条　党总部的行政事务

(1) 由本党章所指称的执行委员会，应该负责党中央的行政工作，其办公地点设于党的总部或者由最高委员会指定的其他地点。

(2) 党主席应该负责党总部的日常行政管理工作，其外出期间，应该委任署理主席代替其职责。党主席应出席所有最高委员会的会议。党主席应该参加决定性的投票（casting vote，在赞成与反对同票数时，主席所投的票。——译注），并且签署每一次会议的记录，以表示通过同意这些会议记录。

(3)（a）党主席应该任命其中一位署理主席在期缺席期间代理其职责。

(b) 副主席应协助主席及署理主席履行工作职责，并执行最高委员会适时委派的命令或行动。在党主席和三位署理主席缺席的情况下，最高委员会应该通过决议委任其中一位副主席在主席缺席期间，代行主席的职务。

(4) 秘书长应该是党总部的首席执行官，并被视为党的法定代表。其应该根据党的规则管理党的日常事务，并执行年度代表大会以及最高委员会的指令。其应该负责所有联络工作，并负责党的文件、书籍以及属于党的其他文书的适当保管工作。

其应参加由最高委员会召开的所有会议，并负责上述会议的详细记录工作。其应该妥善管理党的房产，并与党的分支机构保持良好的联络。秘书长应该在召开年度代表大会之后的28日之内向社团注册官递送一份党的收支、基金以及动产财务情况的年度报告以供审计，并且同时附上一份审计报告（如果有的话）。

（4a）助理秘书长应该协助秘书长开展本条第（4）款的具体工作，并在其缺席期间代行其职责。

（5）秘书长人选的任命，必须获得由最高委员会权威授权下执行党主席同意。

（6）总财政应该负责党的所有财务利益相关事务。其应该负责党的基金的妥善管理。

（6a）总财政助理应该协助总财政开展本条第（6）款所规定的具体工作，并在其缺席期间代行其职责。

（7）秘书长和财政应该为党内的支薪官员。

（8）所有支票都应由总财政签发，或者在其缺席期间，由秘书长以及四位执行委员会的任意成员之一（可由最高委员会决定）签发。

（9）首席宣传官应负责党的信息事务的妥当管理。其应该根据需要，与党的所有分部进行联络，策划和组织民间的和政治性的论坛。其应该负责收集与党有关或者涉及党的利益的相关内容的出版物。其应该在必要时将相关出版物提供给最高委员会。其应该，在发布任何党的新闻或者其他外发的声明之前，提交给党主席或者秘书长以供审核。

（9a）首席宣传官助理应该协助首席宣传官开展本条第（9）款所规定的具体工作，并在其缺席期间代行其职责。

（10）委员会的其他成员应该协助党总部的行政工作，并可能由党主席适时委派负责类似具体任务。

第二部分 主要政党内部规章制度

第六章 财政及财产

第 16 条 收入来源

我党的收入应分为以下来源:

(a) 党费;

(b) 捐款;

(c) 其他由最高委员会批准或由最高委员会授权的小组委员会批准的收入;及

(d) 在参议院或众议院或州立法委员会中的党员,或在被最高委员会任命的职位的党员应当每月缴纳由最高委员会向党总部指定的款项。当上述人员拒绝或未能缴费时,最高委员会可采取恰当的行动,包括开除该党员,但须遵守本党章第 31 条的规定。

第 17 条 财政年度

(1) 每财政年度始于每年 1 月 1 日,至 12 月 31 日止。

(2) 党费计算年度与财政年度相同。

(3) 区部和支部机关应分别向秘书长递交其充分审计和采纳的年度报告和会计报表。

第 18 条 党的资产及其保管

(1) 除小额现金外,所有党的资金都应以党的名义保存在银行。

(2) 所有支票应由本党章第 15 条第 8 款关于党总部会计的内容和分别关于区部或支部委员会会计的内容所指定干部签字。

(3) 当某一支部解散时,其资产、土地、建筑和其他财产应转至其区部名下。

(4) 当某区部解散时,其资产、土地、建筑和其他财产应转至最高委员会名下。

(5) 最高委员会可以适时制定与管理、分配及处理党组织的任何机构及层级的党的资产的相关规则与规章。

第 19 条　托管委员会

（1）托管委员会由三名年度代表大会指定的人员组成。

（2）该党总部，任何区部或支部可能获得土地、建筑和其他财产，或者通过购买或以其他方式处分或构建这样的土地，或依照法律规定得到的其他财产。所有的土地、建筑物和其他财产，除了钱存放在银行里，其他应置于党的托管理事会的控制之下并给予信任。

（3）托管委员会除年度代表大会解散、辞职或下台原因外，应设立办公室，不受其他任何原因影响。当托管委员会不再设立办公室，应随后向年度代表大会报告。

（4）在年度代表大会会议之前的过渡期间，最高委员会可指定另一个成员作为一个受托人，且该任命也应当报年度代表大会。

第 20 条　审计人员

（1）年度代表大会应为党指定一家会计事务所审计账目。

（2）大会的区部和支部应当指派两名成员审核各自的账户和账目表连同审计师的报告，并应当呈至各自的年度会议。

（3）最高委员会或其授权代表可随时检查区部和支部的账户。

（4）最高委员会可制定管理会计账目之规则。

第七章　最高委员会

第 21 条　最高委员会的构成

应遵循本党章第 14 条第（2）、（3）和（4）款和第 64 条，设置由下类人员组成，且被命名为党的"干部"（Office bearers）的最高委员会：

(a) 党主席；

(b) 3 名署理主席；

(c) 7 名副主席，包括青年运动和妇女运动的领袖；

(cc) 4 名由主席任命的副主席；

(d) 秘书长；

(dd) 秘书长助理；

(e) 总财政；

(ee) 总财政助理；

(f) 由本年度年度代表大会选举产生的不超过 16 名普通理事会成员；

(g) 首席宣传官；

(gg) 首席宣传官助理；

(h) 不超过 12 名由主席任命的普通委员会（Ordinary Council）成员。

第 22 条　最高委员会会议及法定人数

(1) 最高委员会每 3 个月应至少召开 1 次会议，或由主席指示召开会议，或经至少 1/3 以上的最高委员会成员的书面要求时应该召开会议。各会议的通知应在 7 天内发给各委员。

(2) 与会的最高委员会成员数量的一半可组成最高委员会会议的法定人数。

第 23 条　最高委员会的权力

(1) 最高委员会每 3 个月应至少召开 1 次会议，或由主席指示召开会议，或经至少 1/3 以上的最高委员会成员的书面要求时应该召开会议。各会议的通知应在 7 天内发给各委员。

(2) 与会的最高委员会成员数量的一半可组成最高委员会会议的法定人数。

(3) 虽然有本党章第 25 条第 2 款的规定，但是如果党主席被停止其职务，最高委员会应该从三位署理主席中选出一位以替代执行其职务，直到召开年度代表大会进行选举选出新的党主席为止。

如果发生现任主席因为任何原因，在年度代表大会上选举出新的党主席之前，而停止担任其职位的情况，则最高委员会的其他成员可以从剩余的署理主席或者副主席中选出一位，作为执行主席。

第 24 条　最高委员会的职责和责任

(1) 最高委员会的职责和责任包括：

（a）制定包括经济、教育、文化、社会福利和社会政策这些原则、政治计划和政策将提交年度会议的代表；

（b）区部委员会成员的推荐和任命，以及选择候选人的议会由参议院提出；

（c）控制、监督和决定所有与选举相关的问题；

（d）与马来西亚境内的、沙巴州内外的其他组织就政治及其他事务，在不违反本党章规定的前提下，开展合作和工作；

（e）选择成员代表本党参加有关会议、理事会或类似的机构；

（f）确认和承认建立一个区部并确保它的活动符合党章；

（g）监督和指导的区部的活动和管理，以促进其健康良好发展；

（h）在当事人同意下解决在党内可能出现的争议；

（i）在年度代表大会之前出具一份总结过去一年的活动和取得的进展的一份报告，连同一份声明中的已审核并通过的账户；

（j）区部年度报告和年度代表大会的会议通知至少45天以前送达年度代表大会；

（k）为执行本党章的规定，常规和规则，法规和党的法律以及年度代表大会的决定，为了执行纪律，采取这样的措施以确保在合规的范围内暂停或删除成员或解散一个区部或支部是必要的；

（l）为了党的利益采取没有列举在前面的条款中的其他措施。

（2）开展前款所列第（i）款或任何其他本党章规定的任何职能，最高委员会应拥有的权力：

（a）委任临时委员会或小组委员会的权力，增选其所认为可能有必要适当考虑和处理的具体事务；

（b）确定和提供小组委员会的认为合适的职权范围，并由最高理事会负责；

（c）任命一个常设主席和副常任主席，任期按照第63条规定，所有年度代表大会及股东周年大会的支部以及青年和妇女运动在各级按照规定的职权范围内，由最高理事会和/或常规视党的规则情况而定。

最高委员会授权的区部或支部的委员会或青年和妇女运动，可以由各级委任其各自认为适合的常设主席和副常任主席。

如果两个常任主席和副主席不能参加或因任何理由无法履行其职责，在会议上与会代表在该会议有权委任任何现任成员主持该次会议。

第25条 退出

（1）如果2/3或更多的最高委员会成员同时辞职，那么其余的最高委员会的成员，不论其数量，将继续管理党的事务，并有权重新设立最高委员会，直到下一个年度代表大会。

（2）最高委员会的成员可能会向秘书长给出理由并提出辞职，秘书长应当提交到最高委员会。如果辞职被接受，最高委员会有权任命任何成员填补职位空缺。对于部长、总财政或首席宣传官或任何委任成员因死亡或离开或因为其他理由辞职或离开公职，主席有权任命另一位成员来填补这个空缺。

通过第6条第（2）款完成填补空缺的操作后，可随时被最高委员会通过民选的最高委员会的成员和被主席提名的成员取代。

（3）在发生任何当选成员由于死亡、辞职被或年度代表大会免职导致停止最高委员公职，最高理事会有权任命另一成员填补这个空缺，直到当年年度代表大会举行选举。

第八章 年度代表大会

第26条 最高权威

（1）根据本党章之规定和年度代表大会之现行命令和规定，我党最高权威应为年度代表大会，所有行政部门应在年度代表大会的权威和指导下运行。

（2）年度代表大会的职责应为第27条第（3）款规定之职责及以下：

（a）决定党的政策；

（b）监督最高委员会的活动和工作；

(c）根据第 63 条选举最高委员会的成员。

（3）年度代表大会的责任、职责，以及在没有危害到本党章赋予其的大部分权利时的权利应当包括，最高委员会的所有权利，区部和支部委员会，遵循以下：

（a）规定其自己的前进方向，管理并控制党的事务并以党的名义运作；

（b）与任何在马来西亚注册并有相同目标的组织结盟和当党的利益要求时撤销该结盟；

（c）若其认为有利于达到我党目标或为了更好的管理，增加、撤销、修改、替换或改动本党章任一条款；

（d）促进或反对立法和其他影响或可能影响党员的政策，与公共权力机构和同类有影响党员利益的组织沟通，并和其他类似的组织和个体沟通；

（e）在其认为适当的情况下授权或不授权给其附属代表，其权利包括所有或任何权利，除了会改变本党章对于最高委员会或任何其他委员会或附属委员影响的权利外；

（f）处理一切未列于上述规定的有关本党的事项。

第 27 条 年度代表大会及特殊代表会议

（1）年度代表大会应于每年 10 月后一个月以内召开，除主席决议情况除外。

（2）年度代表大会召开通告应列明时间，日期和会议地点，并应由秘书长于确定大会时间后不少于 45 天内送至所有区部书记处。并且所有区部会议不应在决定代表大会前不晚于 30 天的时间内召开，除最高委员会规定之情况外。

（3）年度代表大会应处理以下事务：

（a）确认上届年度代表大会之会议记录；

（b）听取最高委员会汇报我党上一年活动及进展之报告；

（c）听取财务主管的报告并设计上一年我党收支；

(d) 任命下一年之审计;

(e) 若要就党的任一区部的任何行动或决议进行决策,应在年度代表大会前不少于 21 天,提交并由最高委员会同意在大会期间辩论形成提案或决议,或当主席认证之紧急情况下应由最高委员会讨论的提案或决议,更短的通知可由秘书长递交。

(4) 代表的名字,讨论的提案和其他议案应由区部秘书在区部全体大会召开后立即送至秘书长处。

(5) 秘书长应向所有区部秘书提供大会的议程,上届会议记录和我党关于下一年的经过审计的会计预算;

(6) 特殊代表大会应可在任何时候召开,如果:

(a) 由主席指定,或;

(b) 由至少 1/3 的最高委员会代表书面要求,或;

(c) 由至少 1/3 的代表大会的委派代表书面要求。

(7) 除由党主席指导召开以外,非常规的代表大会,只能在向秘书长递交书面理由的情况下召开,而且必须提前至少 30 天通知会议的日期及讨论议程。若某一紧急事件证明列明其原因并又有主席签署,可在 7 天内提交。

进一步情况下如果不符合本条且其附带条款有代表大会决议批准,少于 7 天的通知不应使任何代表大会的进程失效;

(8) (a) 如果与会代表,不考虑其人员总数,超过党区部总数一半时,所有代表大会的法定人数应认为已经确定。

(b) 如果代表大会后半小时内未达法定人数,则该大会应延期,但不应超过 14 天,日期由最高委员会决定;且如果延后的大会的法定人数未过半,与会代表有权进行当日议程,但其无权修改我党规则以影响所有党员;

(c) 当在本条第 (6) 款下举行的特殊代表大会若法定人数不足,不应在其 6 个月以内以相同理由召开。

第 28 条　年度代表大会的构成

年度代表大会应由以下组成：

（a）最高委员会成员；

（b）不超过 10 名由各年度区部全体大会及时任命的代表；

（c）各区部委员会主席或，当该主席不能出席时，任何由其书面任命代表其参加的区部委员会成员。

（d）10 名由我党青年运动全体大会选举的代表。

（e）10 名由我党妇女运动全体大会选举的代表；以及

（f）担任议会代表或沙巴州立法会议员的本党党员。

第 29 条　特殊代表大会的构成

任何特殊代表应有上届年度代表大会相同成员参与如前第 28 条之规定。其大会讨论之任务性质应只由第 27 条实施之要求确定。

上述大会的法定人数由本党章之第 27 条第（8）款规定。

第 30 条　代表轮换

（i）在发生任何区部代表不适合参加年度代表大会的情况下，区部书记处可在大会前向秘书长申请任命其他代表。

（ii）在代表被选为最高委员会成员时，其代表团可申请任命其他代表。该申请应在年度代表大会会议上决定。

第 31 条　官员和成员的免除及开除

（1）年度代表大会可在与会代表 2/3 或以上人数同意的情况下，免除或开除由最高委员会选举或任命的成员。

（2）最高委员会可免除或开除任何因为任何理由逃避其职责或其行为导致其不适合其职位的，由最高委员会任命或选举出的最高委员会成员。

第九章　区　部

第 32 条　区部的设立

（1）在每一个国会选区都应设立一个区部，但此条款可以在得到最高委员会认可的情况取消或修改。

为排除疑问，按照此条款，设立区部的地方应该包括联邦境内的纳闽岛。

（2）必须在得到最高委员会同意的情况设立，且每一个区部的人数不能少于500人，而且必须是已经按时缴纳党费的有效党员。

（3）除受本党章及党的现行决议和规则之约束外，区部权力归属区部大会，所有执行职务必须由区部委员会在区部大会的授权及指示下生效。

第33条　区部办公室

（1）区部秘书应设在区部办公室内。

（2）区部办公室在得到区委会批准的情况，可以任意设在区部范围内。

（3）在未得到区委主席批准的情况下，不得任命任何区部办公人员。

第34条　区部的解散

（1）如果诸如此类的区部拒绝遵守党的规章制度，拒绝执行与会代表的决议，或者其行为有损于党，最高理事会可在其最高会议上以多数票通过后解散相关区部。在这样的决定生效前，被决定解散的区部将会得到为期30天的时间，以便其以书面的形式阐明自己不应该被解散的原因。

（2）解散区部的命令应由秘书长签署。在收到解散命令后，相关区部应随即停止除清盘外的一切运作。如果区部对解散的命令不服，可以在收到命令30天内，以书面形式通知秘书处，交由下一次代表大会裁决。尽管提交了申请，但在代表大会决定取消以前，解散命令仍然有效。在这种情况下，最高委员会将会委派成员成立一个看守委员会，在申请处理结果下来以前，负责处理区部的事务。

第35条　年度全体大会和特殊全体大会

（1）区部大会每年召开一次，除最高委员会另有指示外，召开时间不应迟于8月份。

（2）区部秘书应在年度区部大会召开至少14天前，通知所有区部成员会议召开的日期。

（3）年度区部大会应处理如下事项：

（a）接收关于上一年度区部活动的报告；

（b）接收关于上一年度区部财务账目的报告；

（c）根据第63款，选举区部新的办公室人员；

（d）委任区代表参加党的年度代表大会；

（e）讨论其他事务。

（4）出现如下情况，支部特别会议可以随时召开：

（a）区部主席认为有必要召开；

（b）区部委员会一半以上委员以书面提出正式要求；

（c）区部1/3以上成员提出书面要求；

（d）秘书长要求召开。

（5）本条第（4）款中的（b）和（c）项的请求必须给出充足的理由，提前21天书面通知区部秘书，并且确定特别会议召开的日期、时间和议程。

第36条 区部全体大会的构成

年度区部全体大会应包括：

（1）区委员会的成员；

（2）区内的每一个支部主席，或在支部主席缺席的情况下由其委任的本支部人员；

（3）不超过5个的由区全体大会选出的青年运动代表；

（4）不超过5个的由区全体大会选出的妇女运动代表；

（5）由支部通过其代表大会按50选1的比例指定的代表，且每个支部最多不超过10人。

如果出现第52条第6款（b）项的情况，只要任何出席的成员构成法定人数，那么所有出席人数就构成从支部选出代表所需要的半数。

第37条 特殊全体大会的构成

一个特殊全体大会应如第36条所列出的拥有与上一届年度全体大会相

同的人数。

第 38 条　代表轮换

（1）如果有任何支部代表不能出席年度区部大会，则支部秘书应在会议召开之前向区部秘书处书面申请任命另一代表。

（2）如果一个代表被任命为区部委员会委员，其所在代表团可以申请用另一代表替换之。申请应在年度区部大会上提出。

第 39 条　免职

区代表大会在获得至少 2/3 出席大会代表的同意下，拥有免去区委会任何一个成员职务的权力。

第 40 条　区部委员会

（1）区部委员会包括下列成员：

(a) 区部主席；

(b) 区部署理主席；

(c) 4 名副主席，其中包括 1 名来自青年运动，1 名来自妇女运动。

(d) 区部秘书；

(dd) 区部助理秘书；

(e) 财政；

(ee) 助理财政；

(f) 宣传主任；

(g) 不超过被区全体会议选举产生的 5 名区部委员会委员；

(h) 不超过 2 名由区委会主席在参考区委会意见后任命的委员。

（2）主席、署理主席、副主席及上一条（g）中提到的区部委员会委员应由年度区大会选举产生。候选人首先要在其各自年度区部大会上获得区部至少 3 个支部提名，经本人同意后将竞争一个职位。其姓名将根据其各自所竞选的职位打印在投票纸上，选举应以简单多数投票。

（3）在上述第（1）款中的（d）、（dd）、（e）、（ee）、（f）和（h）项提到的委员，应在区部委员会商议后，由区部主席委任。

第 41 条　区部干事的职责

（1）区部主席负责区部办事处的有效管理。其应在任职期间主持所有的委员会会议，负责其正当的管理。其有权投决定票，并且在每个被认可的会议记录上签字。

（2）区部署理主席应协助区部主席履行职责，并且在区部主席缺席或者因任何其他理由不能行使职责时，代行其职责。

（3）区部副主席应协助主席或署理主席履行职责，如果主席或者署理主席因任何原因都不能行使职责时，区委员会将视情况从副主席中选出一位代其行使。

（4）区部秘书是区部办事处的行政主任，其应根据党章管理支部事务，并且执行区部大会和委员会的指示。其应负责管理所有信件和保存所有的书籍和文件，除账目和财务记录外，其将参加所有会议，并做会议记录。

（4a）助理秘书协助秘书履行职责［如本条第（4）款中所详述］，并且在秘书缺席时代理其行使职责。

（5）财政负责区部的财务。其应保存所有往来账目，并且对其正确性负责。所有支票应由财政签发，并由秘书或区部主席背书。

（5a）财政助理应协助财政秘书履行职责［如本条第（5）款所详述］，并且在财政缺席时代理其行使职责。

（6）宣传干事负责区部的一切宣传工作。

第 42 条　区部委员会的权限

区部委员会主要负责在区部大会闭会期间管理区部事务，接受区部大会授权并代表其行使各项职能，并且将所有活动向年度支部大会报告。区部委员会应根据党章及最高理事会和年度代表大会的指示管理事务。

第 43 条　空缺

当任何区部委员会委员因为死亡、辞职、免职或其他理由导致停职时，区部委员会有权随时委任其他党员填补该空缺。

第 44 条 退出

任何区部委员会委员要退出，必须以书面形式给出理由，经秘书处提交到区委员会并等待其做出决定。

第 45 条 会议

（1）区部委员会应至少每两个月举行一次会议，或在区部主席之指示下，或至少 1/3 的委员以书面提出正式要求时。召开此类会议，应该提前 7 天通知所有区部委员会委员。

（2）一半区部委员会委员出席构成法定人数。

第 46 条 法定人数

（1）至少有一半以上支部代表出席构成区大会的法定人数。

（2）如果区部大会约定召开时间半小时之后，法定人数不够，区部秘书可以推迟会议，但从推迟日起不得超过 14 天。如果推迟后的会议约定召开时间半小时后，法定人数依然不够，则出席成员不计数量均构成法定人数，不得再次推迟。

第 47 条 主席和署理主席缺席

在任何区部委员会会议上，如果区部主席和区部署理主席同时缺席，应在第 40 条（1）款（c）项提到的副主席中选出一人主持会议。

第 48 条 代理区部主席

当区部主席停职时，区部署理主席将担任区部主席职位，直到下届召开年度区部大会选举出新的区部主席。

第 49 条 职责、权力和责任

区部委员会的职责、权力和责任如下：

（a）根据最高理事会的指示建立各支部，并在党章下协调合作。

（b）在不违反本党章的情况下，在区域内与任何政党或社团进行政治或其他事项的合作。

（c）征得相关方的同意后，解决区部中党内的一切纠纷。

（d）向最高理事会建议采取开除或暂停党员或者解散支部的行动。

（e）向区部大会建议解除任何区委员会委员的职位。

（f）向最高理事会推荐分区内的国家市议会、镇议会或区议会职位的人选。

（g）向最高理事会推荐分区内在任何委员会或理事会上党代表的人选。

（h）向年度区部大会提交上一年度区部活动报告和进展，及审查通过账目表。

（i）在年度区部大会召开之前至少14天，向各支部发放本年度报告和账目报表。

（j）遵照和履行本党章的条款、会议常规、规则和党的纪律，并采取适当行动贯彻此目标。

（k）执行最高理事会的指示或者其他活动。

第十章 支 部

第50条 支部的建立

（1）在每个投票区或者其他区部委员会可能批准的地区，可以设立一个支部。

（2）支部的成立，必须经过区部委员会批准及承认。

（3）成立支部，至少需要30名成员。

（4）除受本党章及党的现行决议和规则之约束外，支部权力归属支部大会，所有执行职务必须由支部委员会在支部大会的授权及指示下进行。

第51条 支部的解散

（1）凡出现以下情况，区部委员会可以解散支部：

（a）支部成员数量连续6个月低于30人；

（b）支部拒绝遵守党的纪律或者拒绝执行区部大会及区部委员会的决定，或者区部委员会认为的其他有损党的行为。

（2）解散支部的决定应由区部委员会以多数票通过，然后才决定是否采取本条第（1）款（b）项所述理由解散支部。投票决定前30天将会通知相关支部，以便其拥有申辩的机会。

（3）解散的命令应由区部秘书处签署。当收到这样的命令，除结业清理外，支部应停止运行。如果支部对解散的命令不服，可以在收到命令30天内，以书面形式通知秘书处，向年度区部大会提交申请。尽管提交申请，但在年度区部大会取消以前，解散命令仍然有效。在这种情况下，区部委员会将会委派成员成立一个看守委员会，在申请处理结果下来以前，负责处理支部的事务。

（4）如果是基于本条第（1）款（a）项所述理由而解散的支部，区部委员会将转移剩下的成员到就近的其他支部。如果是基于本条第（1）款（a）项所述理由而解散的支部，则所有成员不再是党员。

（5）被解散支部的主席、秘书和出纳有责任向区部秘书处提交所有的书籍、记录、款项和支部所拥有的其他财产，包括从上次提交的账单日到解散之日期间所有的账目单。

（6）如果支部成员决定脱离党，其办公室负责人应立即向区秘书处提交所有的书籍、记录、款项和党的其他财产，包括如本条第（5）款所述的账目单。

第52条 一般和特殊大会

（1）支部大会每年召开一次，除区部委员会另有指示外，召开时间不应迟于7月份。

（2）支部秘书应在年度支部大会召开至少14天前，通知所有支部成员会议召开的日期。

（3）年度支部大会应处理如下事情：

（a）接收关于上一年度支部活动的报告；

（b）接收关于上一年度支部财务账目的报告；

（c）根据第63条，选举支部新的办公室人员；

（d）讨论其他事务。

（4）出现如下情况，支部特别会议可能随时召开：

（a）支部主席认为有必要召开；

（b）支部委员会一半以上委员以书面提出正式要求；

（c）支部 1/3 以上成员提出书面要求；

（d）区部委员会要求召开。

（5）本条第（4）款中的（b）和（c）项的请求必须给出充足的理由，提前 21 天书面通知支部秘书，并且确定会议召开的日期时间和议程。

（6）（a）支部成员的半数构成支部大会的法定人数。

（b）如果支部大会约定召开时间半小时之后，法定人数依然不够，支部秘书可以推迟会议，但从推迟日起不得超过 14 天。如果推迟后的会议约定召开时间半小时后，成员数少于 15 人，则会议流产，并且不得再次推迟。

第 53 条　支部委员会

（1）支部委员会包括下列成员：

（a）支部主席；

（b）支部副主席；

（bb）如果支部内有相关的青年运动和妇女运动，则其主席由支部的两名副主席担任；

（c）支部秘书；

（cc）支部助理秘书；

（d）支部财政；

（dd）支部助理财政；

（e）不超过 3 名委员，皆应支部大会选举中，由党员选出；

（f）不超过 2 名委任委员，皆应由支部委员会商议后，由支部主席委任。

（2）（a）支部主席、副主席及第（1）款中（e）项提到的支部委员会成员应由支部大会选举产生。候选人首先要获得提名，经本人同意后将竞争一个职位。选举应以简单多数投票。

(b) 在（1）款中的（c）、（cc）、（d）、（dd）项提到的委员，应在支部委员会商议后，由支部主席委任。

(3) 当支部主席停职，支部副主席将担任支部主席职位，至下届召开支部大会选举新的支部主席时为止。

(4) 当支部委员会委员因为死亡、辞职、免职或其他理由导致停职时，支部委员会有权随时委任其他党员填补该空缺。

(5) 任何支部委员会委员要辞职，必须以书面具备理由，向支部委员会提出并供其审议。

(6) 支部委员会负责在支部大会闭会期间运行支部事务，并且将所有活动向年度支部大会报告。支部委员会应根据党章及区部委员会和年度区部大会的指示管理事务。

(7) 支部委员会必须至少每个月举行一次会议，或在支部主席之指示下，或至少1/3的委员以书面提出正式要求时。召开会议，应该提前7天通知所有支部委员会委员。

(8) 一半委员会成员出席构成法定人数。

(9) 在支部委员会任何会议上，如果支部主席或支部副主席缺席，应在出席的委员中选出一人主持会议。

(10) 支部办事处的职责：

(a) 支部主席应在任职期间主持所有的委员会会议，负责其正当的管理。其有权投决定票，并且在每个被认可的会议记录上签字。

(b) 在主席缺席期间，副主席代理主席行使职能。

(c) 支部秘书根据党章管理支部事务，并且执行支部大会和委员会的指示。其应负责管理所有信件和保持所有的书籍和文件，除账目和财务记录。其将参加所有会议，并做会议记录。其还应维护所有支部成员名册。

(d) 助理秘书长协助秘书履行职责（本条第（3）款中所详述），并且在秘书缺席时代理其行使职责。

(e) 支部财政负责支部的财务。其应保存所有往来账目，并且对其正确性负责。所有支票应由支部财政同支部秘书或主席会签。

（f）助理财政协助财政履行职责（本条第（4）款所详述），并且在财政缺席时代理其行使职责。

第 54 条　支部委员会的职责和责任

支部委员会的职责和责任如下：

（a）与任何政党或社团进行不违反本党章的政治或其他事项的合作；

（b）当发现任何支部委员会委员逃避职责，可向区部委员会建议解除其职位；

（c）向支部大会提交上一年度支部活动报告，及审查通过的账目表；

（d）在年度支部大会召开前至少 14 天，向每个成员发放副本年度报告和账目报表；

（e）向支部大会建议有关本党章或者会议常规的任何修正案。如果建议被支部大会认可，将通过年度区部大会，转发到年度代表大会；

（f）向区部委员会建议对支部党员采取开除或暂停的行动；

（g）随时按需要执行区部委员会的指示或指导的活动；

（h）遵照和履行本党章的条款、会议常规、规则、条例和细则，或代表大会的指示，并采取适当行动贯彻此目标。

第 55 条　支部办公室

（1）支部秘书处必须设于支部办事处。

（2）支部办事处可设于支部委员会所批准之任何地点。

（3）支部委员会秘书必须是支部办事处之行政人员。

（4）支部主席负责有效管理支部办事处。

（5）未取得支部主席批准，不可任命支部办事处职员。

第十一章　代　表

第 56 条

（1）无论选出党内任何等级之代表，其代表之身份，在该级中不能超过一个。

（2）除另有安排外，相关区部和支部将负责其所派遣代表参加年度代表大会的全部费用。

第十二章　青年及妇女运动

第 57 条　青年运动

（1）基于以下目标，应该在各级别设立青年团：

(a) 鼓励成员学习和参与以下领域：政治、经济、文化、传统、体育和教育；

(b) 鼓励其成员积极参与发展一个进步和团结的马来西亚；

(c) 与其他公认的青年组织合作；

(d) 有助于最高理事会实现和完成党的目标。

（2）为了实现本条第（1）款中提到目标，在不与本党章冲突的情况下，最高理事会可能会不时制订规则。

第 58 条　妇女运动

（1）基于以下目标，应该在各级别设立妇女组：

a）鼓励成员学习和参与以下领域：政治、经济、文化、传统、体育、教育、福利、国内科学；

b）鼓励其成员积极参与发展一个进步和团结的马来西亚；

c）与其他公认的妇女运动或组织合作；

d）有助于最高理事会实现和完成党的目标。

（2）为了实现本条第（1）款中提到目标，在不与本党章冲突的情况下，最高理事会可能会不时制订规则。

第十三章　参选人资格的取消

第 59 条　资格取消

（1）凡以下情况，任何党员没有资格被提名为候选人：

(a) 如果其党龄不满一年；

（b）除最高理事会另有决定外，如果其在退党后重新入党不足三年；

（c）如果其根据相关选举法律或者本党章任何条款已经丧失资格。

（2）上述规定也适用于候选人被任命为国家立法大会，众议院和/或参议院。

第 60 条　解除资格取消

除被法律下剥夺资格的党员外，因特殊原因，党主席有权使党员不受第 59 条的限制。

第十四章　党的纪律

第 61 条　纪律委员会

（1）本党应设立纪律委员会处理关于党员开除、暂停其党籍或其他纪律处分的建议。

（2）纪律委员会由最高理事会所委任的五名成员组成。

（3）考虑到党的利益要求，纪律委员会有权暂停或开除任何党员，但党员被暂停或开除前，其行为应被委员会调查，而且应告知其被投诉，并给予其辩护和解释自己的机会。上述开除党员的权力不适用于被委任或被选举的最高理事会成员。

（4）在任何情况下，为了党的利益需要，党主席认为有必要立即采取行动，可以暂停党员党籍，直到纪律委员会作出决定。

（5）受影响的党员，如对纪律委员会的决定不服，可以在决定日起 14 天内向最高理事会上诉。最高理事会的决定是最终决定。

（6）根据本条被开除的党员将丧失其作为党员的权利和权限，无权向党要求。至于暂停的党员，根据纪律委员会的决定，其可以有有限的权利和权限。

第二部分　主要政党内部规章制度

第十五章　现行决议和制度

第62条　现行决议和制度

（1）现行决议和制度如果与本党章不一致，可以由最高理事会不时制订、修改或者作废。

（2）所有本条第（1）款中提到的现行决议和制度应由最高理事会在其会议上审议（如获通过）的决议和制度，应成为本党章的一部分；因此，也具有相同的效力和作用。

（3）年度代表大会制订的决议和制度同时也应被区部大会和支部大会采纳。

第十六章　普通条款

第63条　办公室相关条款

除本党章另有规定外，所有根据本党章任命或选出的干事，任期维持到下一次选举。每个支部、区部及年度代表大会应根据本党章的规定，每隔三年举行换届选举，选出其各自的干事。

尽管有上文规定，但只要有2/3的最高理事会成员或干事辞职或者被开除，或丧失资格，或停职，或者其他任何理由，党、区部及支部可视情况，在年度代表大会或年度大会上选出一个新的最高理事会或区部或支部办事处。

第64条　禁令

（1）本党不得与马来西亚之外的政党有附属或者关联。

（2）在校大学或学院的学生不允许加入本党，除非其事先取得了其所在院校的副校长的书面同意。

（3）党的每个成员，每个行政人员和每个顾问，都应该是马来西亚公民。

（4）党的每个成员，应出席其相对应的最高理事会、区部或支部委员会召开的每一场会议。任何成员如果可能缺席此类会议，必须提前征得最高理事会会长、区部或支部委员会主席的许可。如果任何成员未征得许可而缺席此三类会议，则将视情况定性为从最高理事会、区部或支部委员会离职。

第 65 条 党章的修订

（1）党章及其任何部分的修改或撤销，须由出席年度代表大会的代表以至少有 2/3 多数票通过方可生效。

（2）任何修订或撤销党章的决议应发送到秘书长，必须遵守关于此类修订或撤销的现行常规和有关规则。决议自社团注册处批准之日起生效。

第 66 条 争议解释

如果对本党章的任何条款或者任何文字在解释、诠释、翻译及意义上有任何争论，最高理事会拥有最终决定权，直到年度代表大会通过修正决议。

第 67 条 党的解散

（1）经党员总数的 3/4 以上通过，党可以通过决议自愿解散。

（2）如果党解散，所有合法合理的债务和负债应全部结清，剩余资金（如果有的话）应按最后一次代表大会确定的方式处理。

附录"A"

标志和徽章

党的标志和徽章是：在沙巴州绿色的地图上，双只手紧紧握在一起，外围是醒目的褐色边框，里面是褐色方格，在其下面是党的名称"parti bersatu sabah"。"握手"表示，沙巴州人民之间的团结，友谊和合作；"绿色"象征财富并且表明沙巴州以农业为基础的性质；褐色表示其土壤的肥沃和"方格"的外形象征着所有沙巴州人民心中的平等与正义。

附录"B"

旗帜

党的旗帜是:

(a) 最接近绳子的部分是红色象征着勇气;

(b) 中间为白色象征纯洁,并叠加党的标志和徽章;

(c) 最后一部分是蓝色并且有党的署名。

(沙巴团结党党章出处:Parti Bersatu Sabah[PBS]http://207.57.5.36/pbs3/html/party/pbs_constitution.html)

(谢来辉 译)

民主行动党党章

条款1　党的名称，地址和标志

1. 党的名称应为马来西亚民主行动党。

2. 党的注册地应在 No. 24 Jalan 20/9，46300 Petaling Jaya 或者中央执行委员会指定的任意地点。若无注册中心的事先批准，注册地不得更改。

3. 党的标志应为白底上一个蓝色圆圈，一枚红色火箭垂直贯穿圆圈。

条款2　宗　旨

引言

独立宪法是一部充满民主、自由、法治和尊重人权原则的不朽文献；它满怀着责任感、平等、公正和人类尊严的理想。这些原则带来的力量，不仅可以团结和融合我国各种族、宗教和文化，还可以融洽沙巴和沙捞越及马来西亚半岛的关系。通过拥护这些理想，马来西亚人可以朝着民主与经济共同发展，自由不等同于压迫，机会平等优于结果平等，法治确保社会公正，财富创造伴随公平的财富分配，以及繁荣的经济发展不滋长猖獗的贪污行为的方向前进。

目标

1. 通过议会宪制途径，在马来西亚建立社会民主主义。

2. 马来西亚尊重民主价值及基本人权，给予每一个马来西亚公民享有平等和公平的权利，重申和还原马来西亚宪法作为国家最高法律的世俗框架。

3. 促进与沙巴和沙捞越的融合，承认他们的特别权利，在所有族群中灌输国民精神与团结观念，创造一个团结的"马来西亚人的马来西亚"的共同身份。

4. 承认宗教自由的基本权利，包括个别宗教免于承受反对法和歧视性行为的压制。

5. 支持及肯定马来西亚文作为国语，保障促进其他母语，包括中文、淡米尔文、英文及原住民语言的地位、推广、学习及使用的权利和义务。

6. 建立以独立、道德和爱心为核心的道德观念，以促进用透明和自由的方式，相互尊重和理解多元文化传统与宗教信仰。

7. 促进、维护和捍卫马来西亚的主权独立和完整性。

8. 推动以良好施政、民主和尊重人权为基础的东盟共同体，维护其成为和平、自由和中立的无核区域。

9. 促进、推广和扩大各级民主，特别是恢复地方政府选举，在平等、自由、公平和独立的选举程序和媒体自由的基础上，在形式和实质上赋权于人民，让人民参与决策。

10. 以竞争型市场的价值创造，同等重视财富创造与公平分配财富的经济秩序为前提，保障机会均等，扩大经济繁荣。

11. 承诺严格以绩效和需求为依据，提升教育水平，提供入读小学、中学和高等教育的全面通道和平等机会，特别是以知识为主的信息技术领域。

12. 在就业权利的架构下，保障工人及工会的权利、为工人提供公平及最低薪金，并保持他们实际工资以确保全民经济繁荣，并享有有尊严的生活水准。

13. 在就业、教育和健康方面，消除对女性性别所有形式的偏见。

14. 通过赋予选择权和行使权力的途径赋权于青年，并对他们灌输义务与责任感。

15. 通过维护法治、建设和保护家园安全与安全社区，让全民享有司法公正和安全。

16. 把责任感和透明度制度化，以遏止贪污及财务不当行为，并建立政府的廉正和诚信。

17. 提供价格合适、便利和具责任感的公共卫生服务，以保障病人、弱者和老年人士的需求；以及

18. 防止环境进一步恶化和遭受破坏，确保我们的自然遗产清洁、健康与安全。

条款3 党员

1. 所有党员，所有具有执行职能的公务员和所有顾问必须是联邦公民。

2. 凡年满17周岁，遵守党员要求，非目标和政策都与本党相悖的其他政党党员，组织的助手或追随者的联邦公民可以入党。

3. 任何党员，若成为其他政党党员或组织助手或追随者，立刻解除党籍。

条款4 党员要求

1. 所有党员必须忠于马来西亚独立的原则。

2. 所有党员必须接受和遵从党的章程、方针、原则和政策。

3. 入党申请必须用特殊表格手写，与申请人特定的首次党费一起上交党的总秘书长处。

4. 根据此章程条款8规定，所有入党申请必须提交党籍常务小组委员会。

5. 党籍常务小组委员会有义务执行权利，仔细管理考量申请者入党是否合适。

6. 若党籍常务小组委员会的大部分成员出席了讨论申请人的入党事宜

委员会会议，并为申请人投票通过，此申请人即可入党。

7. 以下情况的人员不能入党：

（a）是或者曾被发现或举报为精神疾病患者；

（b）曾被发现或举报有触犯了任一法律条款中涉及欺诈或道德败坏的违法行为。

8. 党籍常务小组委员会可无条件拒绝任何申请。

9. 若申请人的入党申请被党籍常务小组委员会拒绝，可向中央工作委员会申诉。中央工作委员会可以驳回党籍常务小组委员会的决定。若中央工作委员会维持党籍常务小组委员会的决定，申请人可向中央执行委员会申诉。中央执行委员会的决定为最终结果。当拒绝申请时，中央工作委员会和中央执行委员会无需作出任何解释。

10. 同意党员入党时，应颁发给此党员书面通知，配备党章文册，党徽和党员证。

11. 若申请时没有缴纳党费，此申请人应被党籍常务小组委员会拒绝。

12. 被党组织推选作为当地政府，州议会或者国会竞选候选人，并在任一竞选中获胜的党员，应承诺：

（a）作为当地政府或者州议会或者国会成员的代表向党的资金储备捐出他们薪金或津贴的一部分，这部分金额多少每次由中央执行委员会决定。

（b）一旦从当地政府、州议会和国会退休，向党的资金储备捐出他们退休金的一部分，这部分金额多少由中央执行委员会决定，并且

（c）假若发生此党员退党，或由于其他任何原因除去党员身份，则此党员应当辞去在当地政府、州议会和国会中的职位。

13. 开除党籍

（a）任何党员，若被发现或表明不符合此条款第7点，不能成为合格党员的，应由中央工作委员会剥夺其党籍。但未经调查确认其有此缺点，任何党员不得被剥夺党籍。为开展这种调查，中央工作委员会应指定1组不少于3人的特别小组委员会。该委员会在听取事件中所有证据后，向中央工作委员会提交建议，以便中央工作委员会做决定。

(b) 这类党员有权向中央执行委员会申诉，中央执行委员会的决定为最终结果。

(c) 根据以上条例 13（a），被施以此措施的党员，不得根据任何法律对以下内容提出诉讼：

i. 中央执行委员会或者特别小组委员会任何行为或决定的合法性和正当性；

ii. 根据法规作出反应的中央执行委员会，或特别小组委员会或这些委员会中的所有成员。

(d) 所有党员

i. 是或被发现或举报为精神病患者；

ii. 破产者；

iii. 触犯任一法规中涉及欺诈或道德败坏罪的；

iv. 未先在党内通过各种途径解决党内事宜，向任一法庭提起诉讼的应即刻被退党。

条款 5　党　费

1. 党应从党员的年费和支持者的捐款和信托基金中获取资金，信托基金的宗旨应不与党的宗旨相悖。

2. 党员年费应为 5 个林吉特/或每次由中央执行委员会预先给出的其他金额。

3. 所有年费，除了条款 4 项下第 3 点规定的新党员的首次党费，应在每个财政年度的第一个月缴纳，财政年度从 1 月 1 日起至 12 月 31 日。

4. 若任何党员拖欠年费超过 2 年，则自动退党。但是若其能向党籍常务小组委员会给出合理解释，在党籍常务小组委员会的慎重考虑下，一旦其缴清所欠所有费用，可以恢复党籍。

5. 党的代表大会可以决定向党员收取特别费用或者为特殊目的举行募捐。若任何党员不能在特定时间内偿付这种费用或者募捐，拖欠费用可以用拖欠年费的方法处理。

条款 6 退　党

在提前 1 个月书面通知总秘书长意愿退党的情况下，任何党员都可退党。申请退党的党员应有义务支付到退党为止，包括提交退党申请当年的党费。

条款 7 纪　律

1. 中央执行委员会有义务建立纪律委员会，成员不应超过 5 人。主席和 2 名纪律委员会成员应从中央执行委员会成员中任命。另 2 名成员不应为中央执行委员会成员。

2. 任何时间下，只要党的利益需要，纪律委员会有义务采取任何形式的纪检措施，包括对任一党员处以罚款，对任一党员中止或开除党籍。对任一党员采取何种形式的纪检措施，中止或开除党籍的决定，都要在委员会会议中大多数成员通过的基础上作出。超过委员会 50% 的人员出席会议，即达到法定人数。

3. 任何被中止党籍、开除，或被处以其他任何形式纪检措施的党员，应被书面告知，并可以在被通知之日起 14 天内就纪律委员会作出的决定向中央执行委员会提出申诉。中央执行委员会就此事的决定应为最终和决定性结果。

4. 在党员被中止党籍、开除，或被处以其他任何形式纪检措施之前，可以在纪律委员会规定的方式和时间内，令其阐述他/她不应被中止党籍、开除或处以任何形式的纪检措施的理由。

5. 纪律委员会应有权利中止任何有违反党的政策、损害党的利益的行为举止的支部委员会，或者议会联络委员会，或者国家委员会。任何被中止的支部委员会，或者议会联络委员会，或者国家委员会应被书面通知，并可以在被通知之日起 14 天内就纪律委员会作出的决定向中央执行委员会提出申诉。中央执行委员会就此事的决定应为最终和决定性结果。

条款 8 党的代表大会

1. 党的工作应在党的代表大会和党员大会的指导和控制下进行。党的代表大会应 3 年召开一次，或在中央执行委员会要求下，或有权向党的代表大会推选代表的支部中至少 60% 的支部要求下，或在代表大会代表中至少 60% 成员的要求下召开，此会议被称为党的全国代表大会。根据联邦宪法的第 55 条第（3）款，议会主张解散的之日起 2 年内，若党的代表大会和党员会议，国家普通集会和国家年会举行之日定在这两年内，则尽管在宪法中有其他规定，中央执行委员会应有权推迟这些会议，推迟时间不超过 12 个月。

2. 党的代表大会的法定人数应至少为有权参加代表大会的代表总数的 25%。

3.（1）所有有向党的代表大会推选代表的党支部应有权以下形式出席党的代表大会：

（a）15—25 名付费党员派 1 名代表。

（b）26—50 名付费党员派 2 名额外代表。

（c）51—100 名付费党员派 1 名额外代表。

（4）100 名以上的付费党员，每 100 名付费党员派 1 名额外代表。

（2）所有议会成员，国家议员和在职的中央执行委员会成员应有权作为额外代表出席党的代表大会。

4. 党的全国代表大会应在中央执行委员会办公室任职期满之时举行，或者在中央执行委员会办公室任职期满之前任一时间举行。

5. 党的全国代表大会事宜秩序应如下：

（a）国家主席致欢迎词；

（b）总秘书长作政策演讲；

（c）总秘书长作中央执行委员会的报告；

（d）选举 20 人组成的中央执行委员会；

（e）传发上届党员会议和/或党的特别代表大会与此次会议相关适宜

的会议记录；

（f）考量和采纳中央执行委员会提交的涵盖会议前财政年度（1年或几年）经审计的财政报告；

（g）考量并采纳中央执行委员会的报告；

（h）传发中央执行委员会的通告；

（i）考量和采纳党章修正建议；

（j）传发中央执行委员会的决定；

（k）决议根据此条款下第7点按时提交的任何决定；

（l）任命1名有资质的会计师或一家会计事务所，直到下一届党的全国代表大会召开之前，作为党的对外审计员；

（m）任命2名党员，在下一届党的全国代表大会召开之前作为党内审计员。

6. 在党的全国代表大会召开日期前至少10周，总秘书长应书面通知所有的支部秘书会议的召开日期，并提请他们注意此条款下第7点和第13点。

7. 有权向党的代表大会推选代表的支部若希望在全国代表大会上替换代表，应向总秘书长提交书面通知。此替换应被另一有权推选代表的支部支持，并且该支部应在党的全国代表大会召开之日6周前向总秘书长报备。

8. 召开党的特别代表大会的通知应在党的特别代表大会召开之日7天前送达所有支部和代表，通知须阐明主题或将在党的特别代表大会上讨论的主题。

9. 党的全国代表大会召开前至少10天，或者党的特别代表大会召开之日前至少7天，总秘书长应通知所有的代表和有权向代表大会推选代表的支部待办事宜。若召开党的全国代表大会，此通知应包括涵盖此前财政年度（1年或几年）的财政报告，支部根据此条款第7点提出的建议和根据此条款第13点被提名的所有参加中央执行委员会竞选的候选人名单。

10. 召开任何党的全国代表大会或者党的特别代表大会之前，中央执行委员会应任命党内人士作为代表大会的发言人和代理发言人。在发言人未出席时,代理发言人代替执行其职责。

11. 到全国代表大会事宜讨论完毕前,代表大会可以休会数次。

12. 党内不被其支部信任的代表,可以出席党的代表大会但是不能投票,仅可在发言人允许下发言。

13. 每一个有权向党的代表大会推选代表的支部的委员会应有权最多提名20个党员参加中央执行委员会的竞选,这些提名建议在党的全国代表大会召开之前最迟6星期之前必须报备到总秘书长处。

14. 每个代表应投票给20个参加中央执行委员会竞选的候选人。

15. 整个党的代表大会流程应按照此党章的第一要案进行。

条款9 党员大会

1. 党员会议应每18个月召开1次,除非与党的全国代表大会召开日期重叠,在这种情况下,党员会与应在代表大会后18个月内召开。中央执行委员会应有权推迟全国代表大会,推迟日期不超过6个月。

2. 条款8下的第2、3、6、7、10、11、12和15点应准用于所有的党员大会。

3. 党员大会事宜应按以下秩序进行:

(a) 国家主席致欢迎词;

(b) 总秘书长发表政策性演讲;

(c) 总秘书长作中央执行委员会的报告;

(d) 传发上届党员会议和/或党的特别代表大会与此次会议相关适宜的会议记录;

(e) 考量和采纳中央执行委员会提交的涵盖会议前财政年度(1年或几年)经审计的财政报告;

(f) 考量并采纳中央执行委员会的报告;

(g) 传发中央执行委员会的通告;

(h) 考量和采纳党章修正建议;

(i) 传发中央执行委员会的决定;

（j）决议根据此条款下第 2 点向党员大会按时提交的任何决定。

4. 在党的党员大会召开日期前至少 10 天，总秘书长应通知所有的代表和有权向大会推选代表的支部将在大会上讨论的有关事宜。通知应包括财政报告和支部根据此条款下第 2 点提交的决定。

条款 10　党的管理

1. 党的全国代表大会应选举由 20 人组成的中央执行委员会。其成员包括：

（1）1 名国家主席

（2）1 名代理国家主席

（3）最多 5 名国家副主席

（4）1 名总秘书长

（5）3 名代理总秘书长

（6）1 名国家财务部长

（7）1 名国家财务副部长

（8）1 名国家组织部长

（9）最多 2 名国家组织副部长

（10）1 名国家宣传部长

（11）最多 2 名国家宣传副部长

（12）1 名国际秘书

（13）1 名国际助理秘书

（14）1 名国家政治教育主管以及

（15）1 名国家政治教育副主管

2. 中央执行委员会应有权指定不超过 10 名额外党员，在一届党的全国代表大会之前，这些党员应与其余中央执行委员会成员一起组成办公室。只要人员能胜任，中央执行委员会也可从其成员中指定任一成员在众多局部和下属委员会中填补职位空缺。所有中央执行委员会的公务员应合法参加重新选举。在正确举行的会议上，有超过 50% 的中央执行委员会成员参加，即达到法定人数。

3. 总秘书长应有执行权力。总秘书长总的任期不应超过 3 届，不论是否连任。不管什么原因，若此秘书长已被选举继任办公室某一职位，则不能担任秘书长。

4. 中央执行委员会应建立中央工作委员会，该工作委员会应包括国家主席，代理国家主席，2 名国家副主席，总秘书长，2 名代理总秘书长，国家财政部长，国家组织部长，国家宣传部长，国际秘书和国家政治教育主管。

5. 中央工作委员会应执行中央执行委员会指派的义务和职责。

条款 11　中央执行委员会职责

1. 向党的全国代表大会和党员大会提交中央执行委员会报告和现行经过审计的财务报告。

2. 向党的全国代表大会或者党的特别代表大会，或者党员大会提交有可能必要的党章修正意见，向党的全国代表大会或者党的特别代表大会或者党员会议提交政治形势所需的解决办法和/或宣告。

3. 组织并维持资金，资助选举，并向人民宣传党的宗旨和理想。

4. 实施党章，以推动其宗旨，并为其采取一切有必要的措施。

5. 中央执行委员会应为各州，国会选区和地区建立州委员会，议会联络委员会和马来西亚境内的党支部。中央执行委员会应根据党的代表大会制定的政策和党的宗旨，随时指引和控制州委员会，议会联络委员会和支部的工作。

6. 维持党内纪律，制定管理如下事宜的规章制度：

（a）党员的任命，义务，纪律，中止党籍，或者开除党籍；

（b）支部的职能，财政，管理，纪律和解散。

7. 规划议事程序来管理党的全国代表大会，党员大会，州级普通集会，州级年会，议会联络委员会年度大会，支部年度大会，如有必要，其他党的各级各种会议或集会的会议进程。

8. 指导总秘书长或其他公务员对于党内事务的举止。如有必要，中央执行委员会可以指定担任此职务的组织者和职员。可以因为失职、欺诈、不胜任、拒绝执行中央执行委员会的决定，或其他任何正确、有利于党的利益、有利于指引州委员会选举的理由中止或除去任何一个组织者或者该组织人员的职务。

9. 若有由于此党章或任意条款或条款中包含的词或词组引起的诠释，解释、翻译和意义的争论，中央执行委员会决定的诠释，解释、翻译和意义应为最终和唯一结果。

条款12　中央执行委员会权利

1. 国家主席

（a）国家主席应签署中央执行委员会通过的所有议案。

（b）国家主席应有权召开中央执行委员会会议和中央工作委员会会议。

（c）在党的国家主席缺席的情况下，其义务、权利和职责应转移给代理国家主席或国家副主席或者由中央执行委员会选举的执行国家主席。

2. 总秘书长

（a）总秘书长应负责召开党的全国代表大会，党员大会，和所有党的特别代表大会，中央执行委员会和中央工作委员会的所有会议。

（b）应在中央执行委员会和中央工作委员会的指导下开展相应工作，应保障党员数量。

（c）应保证州委员会，议会联络委员会和各支部充分知晓中央执行委员会所有重要活动。应保存好党的代表大会，党员会议，中央执行委员会和中央工作委员会其他会议的会议记录。

3. 代理总秘书长

代理总秘书长应协助总秘书长完成其义务、权利和职责，并在总秘书长缺席时代其职。

4. 国家财政部长

（a）国家财政部长应负责党的所有资金，并为党收缴的费用开具发票。

（b）国家财政部长应开立银行账户，此账户由中央执行委员会管理，并存入所有财政部长代表党收取的费用。

（c）国家财政部长应负责草拟财务报告，以便向党的全国代表大会和党员大会提交。

（d）国家财政副部长应协助国家财政部长完成其义务、权利和职责，并在其缺席时代其职。

（e）没有中央执行委员会或中央工作委员会的事先批准，国家财政部长每次不可保留超过2000美金的现金，每次不得支出超过1000美金。

5. 国家组织部长

（a）国家组织部长应协助总秘书长保证党的州委员会，议会联络委员会各支部，局部和下属委员会的正确行使职责，结构稳固，并协助其组建新的州委员会，议会联络委员会各支部，局部和下属委员会。

（b）根据纪律委员会的指令，每次都应负责贯彻执行中央工作委员会或中央执行委员会批准的纪检措施。

（c）应执行总秘书长每次委托的所有的组织性义务。

（d）国家组织副部长应协助国家组织部长完成其义务、权利和职责，并在其缺席时代其职。

6. 国家宣传部长

国家宣传部长应通过各种途径，包括刊发和分发期刊，时事通讯等，推广党的宗旨。国家宣传副部长应协助国家宣传部长完成其义务、权利和职责，并在其缺席时代其职。

7. 国际秘书

国际秘书有义务和职责促进国家与社会党国际成员国和世界其他兄弟组织之间的团结。应保证中央执行委员会充分知晓社会党国际和兄弟组织的所有重大事件。国际副秘书应协助国际秘书完成其义务、权利和职责，并在其缺席时代其职。

8. 国家政治教育主管

在中央执行委员会的指导下，国家政治教育主管应有义务和职责按时给所有党员开展政治教育授课或课程。国家政治教育副主管应协助国家政治教育主管完成其义务、权利和职责，并在其缺席时代其职。

9. 中央执行委员会

（a）根据此条款下第1点规定，中央执行委员会应有权任命党员在下一届党的代表大会之前担任中央执行委员会的任何空缺职位。

（b）中央执行委员会应有权指定局或下属委员会被赋予选举权。这些局部和下属委员会应对中央执行委员会负责。

（c）中央执行委员会至少每三个月应举行一次会议安排党内事宜，需要检查账目和党内记录时随时召开会议。正确召开的会议有超过50%中央执行委员会成员参加即达到法定人数。

（d）中央执行委员会应有权任命，支付薪水和解雇党组织聘用的人员。

（e）中央执行委员会应有权任命顾问或顾问公司服务于党，顾问必须是联邦公民，受聘后有权出席参加党的所有会议，但是没有投票权。

（f）在当地政府，州议院和议会里参加竞选的候选人的选举，应为中央执行委员会的唯一特权，中央执行委员会作出的关于选举的决定应为最终和绝对的。

（g）中央执行委员会应有权制定规章制度和指南贯彻党章的条款。

（h）中央执行委员会的成员无合理理由连续缺席3次中央执行委员会会议的，中止中央执行委员会成员身份，中央执行委员会有权指定任意党员接替其职位。

（i）中央执行委员会应有权任命决议委员会和党章修正委员会审查支部提交的党章的决议和修正意见，以便在党的代表大会或者党员大会上作出考量和采纳。

10. 所有的支票应由以下其中任意2位签名：国家主席、总秘书长、国家财务部长。

条款 13　党籍常务小组委员会

1. 中央执行委员会应任命党籍常务小组委员会，委员会应由国家组织部长和另 2 名中央执行委员会成员组成。国家组织部长应为党籍常务小组委员会的主席。

2. 正确召开的会议里有超过 50% 的党籍常务小组委员会成员参加，即达到法定人数。

3. 党籍常务小组委员会应检查所有的入党申请，决定接受或拒绝申请。

4. 常务小组委员会应定期检查现有的党员党籍，鉴于党的宗旨、原则和政策，根据党员的举止表现，就所有党员的党籍的终止或者继续向中央执行委员会作出建议。

条款 14　州委员会

1. 州委员会

（1）若一个州内有至少 3 个党支部，中央执行委员会应同意成立州委员会。

（2）州委员会应包括以下人员：

（a）15 个居住在该州的，由该州代表在普通会议上选举出的党员；

（b）国家主席、总秘书长和国家组织部长应被视为所有州委员会的法定成员；

（c）在中央执行委员会认可下，选出不超过 5 名居住在该州的党员进入州委员会；

（d）由中央执行委员会任命的不超过 5 名党员。

（3）每一个州委员会应从成员中选举出：

（a）1 名州主席

（b）1 名代理州主席

（c）2名州副主席

（d）1名州秘书

（e）1名州助理秘书

（f）1名州财务部长

（g）1名州财务副部长（如需要）

（h）1名州组织部长

（i）最多2名州组织副部长

（j）1名州宣传部长

（k）1名州宣传副部长（如需要），以及

（l）1名州政治教育主管

（4）州委员会应建立州工作委员会，由州主席，州代理主席，2名州副主席，州秘书，州助理秘书，州财务部长，州组织部长，州宣传部长和州政治教育主管组成。州工作委员会应执行州委员会委托其的义务和职责。超过50%的州工作委员会成员即达到法定人数。

（5）根据条款30第8点，州委员会任期不应超过2年。

2. 州委员会公务员义务：

（a）周委员会每2个月至少集会1次，会议的记录应在开会后7天内送交总秘书长处。正确召开的会议中有超过50%的州工作委员会成员参加即达到法定人数。关于周委员会会议的日期、时间、会场和议事日程的通知应在既定会议召开日期前至少7天前送达各周委员会成员。

（b）州主席在其任期内应主持每一次的州委员会和州工作委员会会议，并对会议的正确进行负责。主席应有权召开州委员会和州工作委员会会议。

（c）州主席的所有义务、权利和职责在其缺席情况下，应转移给州代理主席或任一位州副主席。

（d）州秘书应根据党的规章制度和中央执行委员会，中央工作委员会的指示，规范州委员会的行为。州秘书除了对账目和财政记录不负责，应对通信，保证州内党员数量，书籍，文件和报纸负责。州秘书应出席所有会议，州普通会议，州年会和州特别会议，并记录进程，负责印发会议和大会的记录。州秘书应保证州内各支部和中央执行委员会充分知晓州委员会的所有重大事件。

（e）州助理秘书应协助州秘书处理各种州委员会的管理工作，并在其缺席时代其职。

（f）州财务部长应负责州委员会的财务工作。财务部长应记录所有的财政交易，保证其准确。没有州委员会或州工作委员会的事先批准，国家财政部长每次不可保留超过1000美金的现金，每次不得支出超过500美金。州助理秘书应协助州秘书长完成其义务、权利和职责，并在州秘书缺席时代其职。

（g）州组织部长应协助州秘书保证所有议会联络委员会，州内各党支部正确行使职能，结构稳固，并组建新的州内议会联络委员会和党支部。州组织部长应执行所有州秘书长委托的组织性职责。

（h）州组织副部长应协助总秘书长完成州内各种组织性职责，并在其缺席时代其职。

（i）州宣传部长应推广党的宗旨，并负责向州内各支部分发党的时事通讯，期刊，报纸和其他党的刊物。宣传部长还应保证这些时事通讯，期刊，报纸和其他党的刊物分发到州内人民。

（j）州宣传副部长应协助州宣传部长完成州内各种组织性职责，并在其缺席时代其职。

（k）州政治教育主管应在州委员会指引下，负责为州内党员定期开展政治教育授课或课程。

（l）州委员会的所有支票均应由以下任意2位签署：州主席，州秘书长和州财务部长。

3. 州委员会的职责和权利

每个州委员会均应用确保效率最大化，管理议会联络委员会和党支部以达到党的组织性和政治性目标，贯彻中央执行委员会的指令的目的，协调州内各议会联络委员会和党支部的活动。

4. 根据中央执行委员会的指令，每个州委员会应对州内各支部的财政安排实行统一监督，并发布指令确保州内各党支部账目保存清楚，定期审计。所有党支部应遵循指令。

5. 每个州委员会应在党的国家主席、总秘书长或国家组织部长的指令下，调查支部党员间或议会联络委员会成员间的争辩，并应试图，如可能，平息争论，或者向中央执行委员会作出解决争论的建议，中央执行委员会将发布解决争论的正确指令。

6. 每个州委员会可根据中央执行委员会认可，为举行活动募集资金，开立一个银行账户，若需要，或多个账户，并应向中央执行委员会负责，保证账户的正确保管和审计。

7. 在中央执行委员会的认可下，每个州委员会应开展州级的其他活动和项目，包括时事通讯、期刊或报纸的刊发。

8. 下一届州普通会议之前，当州委员会内有职位空缺时，根据此条款下第1（2）和（c）点，州委员会应有权指定人员担任州委员会内任意职位。

9. 当州普通会议指定的审计员职位有空缺时，州委员会应有权任命人员担任此职位。

10. 若无合理理由，任何州委员会的成员连续缺席3次州委员会会议，终止州委员会成员身份，州委员会有权利指定任一党员接替他的位置。

11. 若任何州委员会的继续运行将会有损于党的良好形象，中央执行委员会有权解散该州委员会。

12. 若有解散事件发生，中央执行委员会应在解散州委员会后6个月内尽快建立临时州委员会，并任命临时委员会的官员和成员。

13. 非中央执行委员会延长其任期，这种情况下建立起来的任何临时州委员会任期不得超过6个月。

14. 非额外延长任期，临时州委员会过期之日，中央执行委员会应根据条款14第1点建立新的州委员会。

条款 15 州普通会议

1. 州内党的工作应在州普通会议、州年度会议和中央执行委员会的指示和控制下进行。

2. 州普通会议应在州委员会办公室卸任之日，或在此之前，占有向会议推选代表的权利的支部中至少 60% 的支部的书面请求下，或会议中至少 60% 与会代表的书面请求下，或者在中央工作委员会或中央执行委员会的指导下召开。

3. 州普通会议的法定人数应至少占有权参加州普通会议的代表中的 25%。

4.（a）州内有权向州普通会议推选代表的各党支部，其主席、副主席，秘书，助理秘书，财务部长，宣传部长和妇联主席有权代表各自支部出席所有州普通会议。

（b）州内议会内党员，州议员和现任州委员会成员应有权作为额外代表出席该州的州普通会议。

5. 州委员会与中央执行委员会商讨同意后，支部不被信任的代表也作为旁听者可参加会议，但是不具有投票权，并只能在发言人允许下发言。

6. 州普通会议的召开日期应由中央执行委员会决定。

7. 州普通会议事宜的秩序应如下：

（a）选举 15 名州委员会成员。

（b）传发上届州年度大会会议记录。

（c）考量和采纳州委员会提交的涵盖会议前财政年度（1 年或几年）经审计的财政报告。

（d）考量和采纳州委员会提交的涵盖其任期内州内党的工作和发展的报告。

（e）根据此条款第 10 点，考量和采纳向州普通会议按时提交的所有建议。

（f）传发州委员会提交的决议和/或宣言。

（g）根据此条款第 17 点，办理州委员会认可并按时提交的所有特殊事务。

（h）任命州内 2 名党员，在下届州普通会议召开之前作为党内审计员。

8. 中央执行委员会应负责管理州委员会的 15 名成员的整个提名和选举过程。

9. 在州普通会议召开日期前至少 8 周，州秘书应通知州内所有支部会议日期，并提请他们注意此条款第 10、11 和 17 点。

10. 有权向州普通会议选送代表的各支部，若要做出任何更替，应向州秘书做出书面通知。此替换应被另一有权推选代表的支部支持，并且该支部应在州普通会议召开之日 3 周前向州秘书报备。

11. 有权向州普通会议选送代表的支部的委员会，应有权提名州内最多 15 名党员参加州委员会的竞选。提名应在州普通会议召开之日至少 3 周前向总秘书长报备。

12. 在州普通会议至少 7 天前，或在州特别会议至少 5 天前，州秘书应通知各支部和代表关于将在州普通会议或州特别会议上办理的事宜。关于办理事宜的通知应涵盖以往 1 年或几年财政年度的财政报告，支部根据此条款第 10 点意图提出的决议，根据此条款第 11 点提名的参加州委员会选举候选人名单，以及根据此条款第 17 点向州委员会提交并经其同意的任何特殊事宜。

13. 在任何州普通会议或州特别会议召开之前，中央执行委员会应任命党员担任发言人和代理发言人。代理发言人应在发言人缺席的情况下代其职。

14. 每位代表应对所有议案各有 1 次投票权。

15. 在所有州普通会议或州特别会议上，需要表决的议案应采取举手表决，若选票相当，此议案作罢。除非被强烈要求无记名投票，发言人关于此事一经举手表决成功或作罢的公告应为此事宜的决定性结果。无记名投票的要求可以被驳回。不能代投。

16. 州普通会议或者州特别会议可以在会议事宜完成前数次休会。

17. 有权向州普通会议选送代表的支部若意图在州普通会议上建议任何特殊事宜，应书面通知州秘书。该通知应被另一有权推选代表的支部支持，并且州普通会议召开之日 5 周前送达州秘书处。州委员会作出的是否允许在州普通会议上提出此特殊事宜的决定应为最终结果。

18. 州普通会议整个进程应按照此章程第一要案进行管理，可做必要调整。

条款 16 州年度大会

1. 除了与州普通大会重叠的年度，州年度大会应每年举行 1 次。

2. 条款 15 下第 3、4、5、9、10、12、13、14、15、16、17 和 18 点准用于所有的州年度大会。

3. 州年度大会事宜秩序应如下：

（a）传发上届州普通会议的记录。

（b）考量和采纳州委员会提交的涵盖会议前财政年度（1 年或几年）已按时审计的财政报告。

（c）考量和采纳州委员会提交的自上一届州普通会议始的州内党的工作和发展的报告。

（d）根据此条款第 2 点，考量和采纳向州年度大会按时提交的所有建议。

（e）传发州委员会提交的决议和/或宣言。

（f）根据此条款第 2 点，办理按时提交的所有特殊事务。

4. 州年度大会召开之日至少 7 天前，州秘书应通知各支部和代表关于将在大会上办理的事宜。通知应包含 1 份财政报告，支部根据此条款第 2 点意图提出的决议和其他特别事宜。

条款 17 议会联络委员会的建立和解散

1. 任何有 2 个或 2 个以上支部的国会选区应有权组建议会联络委员

会，在州委员会作出此通知和建议时，中央执行委员会应向该国会选区内的州委员会以及相关支部颁发指令，令其为该国会选区组建并成立议会联络委员会。

2. 若议会联络委员会的继续运行将损害党的良好形象，中央执行委员会应有权解散任何议会联络委员会。

3. 若有解散事件发生，中央执行委员会应在解散州委员会后6个月内建立临时议会联络委员会，并在中央执行委员会重新组建新的议会联络委员会之前，任命该选区的支部党员组建临时议会联络委员会办公室。

条款18 议会联络委员会年度大会

1. 议会联络委员会年度大会应每年举行1次。召开日期应由中央执行委员会决定。

2. (a) 各有权向议会联络委员会年度大会推选代表的支部主席，副主席，秘书，助理秘书，财务部长，宣传部长和妇联秘书有权代表各自支部参加议会联络委员会年度大会。

(b) 国会选区内议会内党员，州议员以及青年和妇女部部长应有权作为额外代表出席年度大会。

3. 议会联络委员会年度大会事宜秩序应如下：

(a) 选举议会联络委员会公务员。

(b) 根据此章程条款8下第3点选举参加党的代表大会代表。

(c) 传发上一届议会联络委员会年度大会的会议记录。

(d) 考量和采纳议会联络委员会提交的上一财政年度经按时审计的财政报告。

(e) 考量和采纳议会联络委员会任期内工作和发展的报告。

(f) 考量和采纳会议前提交的所有决议/申报。

(g) 任命国会选区内2名支部党员在下一届议会联络委员会年度大会召开前担任党内审计员。

4. 议会联络委员会年度大会召开之日至少7天前，委员会秘书应将包括会议时间，日期和地点，会议议程，以及一份财政报告的通知送达各代表。

5. 议会联络委员会年度大会的法定人数应占有权参加年度大会的代表人数的至少 50%。

6. 若未达到法定人数，年度大会应休会 30 分钟。休会结束继续进行会议时，若出席人数仍少于法定人数，则发言人应将会议改期为州委员会决定的另一日期。

条款 19　议会联络委员会

1. 议会联络委员会年度大会应选举如下公务员：
（1）1 名委员会主席
（2）1 名委员会代理主席
（3）1 名委员会副主席
（4）1 名委员会秘书
（5）1 名委员会助理秘书
（6）1 名委员会财政部长
（7）1 名委员会组织部长
（8）1 名委员会宣传部长
（9）1 名委员会政教主管
（10）1 名委员会妇联秘书以及
（11）3 名委员会成员

2. 国会选区内议会内党员，州议员以及青年和妇女部部长应自动成为议会联络委员会成员。

3. 在中央执行委员会同意下，议会联络委员会应有权从国会选区内的支部成员中指定不超过 5 名成员作为额外人员成为议委员会成员。

4. 在下一届议会联络委员会年度大会召开之前，若议会联络委员会内有职位空缺，议会联络委员会有权任命国会选区内任意支部成员担任此职位。

5. 当对内审计员职位空缺时，议会联络委员会有权任命国会选区内任意支部成员担任此职位。

6. 议会委员会公务员义务：

（a）主席应主持联络委员会的所有会议。应有权召开联络委员会会议。

（b）主席所有的义务、权利和职责在其缺席情况下，应转移给代理主席或者副主席。

（c）秘书应负责通信，并负责将所有的委员会会议记录在会议结束 7 天内送交总秘书长。助理秘书应协助秘书行使其权利和义务。

（d）财政部长应负责联络委员会的财政状况，应记录所有的交易情况。

（e）宣传部长应推广党的宗旨。

（f）政教主管应在中央执行委员会和/或州委员会指导下，协调和协助国家政教主管和州政教主管在其国会选区内为各支部开展政教授课或课程。

（g）妇联秘书应协调、指引并帮助选区内各支部妇联秘书招募妇女党员，为妇女党员组织活动。

7. 议会联络委员会功能和权利：

每个议会联络委员会应协助州委员会协调选区内各支部的活动，完成州委员会或中央执行委员会交予的职责。

8. 根据条款 30 下第 8 点，议会联络委员会任期不得超过 1 年。

9. 议会联络委员会应每 2 个月召开 1 次会议，有超过半数的成员出席正确召开的会议即达到法定人数。召开会议的通知应在会议之日至少 7 天前送达各代表处。

10. 议会联络委员会的支票应由以下任意 2 人签署：主席，秘书和财政部长。

条款 20　支部的成立和解散

1. 党的中央执行委员会可自行决定在党员生活或工作的任意地区成立支部。

2. 中央执行委员会可在如下情况解散支部：

（a）若确信支部管理混乱，或者

（b）若支部拒绝遵守党规，或党的代表大会，党员大会，中央执行委员会，州普通会议，州年度大会，州委员会的决定，或者中央执行委员会认为其行为不当，有损党的理想和宗旨。

3. 解散支部的决定应在中央执行委员会会议上大多数投票通过，在通过决定之前，此支部应被提前2周时间告知并有回应指控的机会。

4. 解散的命令应由总秘书长签字。一旦收到此命令，除非需要清理结业，该支部委员会必须立即停止作业。

5. 若有支部因为此条款下第2点的原因被解散，此支部成员应自动退党。但是中央执行委员会可以豁免该支部个别成员不受此规定约束，这些成员在豁免情况下应继续被承认为党员。

6. 该支部委员会主席、秘书和财政部长应负责将支部拥有的书籍，记录，财务和其他财产送交总秘书长处，同时附上从最后一次交费到解散之日的账目报告。

7. 若确信支部委员会的存在有损党的利益，中央执行委员会应有权解散该支部委员会。在这种情况下，解散之日起3个月内，中央执行委员会应重建一个新的支部委员会。

8. 在过渡时期，中央执行委员会可以成立临时支部委员会，并任命官员和成员。

条款 21　支部年度大会

1. 党的各支部内缴费党员均应有权出席其所在支部的所有年度大会，

并可以发言和投票。

2. 支部年度大会应每年召开 1 次。在支部年度大会召开之日至少 7 天前，支部秘书应将包含会议时间、日期、地点、议程以及财政报告的通知送达到每位缴费党员处。

3. 支部年度大会事宜秩序应如下：

（1）选举如下公务员：

（a）1 名支部主席

（b）1 名支部副主席

（c）1 名支部秘书

（d）1 名支部助理秘书

（e）1 名支部财政部长

（f）1 名宣传部长

（g）1 名妇联秘书

（h）2 名支部委员会成员

（2）根据此章程条款 8 第 3（a）点，选举党的代表大会代表。

（3）传发上一届支部年度大会的会议记录。

（4）考量和采纳支部委员会提交的经审计的上一年度财政报告。

（5）考量和采纳支部委员会提交的在其任期内工作和发展的报告。

（6）考量和采纳所有提前提交的决议。

（7）任命支部 2 名成员在下一届支部年度大会召开前担任对内审计员。

4. 妇联秘书的职位只可由支部女性党员担任。

5. 特别支部大会应在州委员会或中央执行委员会指令下召开。

6. 召开特别支部大会的通知应在会议召开之日至少 5 天前送达支部各缴费成员处，通知应阐明主题或将在特别支部大会上商讨的议题。出席这些会议的支部成员应为缴费党员，有权就所有议题发言并投票。

7. 支部年度大会或支部特别大会的法定人数应为 11 个支部的缴费党员。

8. 若未达到法定人数，会议应休会 30 分钟。休会后会议继续，若出席人数仍少于法定人数，发言人应将会议改期，改期日期由州委员会决定，改期后的会议法定人数不得少于 8 名支部的缴费党员。

条款22　支部委员会

1. 在中央执行委员会认可下，支部委员会应有权指定不超过 6 名成员作为额外人员加入支部委员会。

2. 支部委员会有义务根据支部规定，中央工作委员会，中央执行委员会，党的全国代表大会，党的特别会议和党员大会的指示管理支部工作。支部委员会应每月召开 1 次会议，超过其半数成员与会即达到法定人数。

3. 除非总秘书长另外指示，支部秘书应在每个会议结束后 7 天内将该会议的记录提交给总秘书长。

4. 未经党的总秘书长允许，支部委员会或其成员不得发布关于党的政策的任何公开声明。

5. 若支部委员会有职位空缺，支部委员会有权任命任意支部成员在下一届支部年度大会前担任此职位。

6. 若审计员职位空缺，支部委员会有权任命任意支部成员担任党内审计员。

条款23　支部公务员职责

1. 主席在其任期内应召开和主持所有的委员会会议，并对其正确开展负责。

2. 副主席在主席缺席时代其职。

3. 支部秘书应根据党的规章，州工作委员会，州委员会，中央工作委员会，中央执行委员会的指示开展支部事宜。应贯彻支部年度大会，支部特别大会和支部委员会的指令。应负责除账目和财政奖励外的通信，保证支部党员数量、书籍、文件和报纸等事宜。应出席支部委员会和支部的所有会议，记录会议进程，负责完成这些会议的记录。

4. 助理秘书应协助秘书处理所有的支部管理工作，在秘书缺席时代其职。

5. 财政部长应负责支部的财政情况。应记录支部所有财务交易，并保证准确性。应负责收集支部内所有党员的年费并在每年第一个月内将费用汇款至党的财政部长处。为此，支部财政部长应提醒支部所有党员注意党章条款5下第2、3和4点。

6. 宣传部长应负责在支部所在地宣传党的宗旨，负责向支部所在地民众分发党的时事通讯，期刊，报纸和其他党的刊物。

7. 妇联秘书应负责招募妇女党员并为其组织活动。

8. 若无合理理由，任何连续3次缺席支部委员会会议的支部成员应退出支部委员会，支部委员会有权指定支部任意成员接替其职。

9. 支部所有支票应由以下任意2位签字：主席，秘书，财政部长。

条款24　支部相关总则

1. 若党支部有关管理的任何相关事宜无特定规定可依，总部组织的管理事宜所依据的规定可视情况应用于支部事宜的管理。

2. 党的全国代表大会，党的特别代表大会，党员大会，州普通会议，州年度大会，中央工作委员会，中央执行委员会，州委员会和议会联络委员会可向支部年度大会，或所有支部委员会下达关于管理事宜的指令，相关支部应严格遵守这些指令。

条款25　资金和账目

1. 总部办公室，州办公室，议会联络委员会办公室或支部办公室积累的资金应为党的公共财产。

2. 中央执行委员会应不时决定支部掌握多少缴费比例作为支部资金，并决定支部资金可用于何种支出。

3. 出于中央执行委员会决定，因为特殊原因，支部可接受党下拨的资金。每位支部财政部长在保留作为支部资金的那部分缴费后，应将支部收到的缴费在每个财政年度第一个月内上交给国家财政部长。

4. 支部可在中央执行委员会的许可下，向成员和支持者收集募捐。在中央执行委员会决定下，若有，在保留作为支部资金的那部分后，收集得来的募捐应上交至国家财政部长处。

5. 支部财政部长应在每月 15 日之前向国家财政部长上交一份上月支部收入和支出的报告。

6. 支部资金应以支部名义存入一家中央执行委员会认可的银行，账户应有支部主席，支部秘书和支部财政部长管理。任何情况下，支部财政部长不应握有超过 400 林吉特的现金。

7. 未经支部委员会批准，支部财政部长每次支出不得超过 400 林吉特。

8. 根据条款 20 下第 6 点，任何被解散的支部所有的金钱，书籍和党的其他财产应立即由支部秘书上交给总秘书长，并附上一份账目表。

条款 26　党章修正

1. 党章的修正只能在党的全国代表大会，或专为此目的召开的党的特别代表大会，或者党员大会上进行。

2. 意图对党章作出修正的支部应作出书面意见，并得到另一个支部的支出，将书面意见在党的全国代表大会，党的特别代表大会或党员大会召开之日 28 天前提交给总秘书长。若此修正意见措辞得当，则将被考虑在党的全国代表大会或者党的特别代表大会或党员大会上进行商议。

3. 修正意见应在党的全国代表大会或者党的特别代表大会或党员大会召开之日至少 7 天前在代表中传阅。

4. 在任何党的全国代表大会或者党的特别代表大会或党员大会上提出的所有撤销、添加或修正任何条款的建议，除非得到出席代表中一半人数投赞成票，否则即为无效。

条款27 审 计

1. 党的全国代表大会应指定一名合格会计师（或者一家会计师公司）作为审计员，会计师不能为党员。审计员在辞职或被党的代表大会解聘之前须一直任职。

2. 若审计员辞职，中央执行委员会应任命另一名合格会计师（或者一家会计师公司）在下一届党的全国代表大会之前作为审计员，会计师不能为党员。

3. 审计员应被要求审计党内当年的账目，并为党的代表大会准备一份报告或证明。国家主席也可要求审计员在其任期内任一日期审计党的账目或者任一支部的账目，并向中央执行委员会作出报告。

4. 党的全国代表大会应指定不少于2名对内审计员审计党总部的账目。中央执行委员会应指定不少于2名对内审计员审计下属委员会账目。支部，议会联络委员会和州委员会应被要求将各自账目交给这些对内审计员作内部审计。

条款28 受托人

1. 中央执行委员会应任命3名年满21周岁的受托人，受托人应在党的意愿下一直任职。他们将受托党的所有不动产，应在中央执行委员会的指导下处理相关事宜。

2. 未经中央执行委员会的同意和批准，受托人不得出售，撤销或转移党的任何财产。

3. 中央执行委员会可以因为受托人生病，精神状况异常，出国或其他任何原因，不能履行义务或不能胜任工作，而解雇受托人。若受托人死亡，辞职，开除或免职，中央执行委员会可重新任命新的受托人。

条款29　党的解散

若党员总数中超过 3/4 人员建议解散党，则党自动解散。若党因为以上原因被解散，所有党负担的合法债务应完全解除，党剩余的资金应由党的代表大会决议进行处置。

条款30　概　要

1. 党的财政年度应从 1 月 1 日开始，至 12 月 31 日止。办公室卸任之日起 6 个月内，中央执行委员会应召开党的代表大会，并提交一份财政报告，以及任期内已按时审计的党内账目表。

2. 除非是经中央执行委员会要求的专业服务，党员不得在党的资金或交易中索取任何利润、薪水或报酬。

3. 每位党员应忠诚的充分遵守党的全国代表大会或党的特别代表大会或党员大会或中央执行委员会或中央工作委员会作出的每个决定，直到决定被修正或撤销。

4. 除非由国家主席和总秘书长联名授权，否则只有国家主席或者总秘书长有权以党的名义刊发任何公告。

5. 给党员或他人的所有的通知和其他书信上，若收件地址和上一次收件地址相同，则应该按时送达。

6. 若党员由于开展党的活动直接或间接受到损失或伤害，中央执行委员会应有权自由使用党的资金或募捐得来的金钱对该党员作出赔偿。

7. 中央执行委员会应有权成立党的青年和妇女部，并应为监督这些部门的管理和活动制定规章制度。

8. 中央执行委员会应有权将州委员会、议会联络委员会和支部委员会任期延长，延长时间不得超过 6 个月。

9. 只有符合所有候选人要求的，并受到不少于 2 个有权推选代表的党支部的提名的候选人，才能合法参加在州普通会议上的州委员会竞选，或党的全国代表大会上中央执行委员会的竞选。

10. 除非经中央执行委员会批准,否则只有入党 2 年以上党员才可以:

(a) 被指定为党的中央执行委员会和/或州委员会竞选候选人。

(b) 被指定为当地政府议员候选人,或者

(c) 成为任何国会选区内当地政府议员,或州议员,和/或议会成员竞选的候选人

11. 此章程中所有涉及/标识为男性的词语应被理解为包括女性,除非有特殊标注。

第一要案　代表大会/会议现行命令

会议时间

1. 代表和旁听者应在代表大会/会议召开之日早上 9 点或其他任何既定时间集合。

2. 在会议当天,代表大会/会议应在下午 1 点休会,在下午 2 点或其他任何既定时间继续。

3. 发言人应决定代表大会/会议的休会时长。

发言规则

4. 每位代表可以就中央执行委员会的报告,委员会的财务报告,委员会提交的决议,党章修正意见,党的公告修正意见或者特别代表大会的特殊事宜进行不超过 10 分钟的发言。

5. 每位代表只能就代表大会/会议上任一议题作一次发言。

6. 代表们只能就已向总秘书长提交过,和经决议委员会或中央执行委员会推荐的提议/决议进行辩论。

7. 除非紧急提议/决议用书面形式呈交给发言人,并得到发言人允许,否则只有党代表大会/会议相关事宜完成后,才可由任意代表提出紧急提议/决议。发言人关于此事的决定为最终结果。

8. 提议/决议,包括紧急提议/决议的鼓动者,应被允许有不超过 5

分钟的发言时间，其支持者和每个跟随发言者有不超过 3 分钟的发言时间。

9. 除了提议/决议的原始鼓动者有权作出不超过 5 分钟的回答，每位代表不得就同一议题/决议/紧急议题/紧急决议作出两次发言。

10. 当发言人要求党内主要官员对任何事宜作出解释或澄清时，发言规则不应适用于主要官员。

11. 即使现行命令第 4、8 和 9 点有规定，但是发言人认为必要时，有权改变时间规定。

12. 旁听者可在无代表发言、在发言人允许下发言。发言人关于此事的决定应为最终结果。

提议/决议修正

13. 只有当原始提议或决议被支持时才可提出对其进行修正。只有对提议或决议提出修正意见的代表才可以作不超过 5 分钟的发言。

14. 修正有进展后，鼓动修正者应立即向代表大会/会议发言人提交书面修正意见。发言人即寻求此修正意见的支持者，若修正意见被妥为支持，则应公开讨论。每位发言者，包括支持者，不应就修正意见作出超过 3 分钟的发言。

15. 每位代表只能就一项提议或决议作出修正建议。

16. 若有多于一项的修正意见，则第一个修正意见安排在随后的意见之前讨论。

17. 在按顺序商讨修正意见时，若代表大会/会议采纳了任何修正意见，除非随后的修正意见与被采纳的意见不同，并且不会在实质上改变被采纳的意见，否则随后的修正意见将不再被讨论。

18. 当采纳了 1 个或多个修正意见时，整个被修正过的提议或决议必须重新通过投票表决，若所有的修正都被否决，则原始的提议或决议应重新通过投票表决。

19. 在提议/决议或修正意见被完整呈交给代表大会/会议进行讨论前，鼓动者可以随时要求撤回。

20. 若已经在商讨关于提议/决议或另一个修正案的修正意见，直到修正意见被否决，原始的提议/决议或者修正案才能被撤回。

发言者顺序

21. 想要发言的代表应举手，若被会议发言人点名，则可发言。若有2名或以上代表同时举手，会议发言人应点名最先与其有视线接触的代表。

22. 已经发过言的代表可以在会议发言人就新议题，比如一项修正案，进行讨论时再次发言。

23. 就某事发过言的代表可以就发言中一些被误解的内容再次作出解释，但是不应再引入新的事宜。

24. 代表应将注意力集中在正在讨论的主题上，不应引入与之不相关的事宜。

25. 在当前话路，对于代表大会/会议已经结案的任何特别问题作出重新考虑的尝试的行为是违反规定的。

26. 对于党员或任何按照党章合法成立的实体使用冒犯，侮辱或不友爱的词句是违反规定的。

27. 代表/旁听者不应对其他任何代表/旁听者存有不道德动机。

28. 若会议发言人认为有提议或修正意见或者辩论的继续进行会导致此秩序被破坏，应禁止提议或修正意见或任何事宜，中止辩论，下令此提议或修正意见再进一步进行下去。

29. 代表在如下情况下可以打断另一代表：

（a）就议事程序问题起立，正在发言的代表应坐下，打断发言的代表应直截了当介绍观点，引起注意并呈交会议发言人作决定；或

（b）就澄清一点问题起立，若正在发言的代表愿意让位并坐下，而会议发言人点名希望打断发言的代表的情况下。

30. 当会议发言人宣布开会，或当会议发言人在辩论中插入发言，任何正在发言，或准备发言的代表，应坐下，代表大会/会议应保持安静以便会议发言人发言不受干扰。

31. 当代表大会/会议在进行时：

（a）所有的代表/旁听者在入场，离场和会议中应表现端庄得体。

（b）如无必要，代表/旁听者不得横穿大厅。

（c）除非与正在讨论的事宜直接相关，代表和旁听者不得阅读报纸，书籍，信件或其他文件。

（d）代表或旁听者不得在大厅内吸烟。

（e）当有代表发言，所有其他代表和旁听者应保持安静，不得制造不必要的干扰。

（f）除非会议发言人事先批准，代表或发言人禁止对代表大会/会议的进程进行录像。

32. 除非掌握令会议发言人满意的事实依据，代表/旁听者在参加代表大会/会议时不得指控任何党员或按照党章合法成立的实体。

33. 会议发言人应负责让与会人员遵守代表大会/会议秩序的规定，除非是关于遵守秩序的议案，其对于所有议事程序问题的决定不应公开招致申诉，不应由代表大会/会议检验。

会议发言人裁决

34. 会议发言人在提请代表大会/会议注意代表坚持枝节问题，或者对自己的观点或被其他代表使用过的辩论观点进行冗长复述的行为后，应命令该代表结束发言。

35. 若会议发言人认为代表中就某事无实质性不同的观点，或表达的看法都是重复的，应有权终止辩论，就此事进行投票表决。

36. 若有代表/旁听者在代表大会/会议任何阶段行为猥琐下流妨碍治安，或者在会议发言人要求其遵守纪律时拒绝服从，应被会议发言人点名批评，并被勒令离场，不得参见余下会议进程，若无大多数代表同意，不得进入会场。为了确保与会人员遵守规定，会议发言人应，如必要，采取合理步骤将此类党员驱逐出会场。

37. 无会议发言人事先批准，代表或旁听者不得离开代表大会/会议会场。

38. 若代表大会/会议会场内发生严重混乱，会议发言人可以，如认为必要，无条件休会或中止会议，并决定继续开会的时间。

39. 除非代表大会/会议采用决议形式，否则不得利用此秩序剥夺代表大会/会议控诉任何代表或旁听者的权利。

投票

40. 代表大会/会议上进行投票的所有事宜应投票表决，若票数相等，此事宜宣布无效。除非强烈要求无记名投票，会议发言人就已经举手表决的事宜宣布将被执行或无效的结论应为证据确凿的事实。

41. 代表可以要求无记名投票，除非此要求被支持，会议发言人应就此事进行投票。

42. 在进行投票前，进行无记名投票的要求可以撤回。

43. 每位党的全国代表大会的代表应有权收到一份参加中央执行委员会选举的所有候选人名单。

44. 中央执行委员会选举进行时在场的每位代表，应发到一张选票，并可投票给参加中央执行委员会竞选的其中20名候选人。

45. 任何投票给少于或多余20名候选人的选票将被驳回。

46. 若有为了选举新的中央执行委员会而召开的党的特别代表大会，应准用现行命令43、44和45点。

47. 不准代投。

48. 旁听者不具投票权。

49. 代表大会/会议每项进程开始时，会议发言人应指定计票员。

现行命令的中止

50. 若出席代表大会/会议的代表多数投票通过，则代表大会/会议的整个或部分现行命令可以被中止。

概要

51. 代替会议发言人的代理发言人应被赋予会议发言人的所有权利。

52. 会议发言人和代理发言人应被称为"发言人同志"。

53. 如适用,"代表"一词可包括"旁听者"。

54. 现行命令在作必要修改后也可用于党的特别代表大会。

(包含了在 2010 年 1 月 17 日召开的党员大会采纳的,经注册中心 2010 年 6 月 9 日认可的章程修正意见)

(民主行动党党章出处:http://dapmalaysia.org/en/about-us/party-constitution/)

(张萌萌 译)

图书在版编目（CIP）数据

世界主要政党规章制度文献. 马来西亚 / 俞可平主编；
郭伟伟分册主编. —北京：中央编译出版社，2015.12

ISBN 978-7-5117-2896-8

Ⅰ.①世… Ⅱ.①俞… ②郭… Ⅲ.①政党-
规章制度-文献-马来西亚 Ⅳ.①D564

中国版本图书馆 CIP 数据核字（2015）第 304413 号

世界主要政党规章制度文献. 马来西亚

出 版 人：	刘明清
责任编辑：	盛菊艳
责任印制：	刘　慧
出版发行：	中央编译出版社
地　　址：	北京西城区车公庄大街乙 5 号鸿儒大厦 B 座（100044）
电　　话：	（010）52612345（总编室）　（010）52612335（编辑室）
	（010）52612316（发行部）　（010）52612317（网络销售）
	（010）52612346（馆配部）　（010）55626985（读者服务部）
传　　真：	（010）66515838
经　　销：	全国新华书店
印　　刷：	北京环球画中画印刷有限公司
开　　本：	787 毫米×1092 毫米　1/16
字　　数：	283 千字
印　　张：	19.75
版　　次：	2015 年 12 月第 1 版
印　　次：	2018 年 6 月第 2 次印刷
定　　价：	120.00 元
网　　址：	www.cctphome.com　　邮　箱：cctp@cctphome.com
新浪微博：	@中央编译出版社　　微　信：中央编译出版社（ID：cctphome）
淘宝店铺：	中央编译出版社直销店（http：//shop108367160.taobao.com）　　（010）52612349

本社常年法律顾问：北京市吴栾赵阎律师事务所律师　闫军　梁勤
凡有印装质量问题，本社负责调换。电话：（010）55626985